Carambole Biljart: Meer raadsels en puzzels

Volledige tafelopstellingen om snel geavanceerde speelvaardigheden te ontwikkelen!!

Allan P. Sand
PBIA Gecertificeerde biljartinstructeur

ISBN 978-1-62505-272-8
PRINT 7x10

ISBN 978-1-62505-415-9
PRINT 7.5x9.25

Copyright © 2019 Allan P. Sand

All rights reserved under International and Pan-American Copyright Conventions.

Published by Billiard Gods Productions.

Santa Clara, CA 95051

U.S.A.

For the latest information about books and videos, go to:
http://www.billiardgods.com

Acknowledgements

Wei Chao created the software that was used to create these graphics.

I want to specifically thank the following for help in making this book work:
Raye Raskin
Bob Beaulieu
Darrell Paul Martineau

Inhoudsopgave

Invoering 1
Tabel opstelling 1
Regels spelen 1
Bal beschrijving 2
Tabel opties 2
Hoe te studeren 2
Uitdagingen voor plezier en winst 2

Voorbeeldpatronen 3
Groep 1, set 6 (diagram 2) 3
Groep 5, set 11 (diagram 3) 4

GROEP 1 5
Groep 1, set 1 5
Groep 1, set 2 7
Groep 1, set 3 9
Groep 1, set 4 11
Groep 1, set 5 13
Groep 1, set 6 15
Groep 1, set 7 17
Groep 1, set 8 19
Groep 1, set 9 21
Groep 1, set 10 23
Groep 1, set 11 25
Groep 1, set 12 27

GROEP 2 29
Groep 2, set 1 29
Groep 2, set 2 31
Groep 2, set 3 33
Groep 2, set 4 35
Groep 2, set 5 37
Groep 2, set 6 39
Groep 2, set 7 41
Groep 2, set 8 43
Groep 2, set 9 45
Groep 2, set 10 47
Groep 2, set 11 49
Groep 2, set 12 51

GROEP 3 53
Groep 3, set 1 53
Groep 3, set 2 55
Groep 3, set 3 57
Groep 3, set 4 59
Groep 3, set 5 61
Groep 3, set 6 63
Groep 3, set 7 65
Groep 3, set 8 67
Groep 3, set 9 69

Groep 3, set 10 71
Groep 3, set 11 73
Groep 3, set 12 75
GROEP 4 .... **77**
Groep 4, set 1 77
Groep 4, set 2 79
Groep 4, set 3 81
Groep 4, set 4 83
Groep 4, set 5 85
Groep 4, set 6 87
Groep 4, set 7 89
Groep 4, set 8 91
Groep 4, set 9 93
Groep 4, set 10 95
Groep 4, set 11 97
Groep 4, set 12 99
GROEP 5 .... **101**
Groep 5, set 1 101
Groep 5, set 2 103
Groep 5, set 3 105
Groep 5, set 4 107
Groep 5, set 5 109
Groep 5, set 6 111
Groep 5, set 7 113
Groep 5, set 8 115
Groep 5, set 9 117
Groep 5, set 10 119
Groep 5, set 11 121
Groep 5, set 12 123
GROEP 6 .... **125**
Groep 6, set 1 125
Groep 6, set 2 127
Groep 6, set 3 129
Groep 6, set 4 131
Groep 6, set 5 133
Groep 6, set 6 135
Groep 6, set 7 137
Groep 6, set 8 139
Groep 6, set 9 141
Groep 6, set 10 143
Groep 6, set 11 145
Groep 6, set 12 147
Voorbeeldtabellen **149**

Invoering

Je hebt meer mogelijkheden om je vaardigheden uit te breiden. Leer omgaan met een breed scala aan balposities die in spel na spel verschijnen. Deze tabelconfiguraties bieden u een kans om uitgebreid te experimenteren. Deze persoonlijke testsituaties bieden aanzienlijke persoonlijke concurrentievoordelen:

- Intellectuele training - Evalueer de tabelconfiguraties en overweeg hoeveel opties beschikbaar zijn. Maak schetsen van paden en (CB) snelheden en spins voor de oefentafel. Dit verhoogt uw analytische en tactische vaardigheden.

- Vaardighedenbevestiging - Terwijl u elk concept probeert, helpt uw experiment om te bepalen of het haalbaar is (binnen uw vaardigheden) of nutteloos (te moeilijk of fantastisch). Deze vergelijking tussen mentale beelden en fysieke pogingen helpt om de breedte en breedte van je vaardigheden te bepalen ..

- Vaardigheden verbeteren - Als een pad veelbelovend lijkt, maar de uitvoering mislukt, kunt u met verschillende snelheden / spins werken om te ontdekken wat werkt. Verschillende opeenvolgende successen zullen dit toevoegen aan uw persoonlijke bibliotheek met competenties.

Tabel opstelling

De papierversterkingsringen tonen de locaties voor elke bal. Plaats ze volgens de trainingsoefening die je wilt oefenen.

Regels spelen

Oefen dit met elk biljartspel:carambole spelregels.

Bal beschrijving

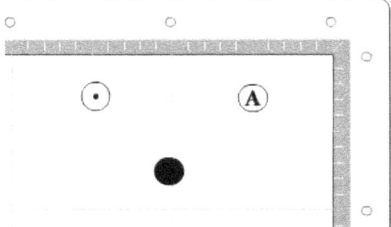

Ⓐ (CB1) (eerste biljartbal)

⊙ (CB2) (tweede biljartbal)

● (RB) (rode biljartbal)

Tabel opties

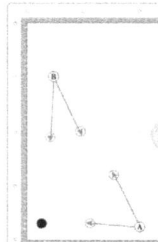

Elke tabellayout biedt vier (4) verschillende manieren om punten te scoren.

- (CB1) > (RB) > (CB2)
- (CB1) > (CB2) > (RB)
- (CB2) > (RB) > (CB1)
- (CB2) > (CB1) > (RB)

Hoe te studeren

Begin met armchair-analyse. Bekijk elke tabellay-out en overweeg mogelijke spelopties. Stel je voor dat je je ideeën probeert. Evalueer de juiste snelheid en draai. Maak schetsen en notities, indien nodig.

Of neem dit boek naar je biljart. Plaats de papierversterkingsringen op hun plaats. Bepaal mentaal hoeveel verschillende manieren u de lay-out kunt spelen. Probeer vervolgens uw ideeën en kijk of uw verbeelding gelijk is aan uw vaardigheden. Maak notities van uw ideeën.

Aan de biljarttafel, pas je ideeën toe. Pas bij een gemist schot je snelheden / spins en hoeken aan. Dit is hoe je een taaiere en gevaarlijker biljartspeler wordt.

Uitdagingen voor plezier en winst

Overweeg een vriendschappelijke wedstrijd tussen je vrienden op te zetten. Selecteer verschillende van deze tabelconfiguraties en geniet van de uitdaging.

Gebruik een round-robin-indeling. Iedereen probeert (1, 2 of 3) pogingen. Winnaar krijgt het geld en een volgende ronde begint.

Voorbeeldpatronen

Groep 1, set 6 (diagram 2)

Kan jouw fantasie overeenkomen met jouw realiteit?

Gezien de lay-out, heb je 4 mogelijke oefenkeuzes waarmee je kunt experimenteren en verschillende oplossingen kunt proberen.

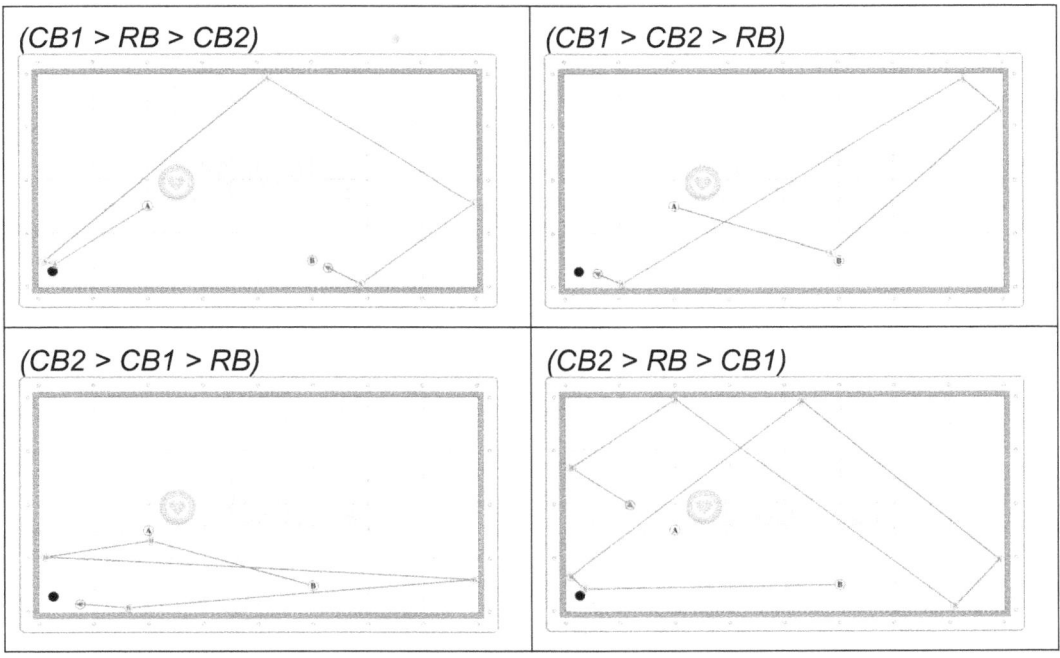

Groep 5, set 11 (diagram 3)

Elk diagram is een kans om te experimenteren en uw verbeeldingskracht EN uw schietvaardigheid te testen.

Gezien de lay-out, heb je 4 mogelijke oefenkeuzes waarmee je kunt experimenteren en verschillende oplossingen kunt proberen.

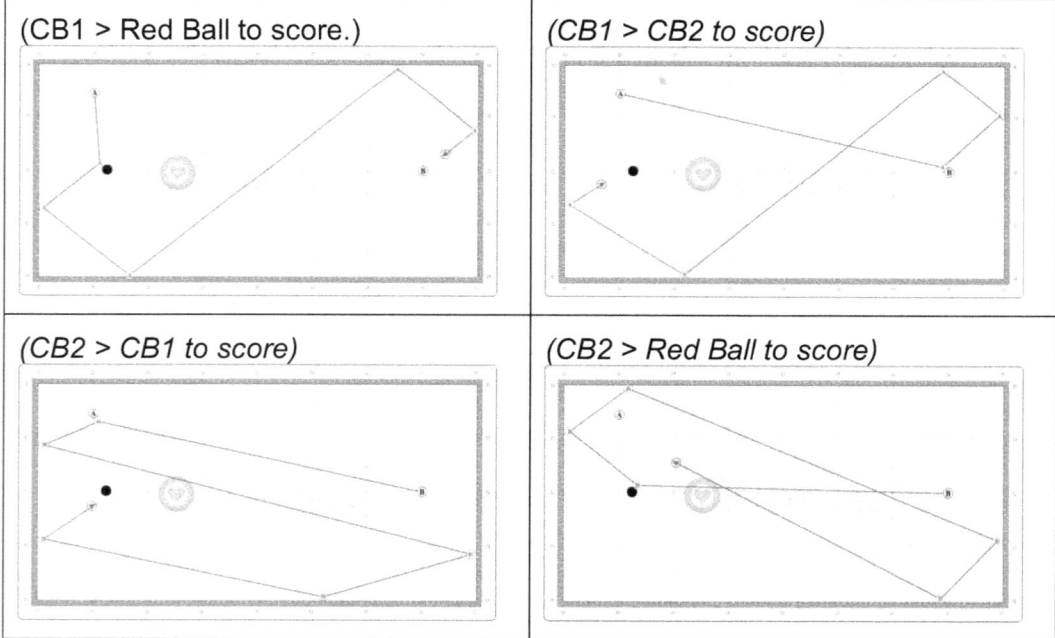

GROEP 1

Groep 1, set 1

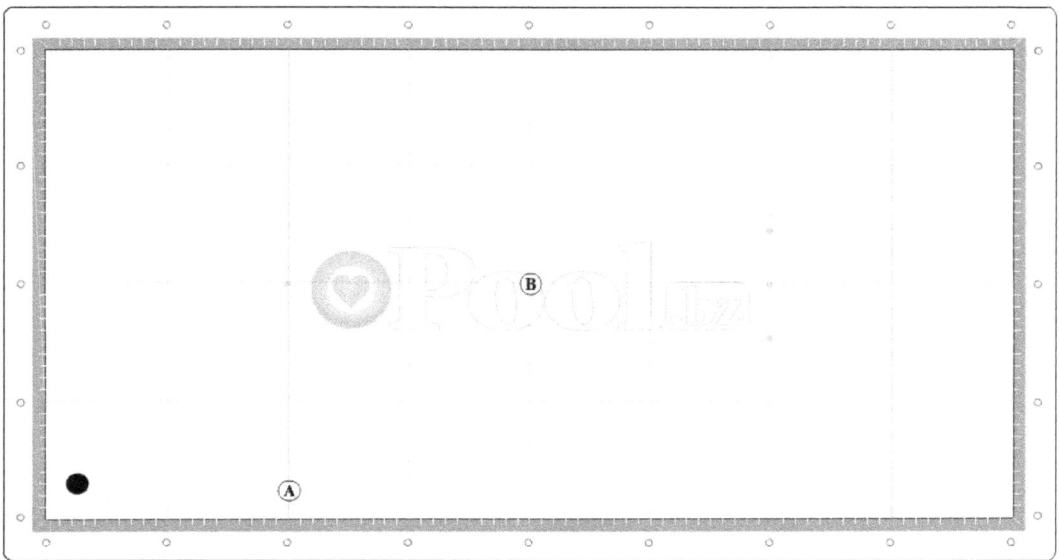

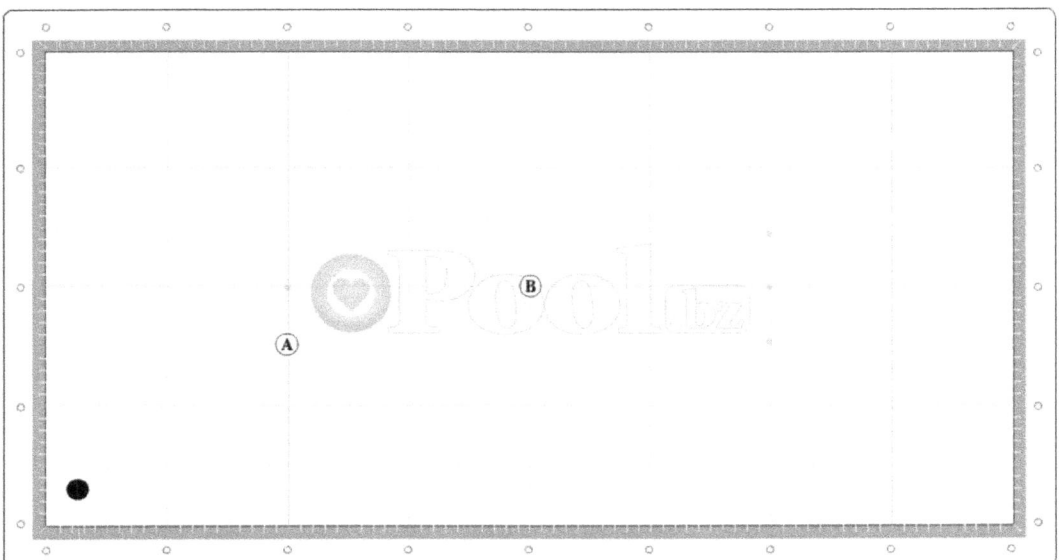

OPMERKINGEN:

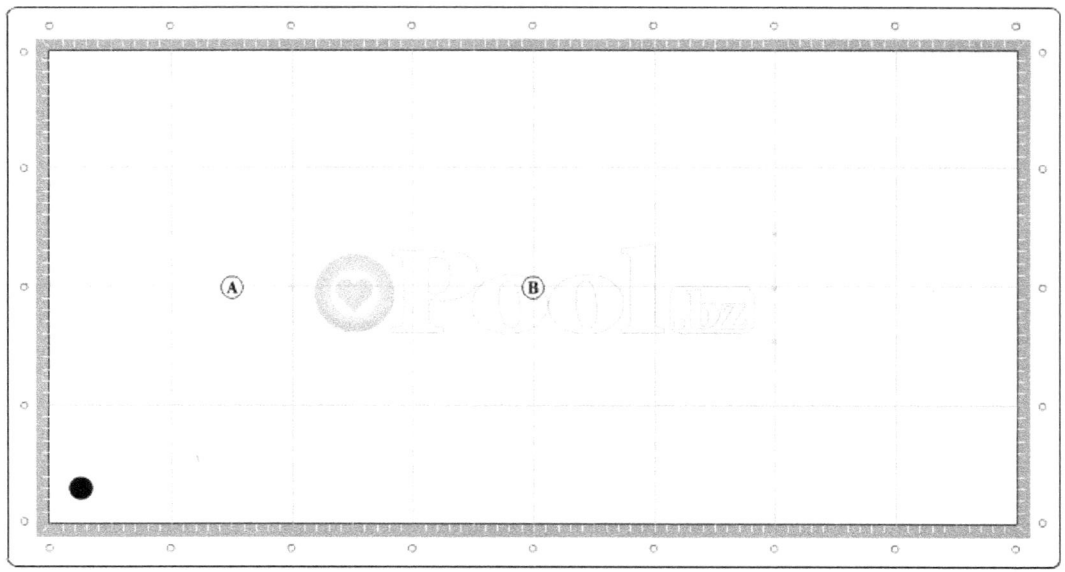

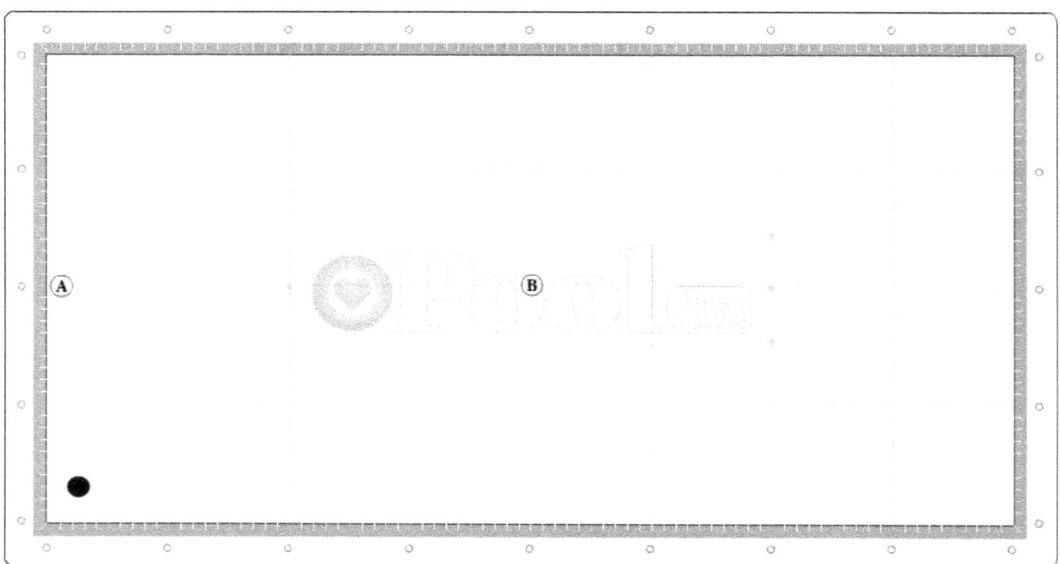

OPMERKINGEN:

Groep 1, set 2

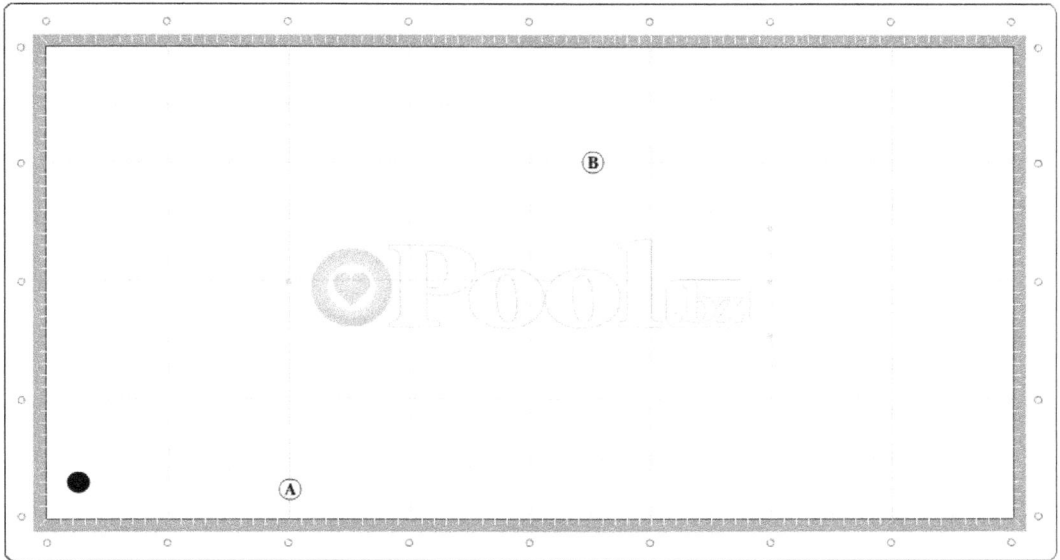

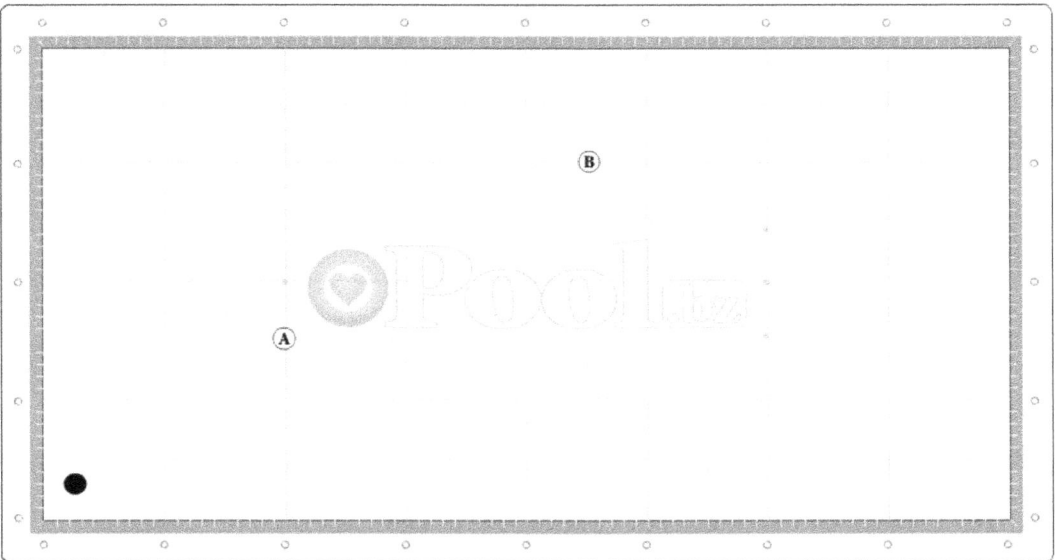

OPMERKINGEN:

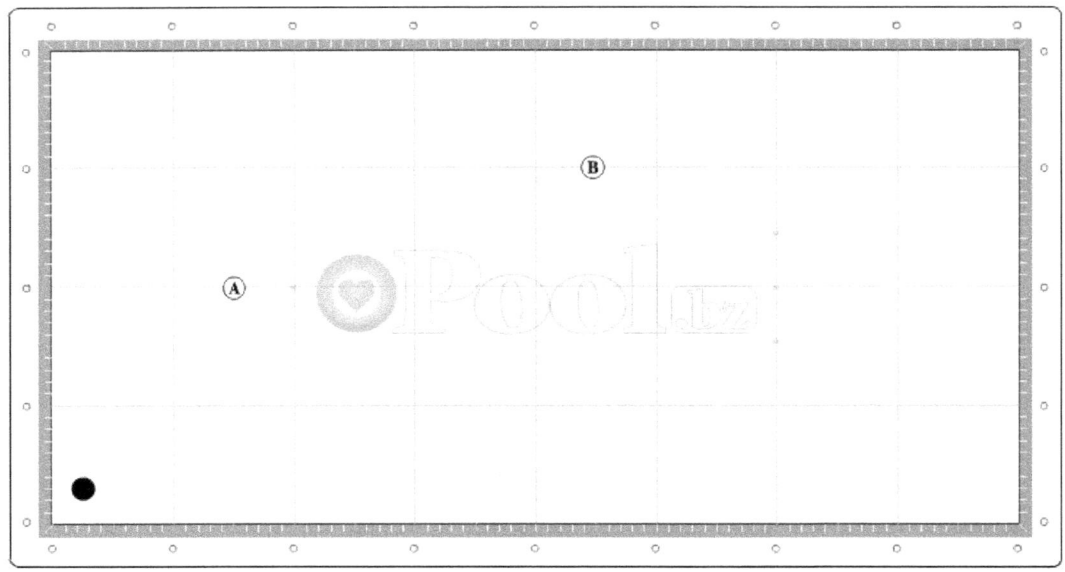

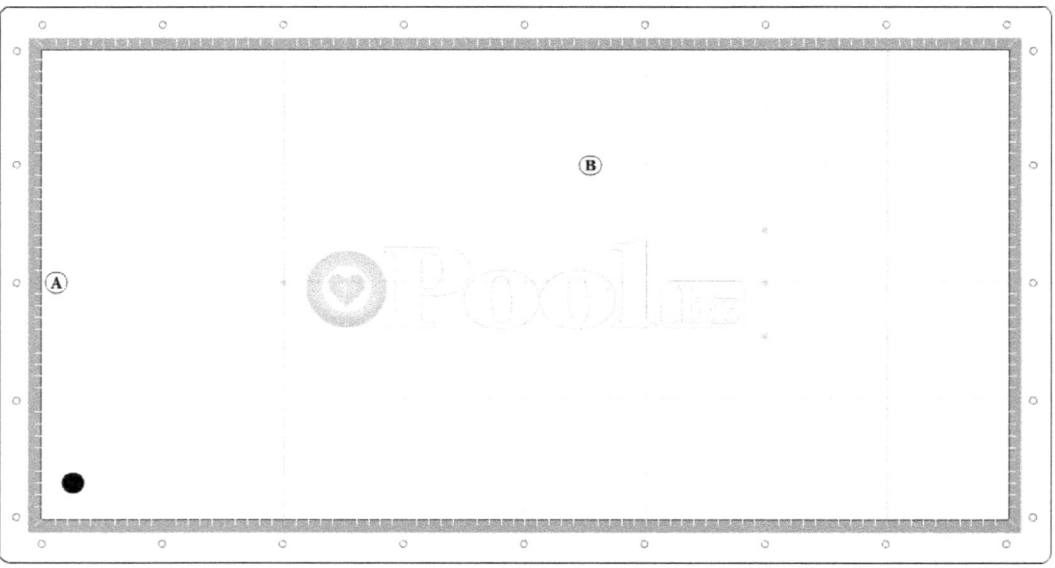

OPMERKINGEN:

Groep 1, set 3

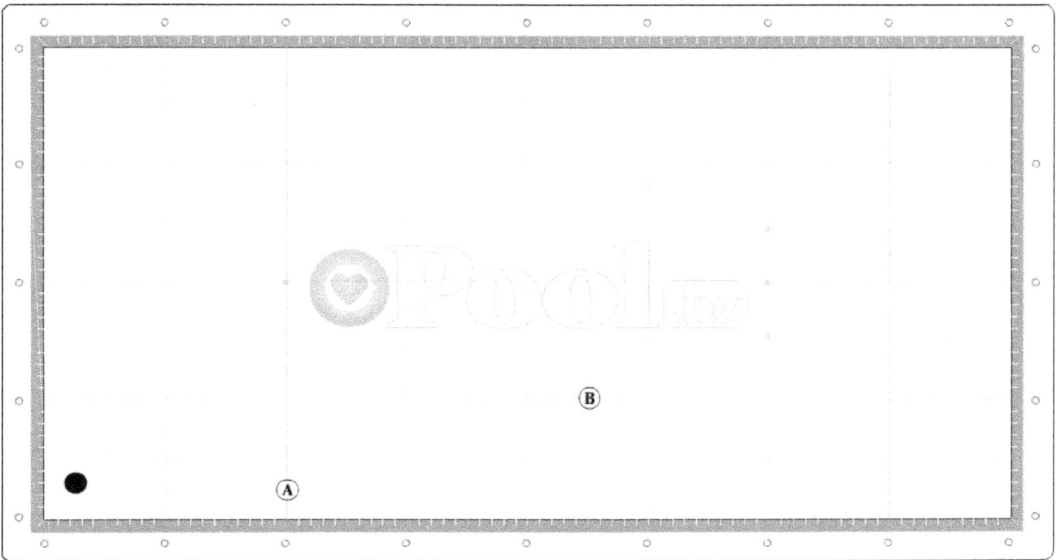

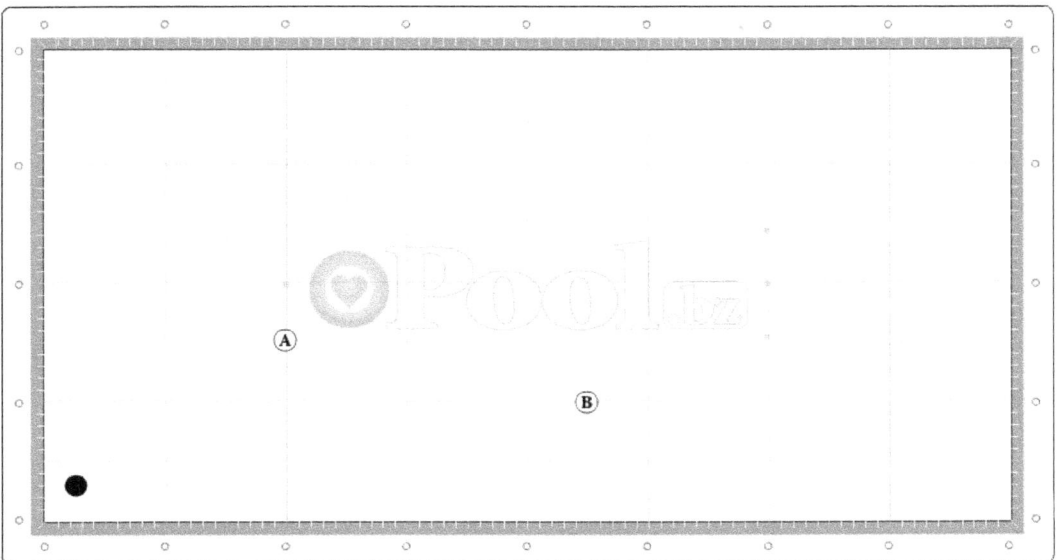

OPMERKINGEN:

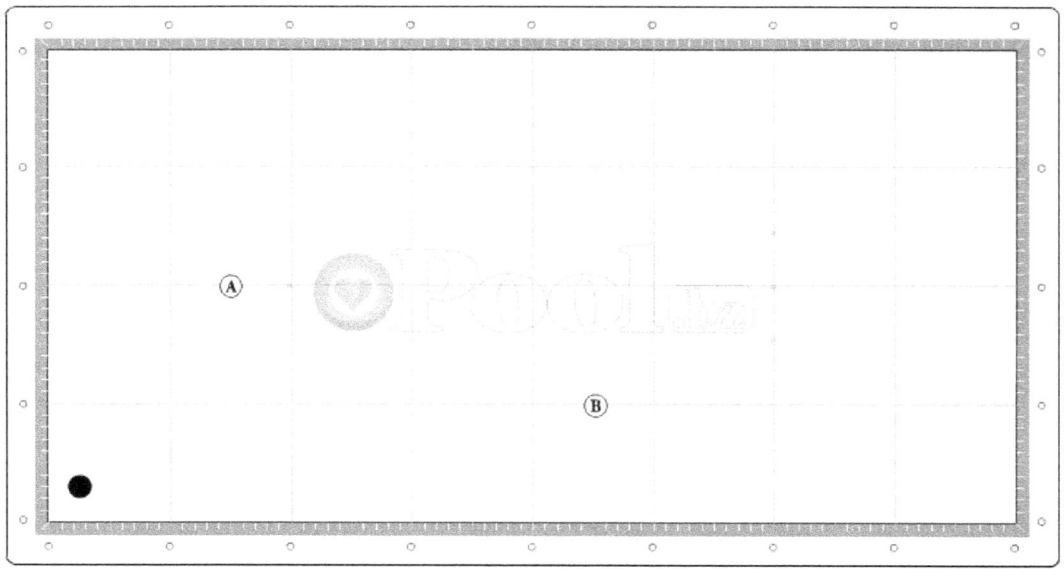

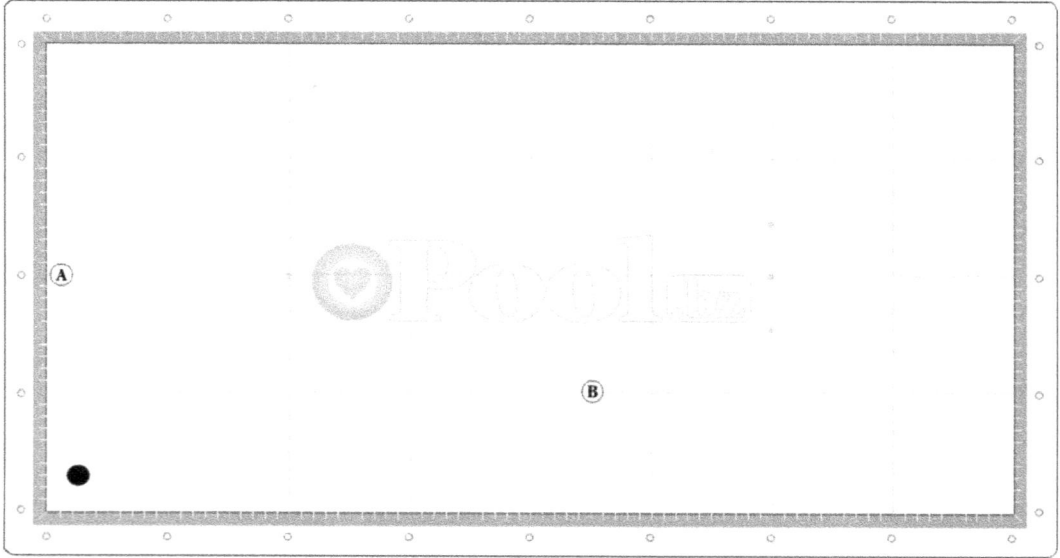

OPMERKINGEN:

Groep 1, set 4

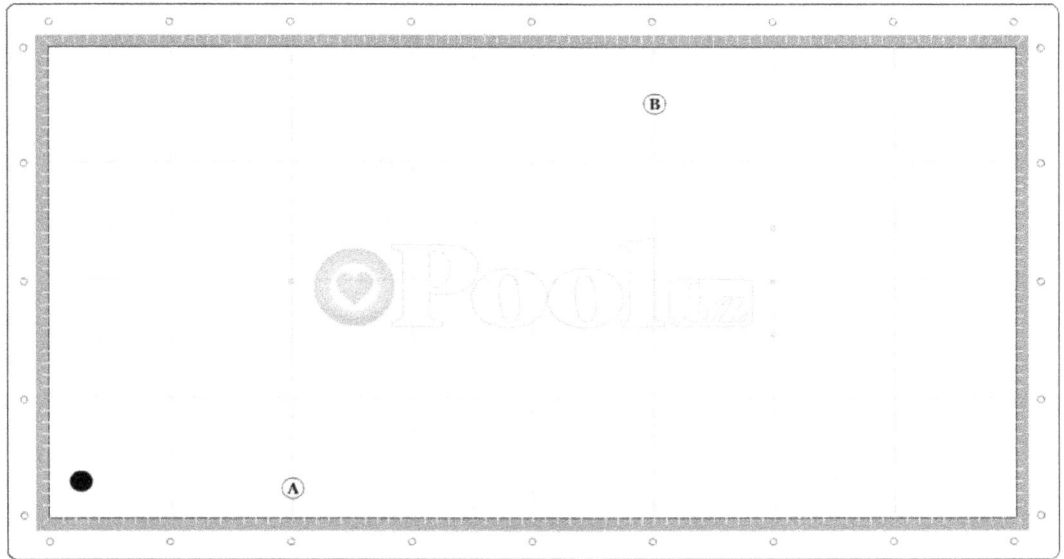

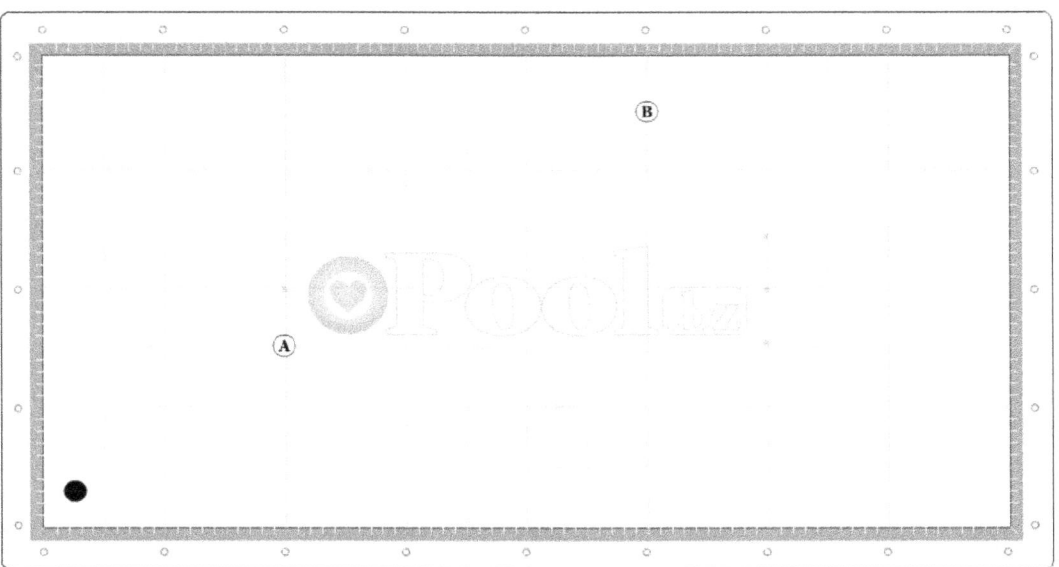

OPMERKINGEN:

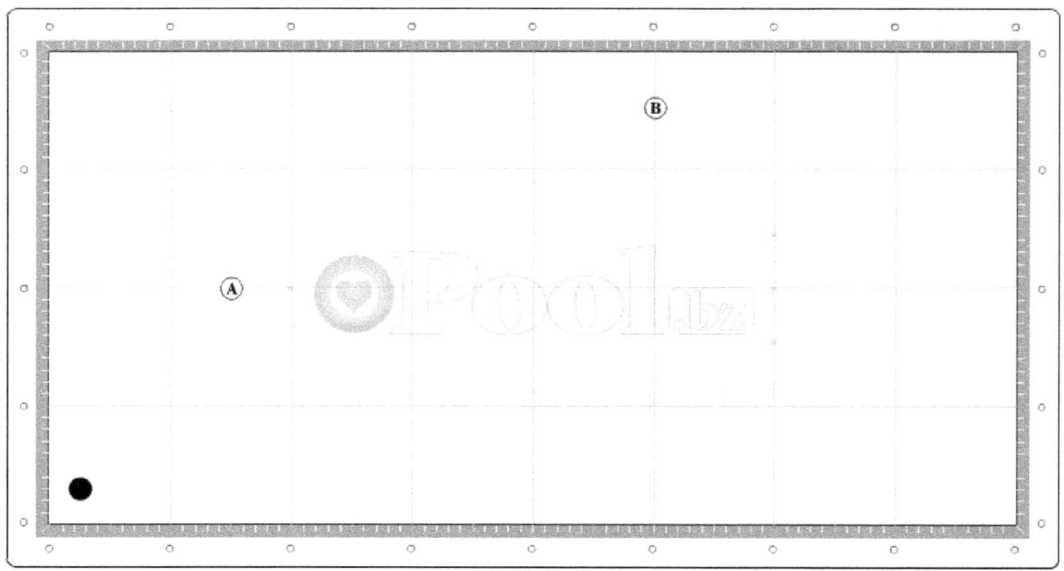

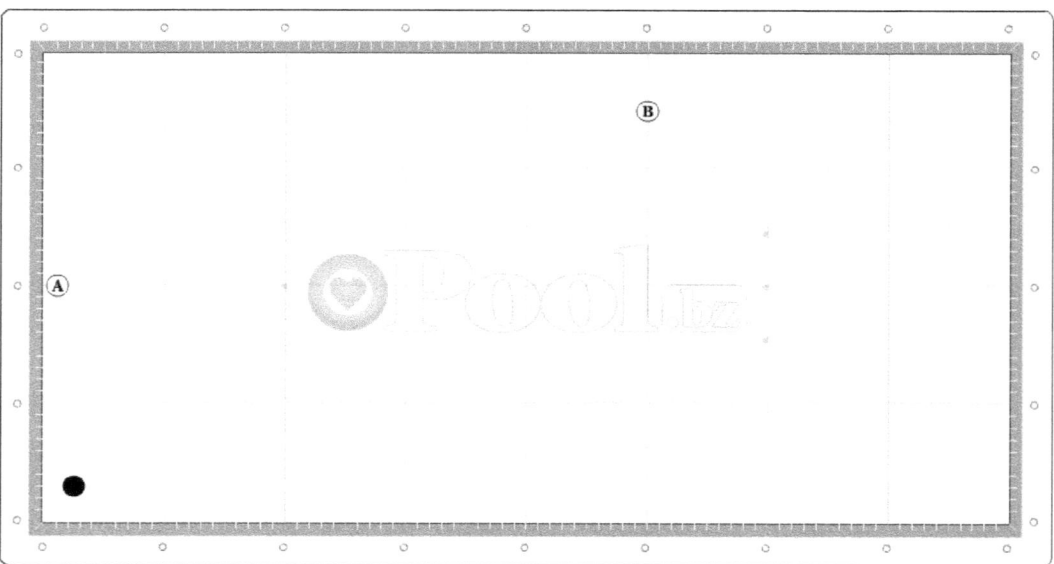

OPMERKINGEN:

Groep 1, set 5

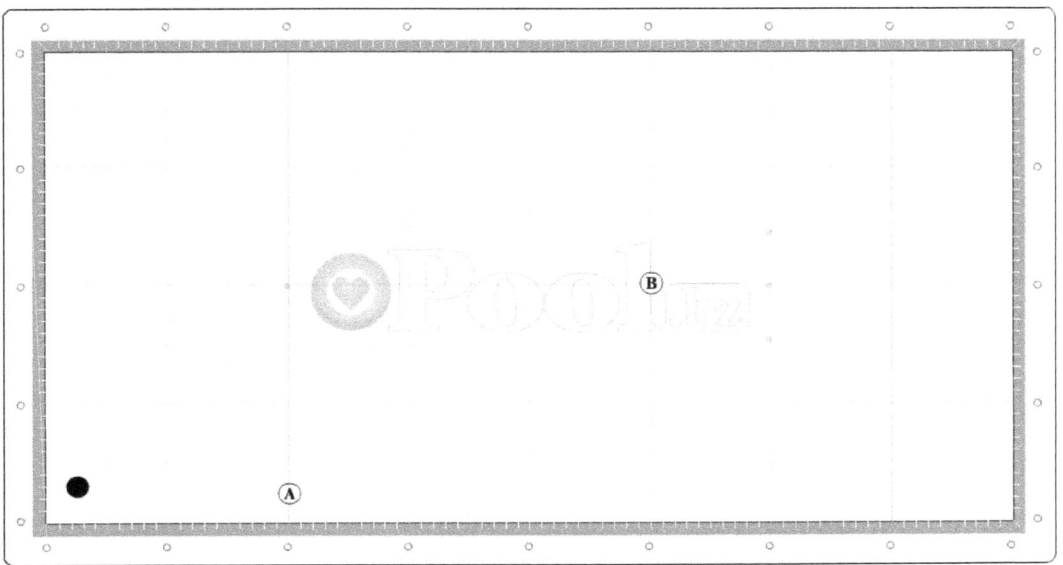

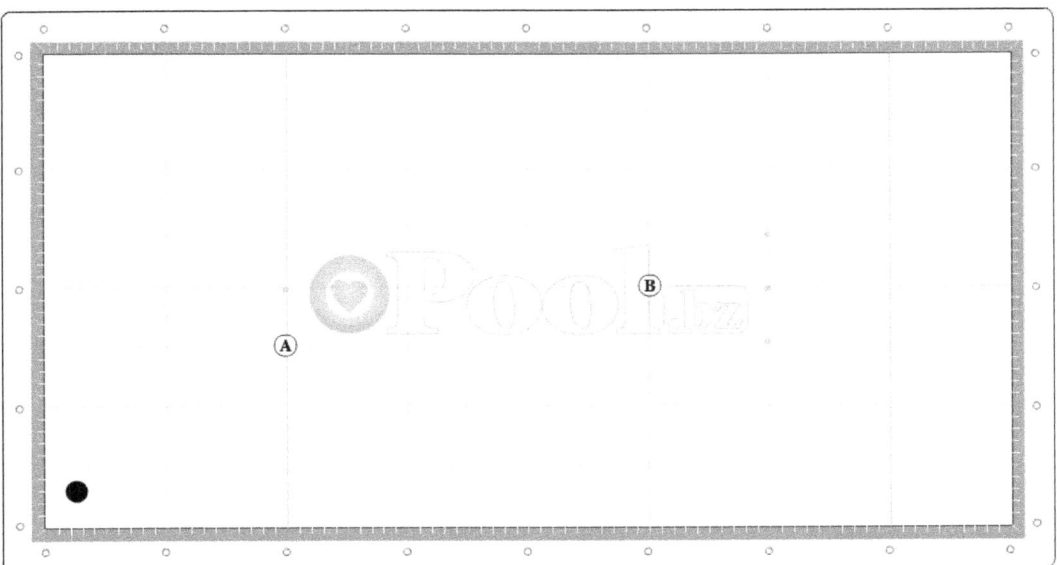

OPMERKINGEN:

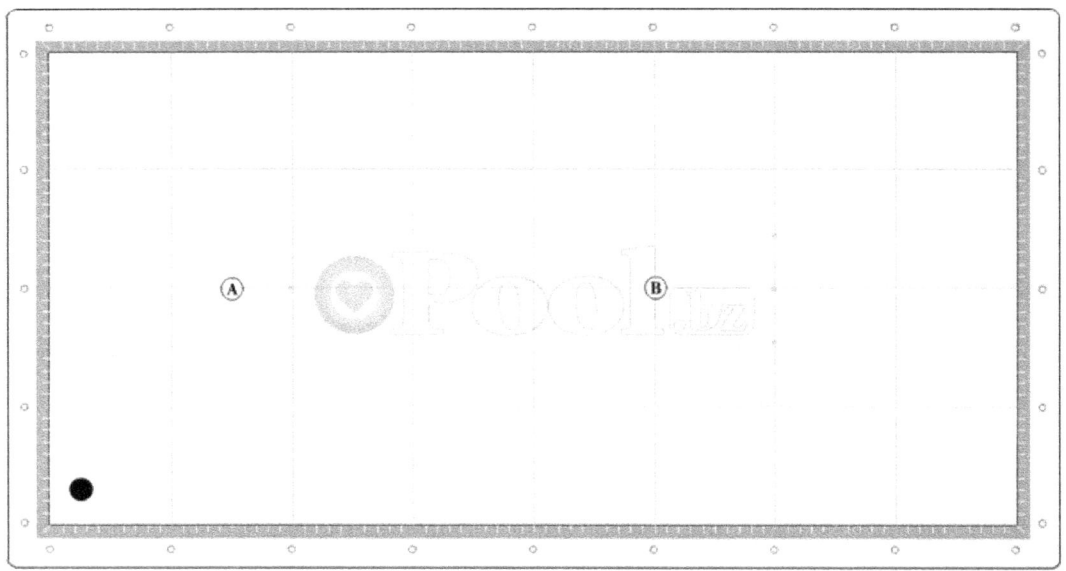

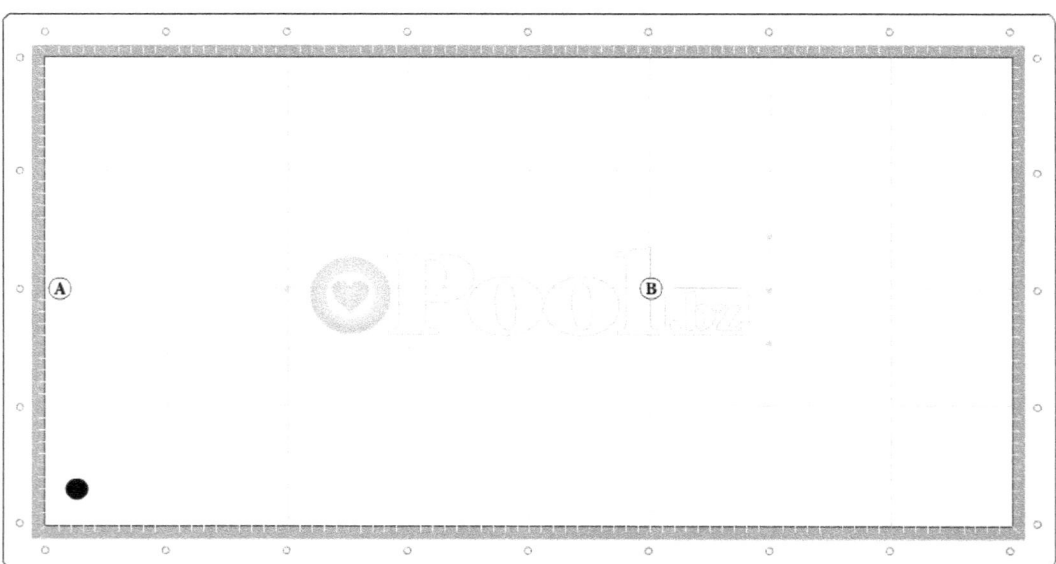

OPMERKINGEN:

Groep 1, set 6

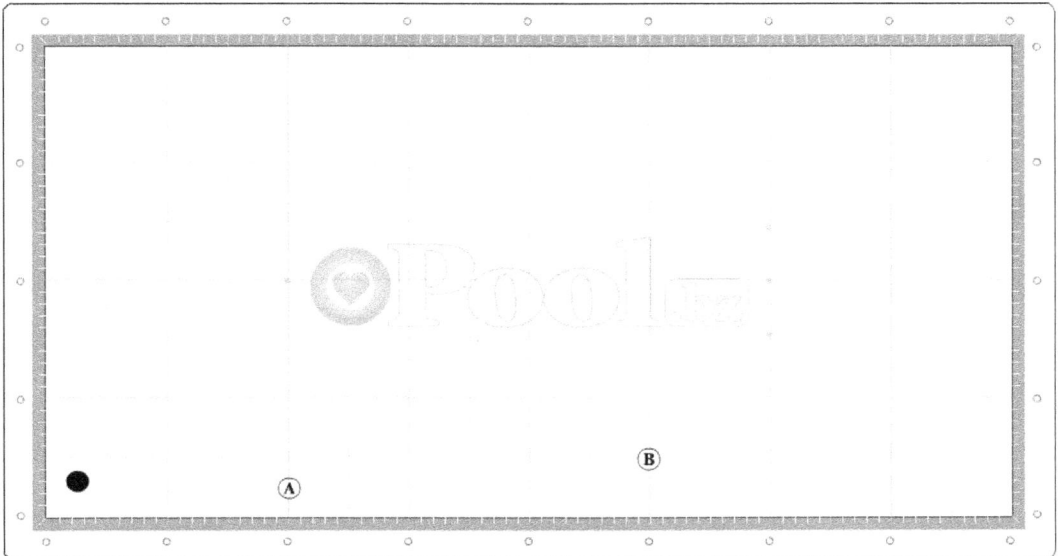

(At the front of this book, there are 4 sample 3-cushion patterns of this layout.)

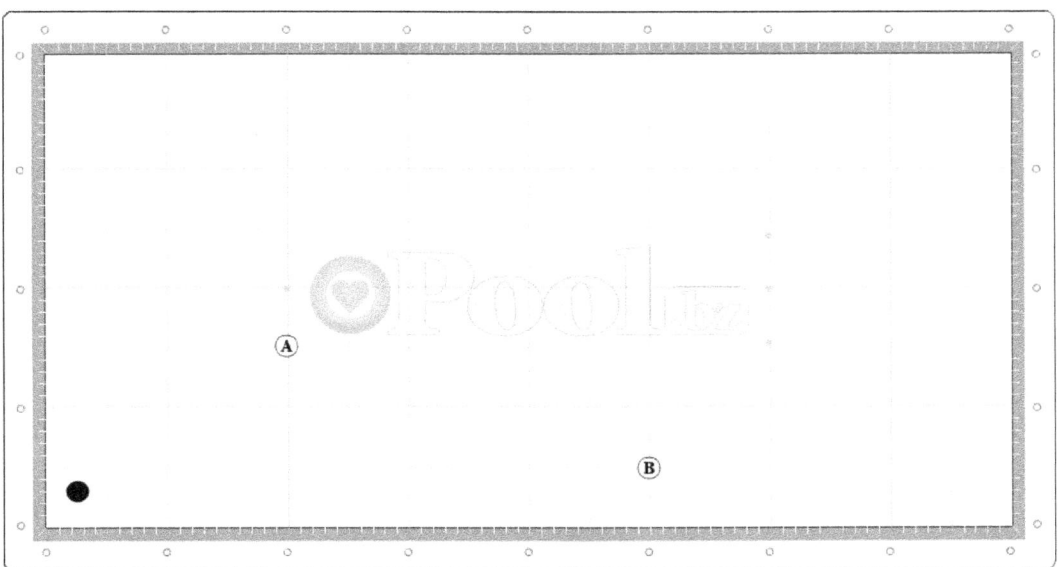

OPMERKINGEN:

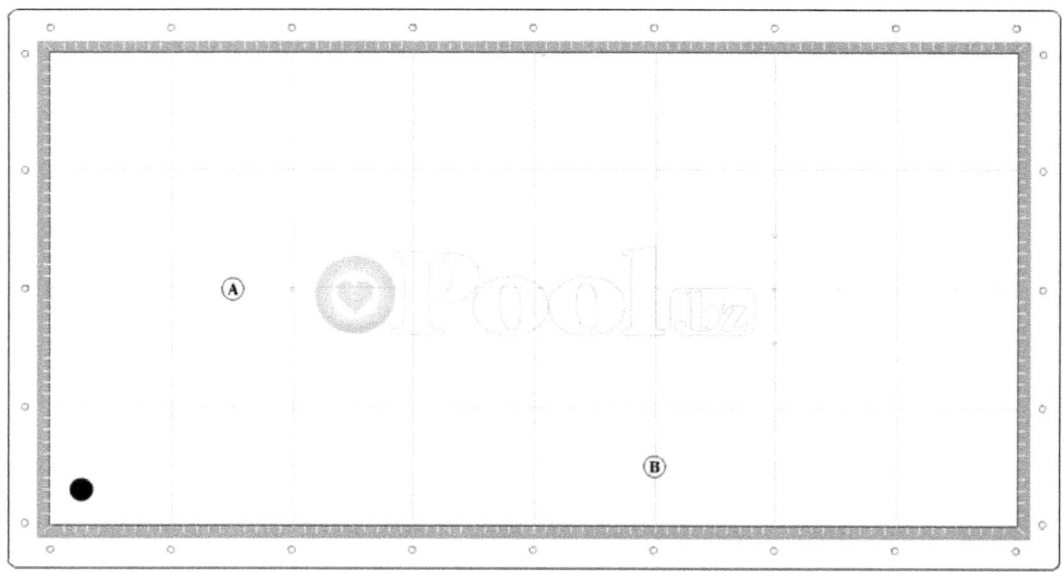

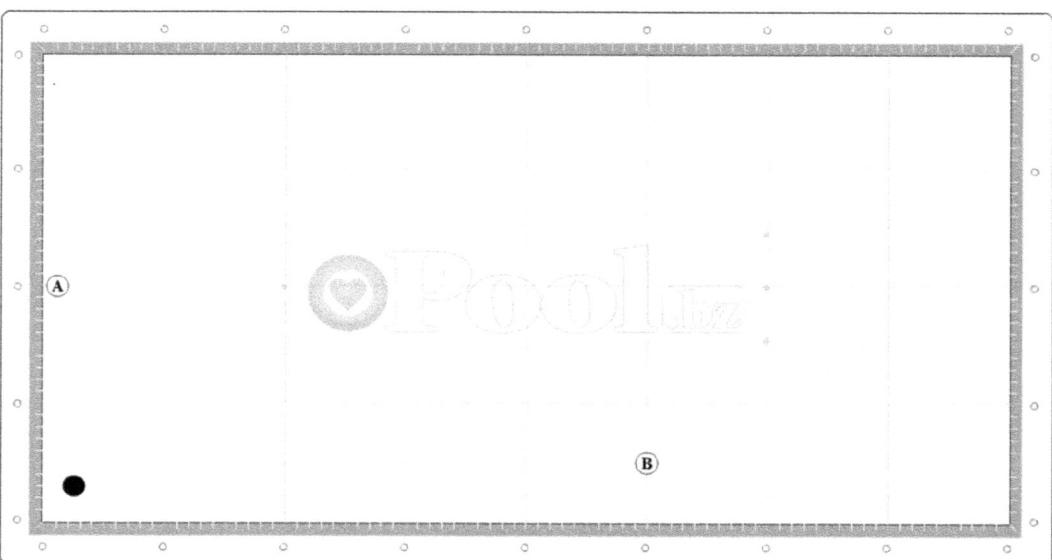

OPMERKINGEN:

Groep 1, set 7

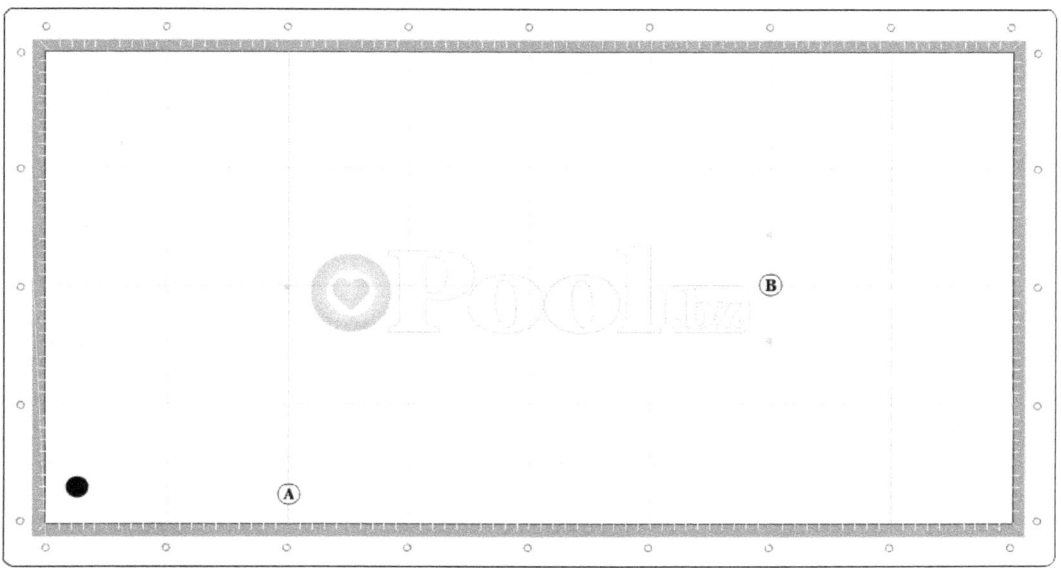

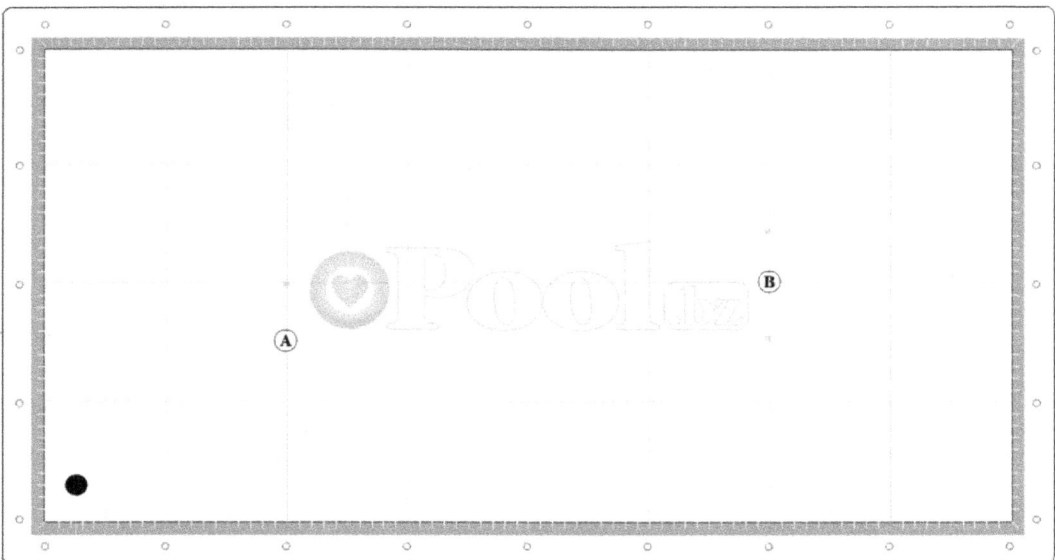

OPMERKINGEN:

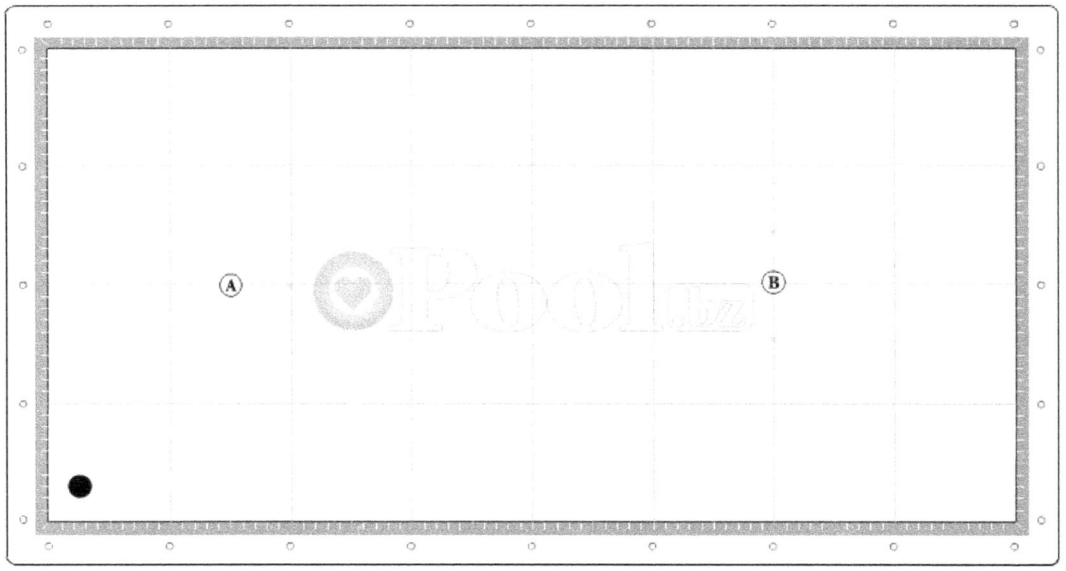

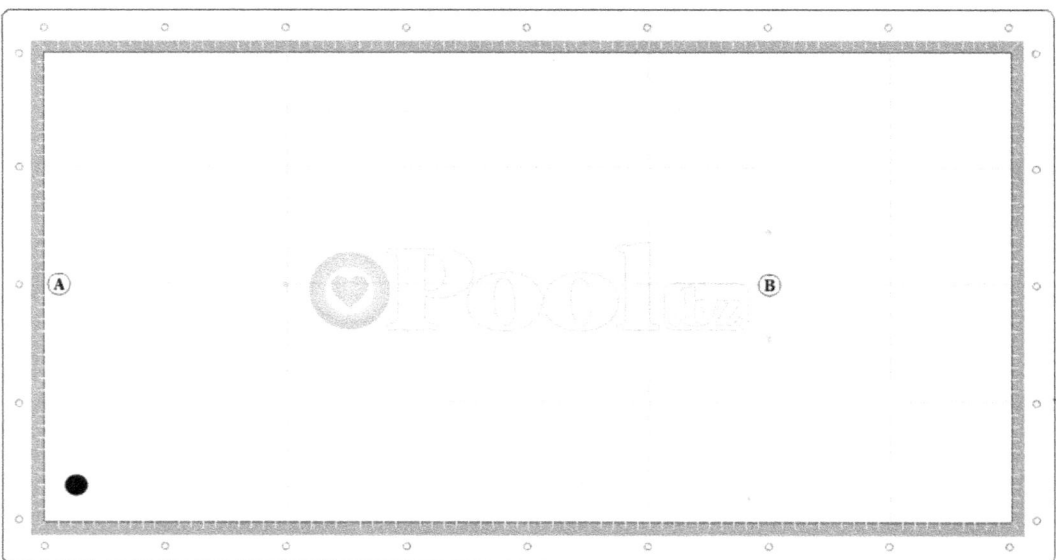

OPMERKINGEN:

Groep 1, set 8

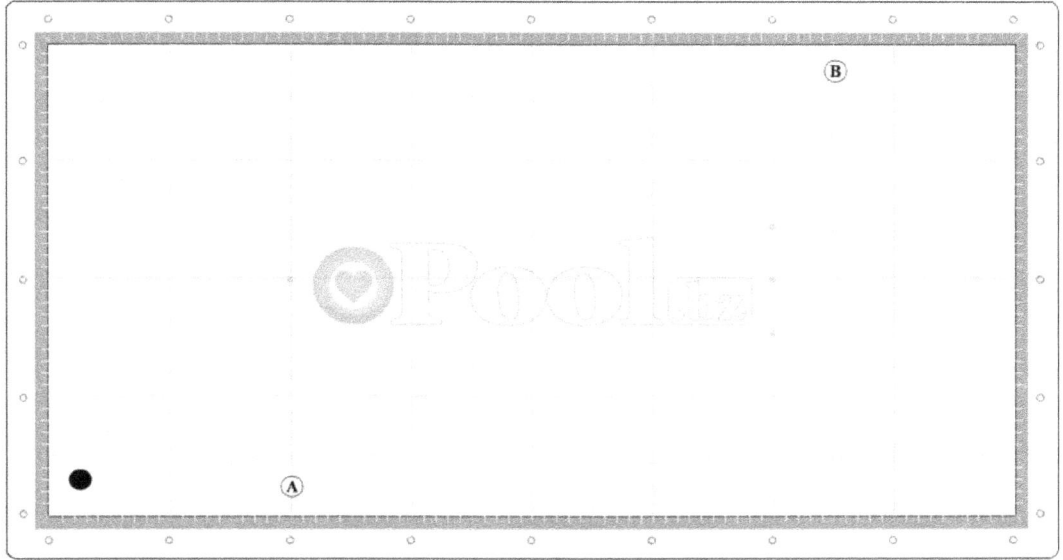

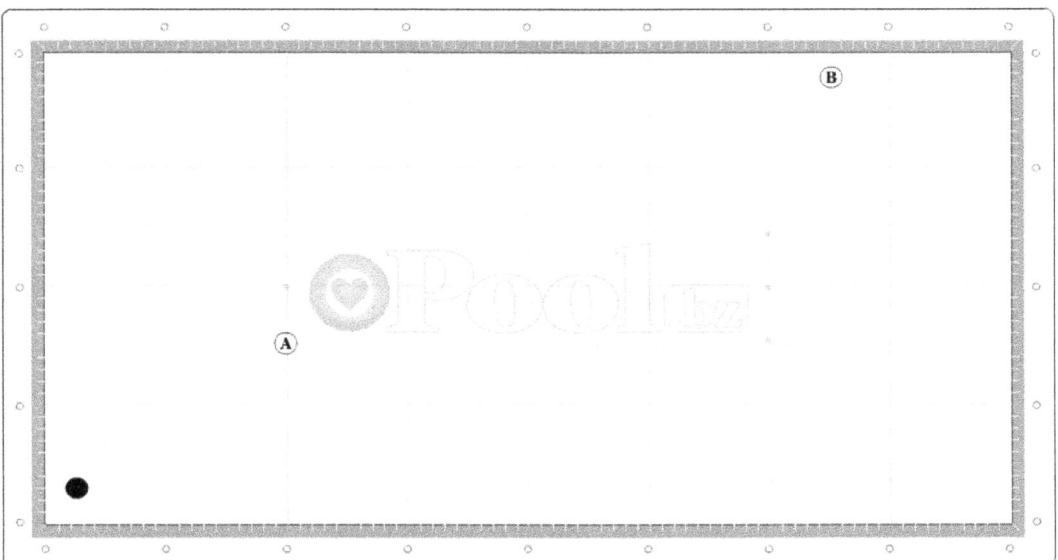

OPMERKINGEN:

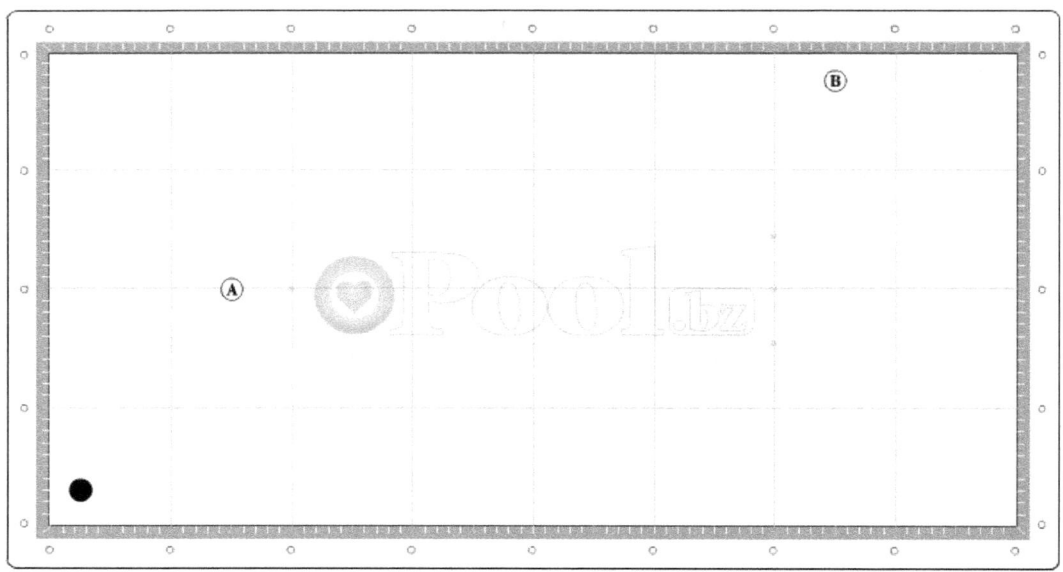

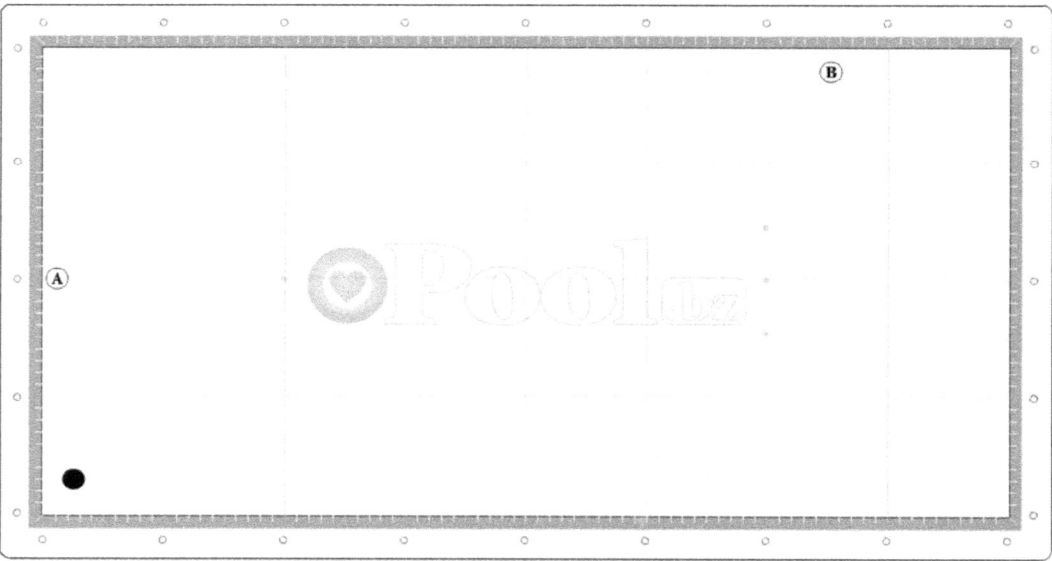

OPMERKINGEN:

Groep 1, set 9

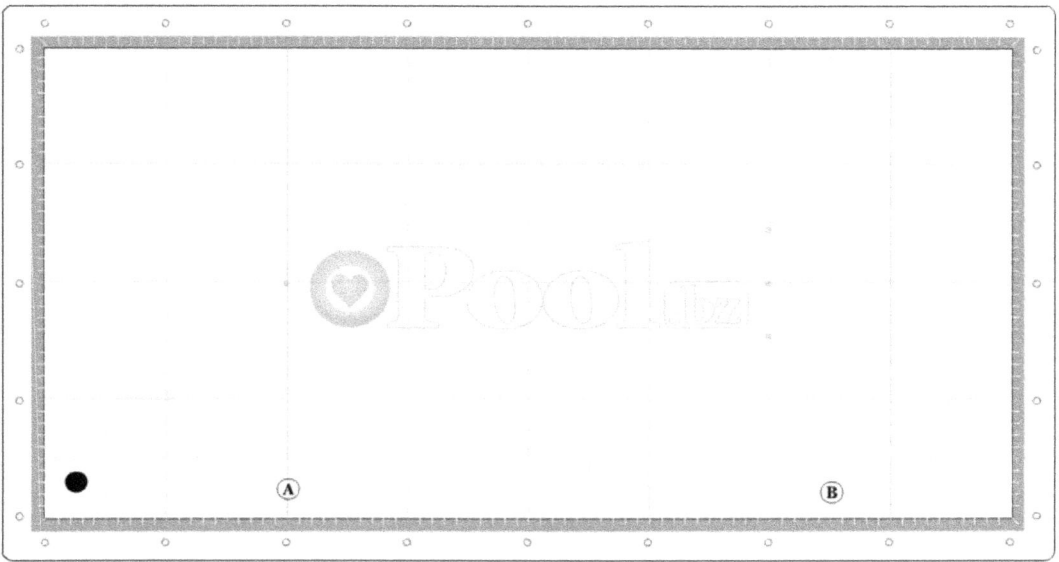

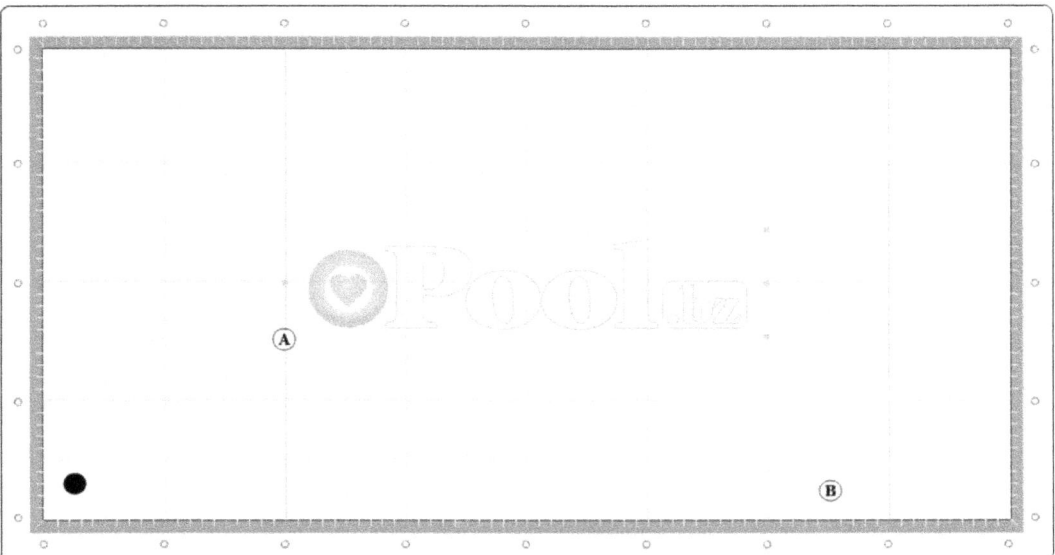

OPMERKINGEN:

OPMERKINGEN:

Groep 1, set 10

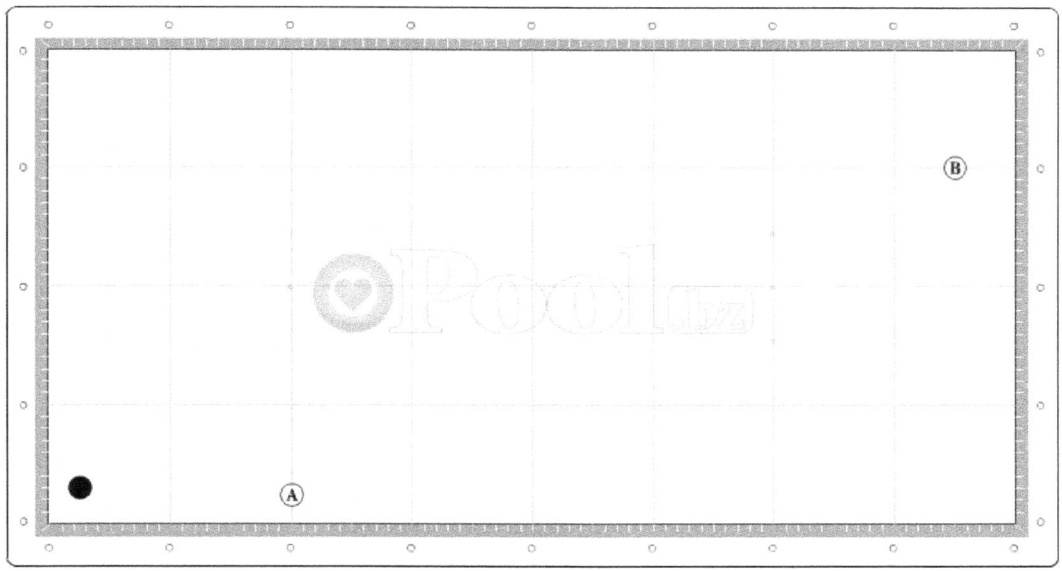

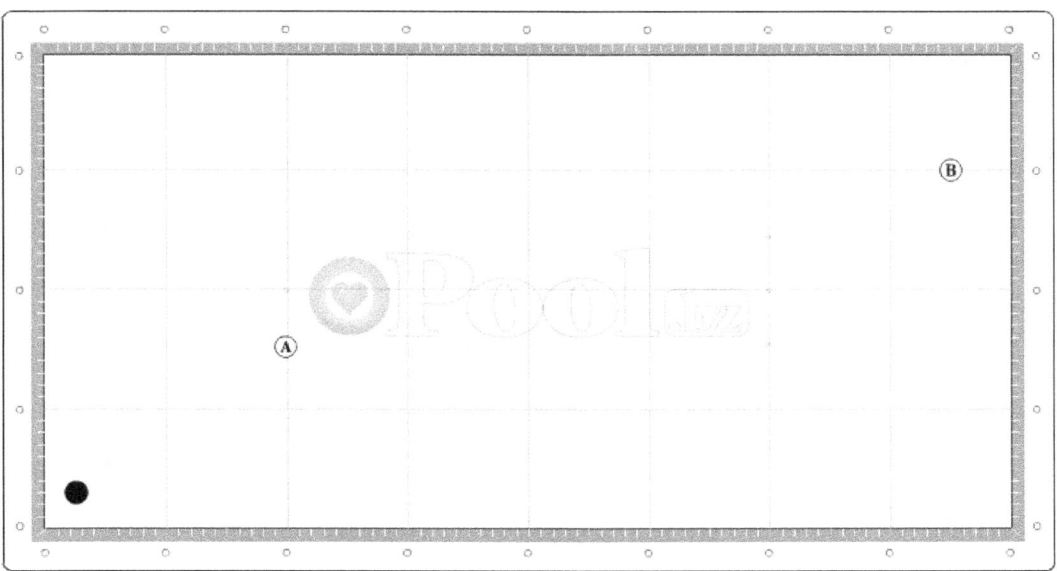

OPMERKINGEN:

Carambole Biljart: Meer raadsels en puzzels

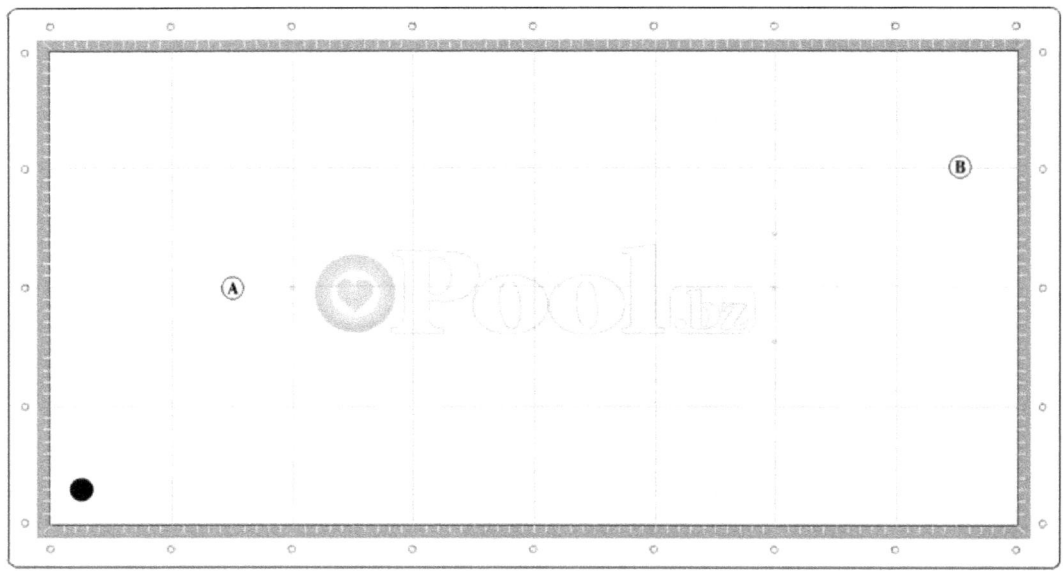

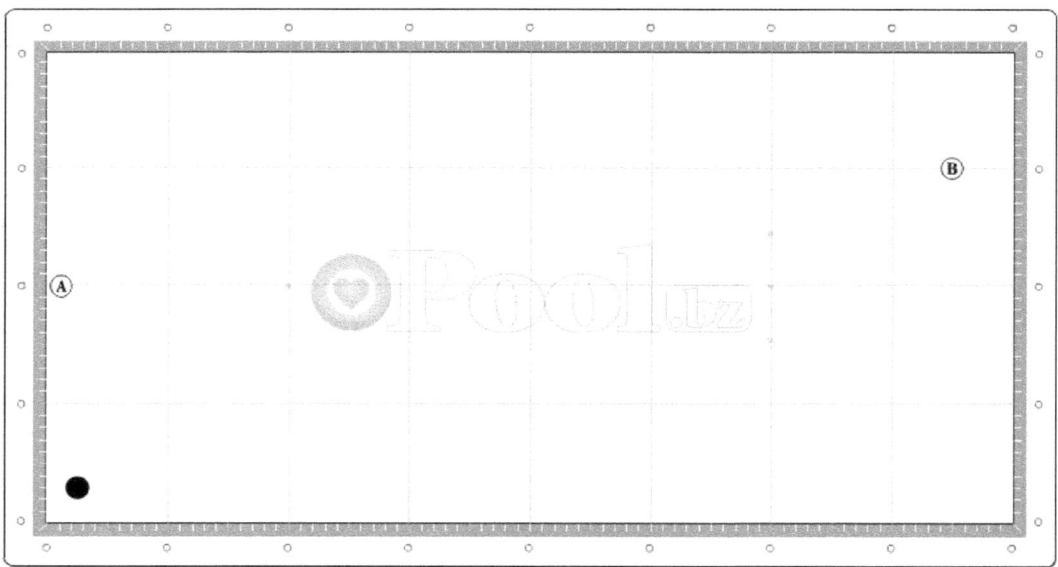

OPMERKINGEN:

Groep 1, set 11

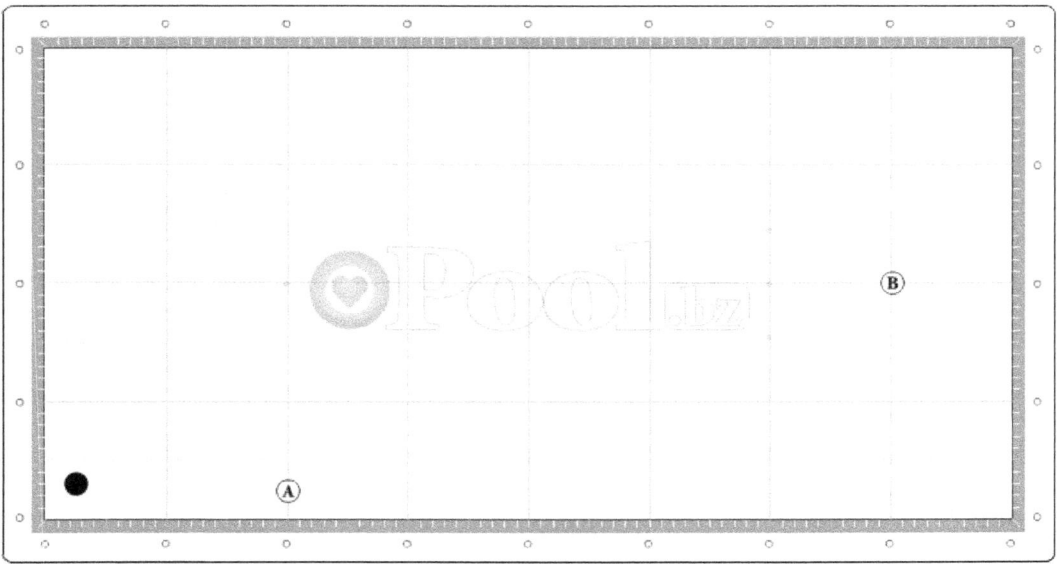

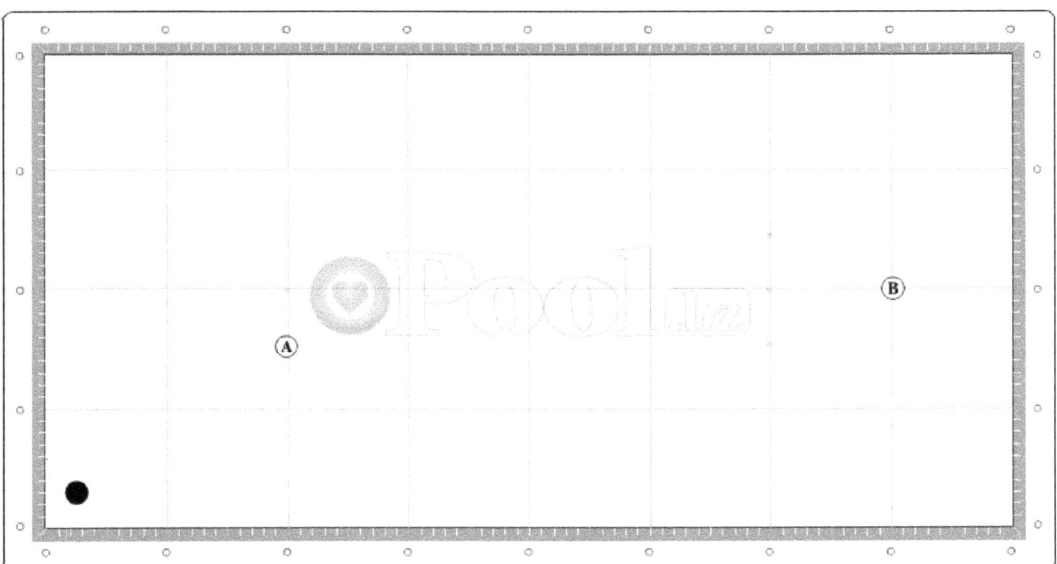

OPMERKINGEN:

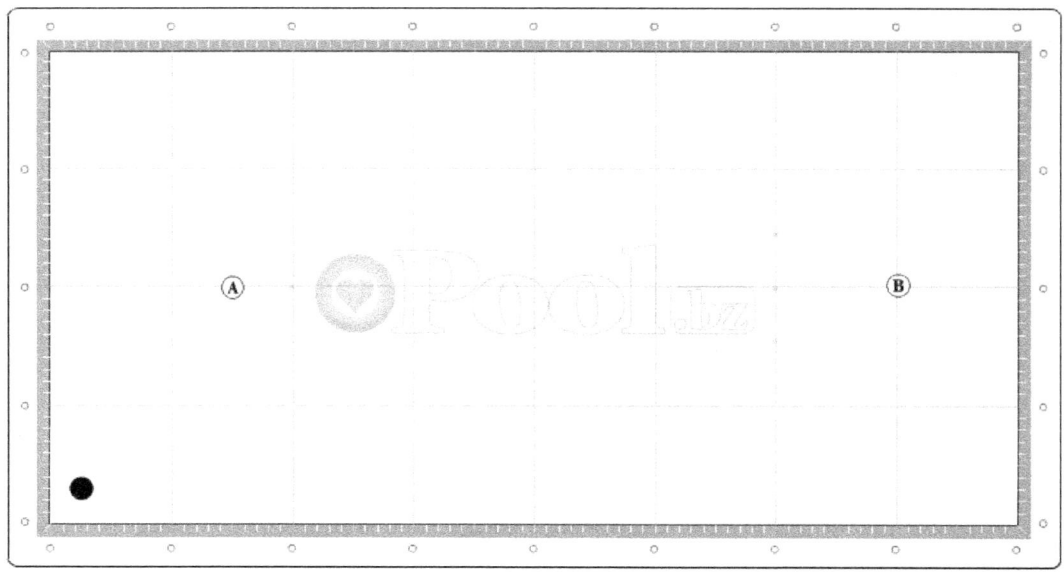

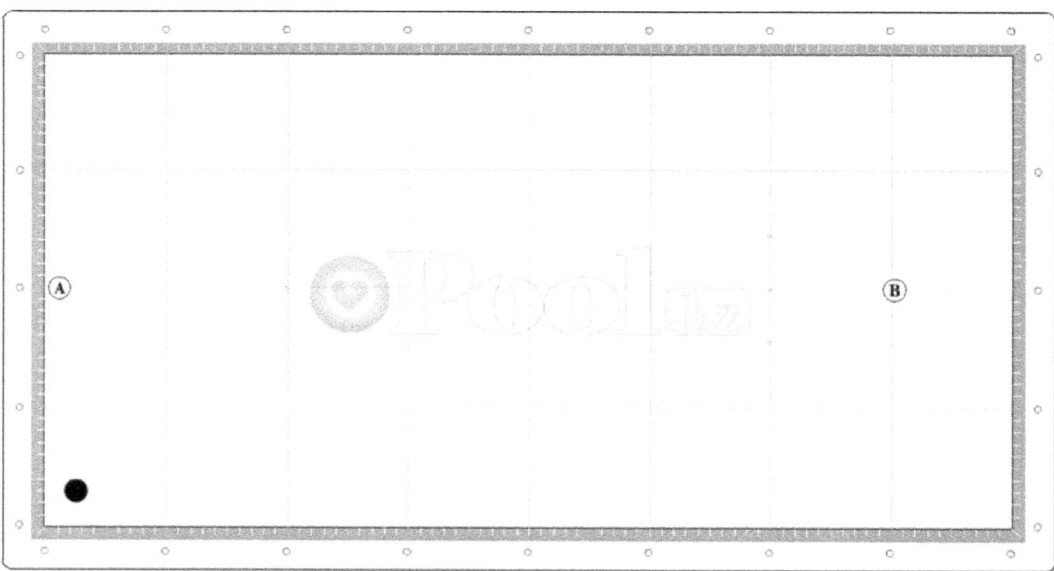

OPMERKINGEN:

Groep 1, set 12

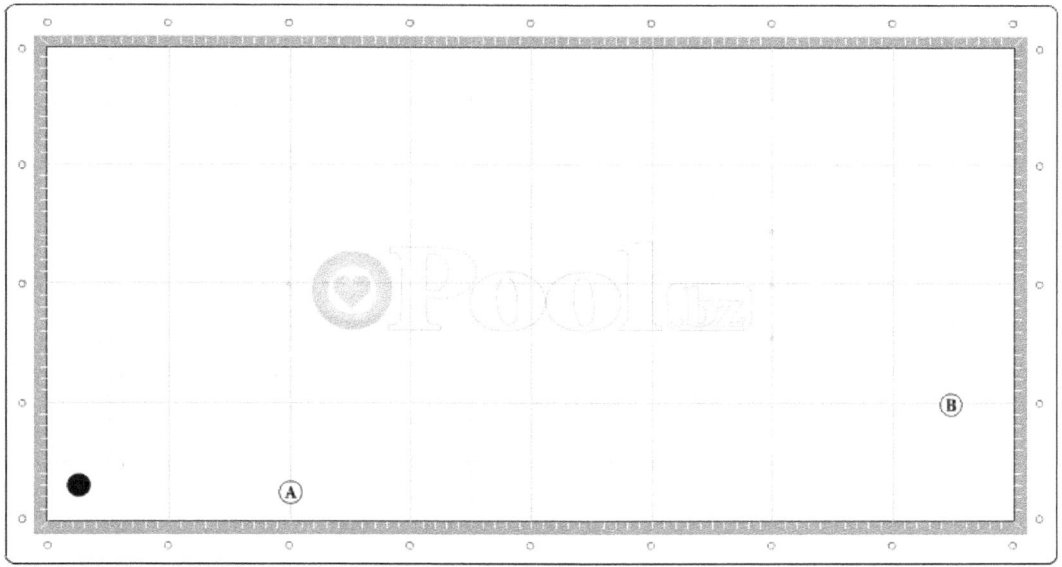

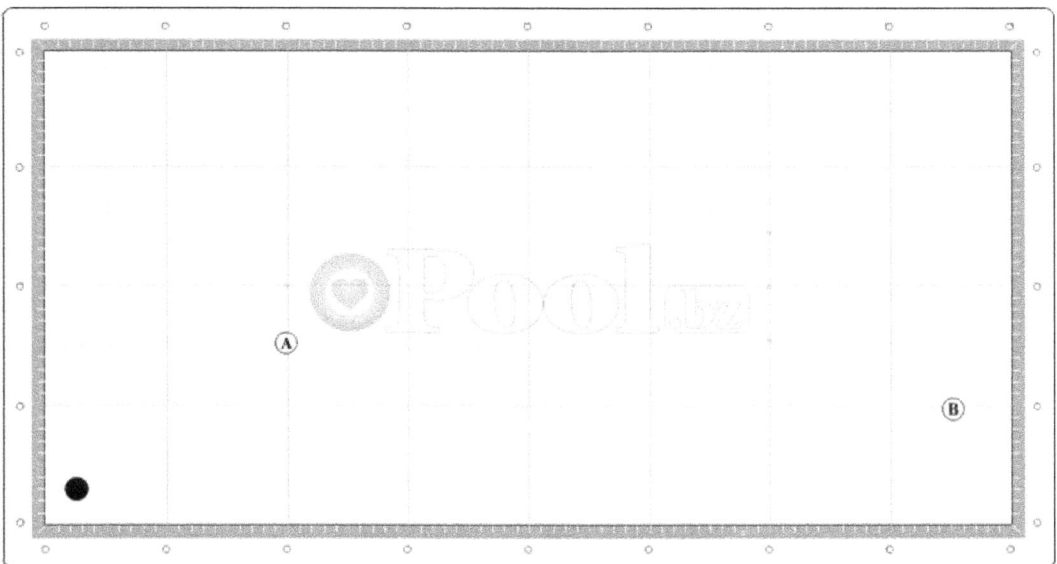

OPMERKINGEN:

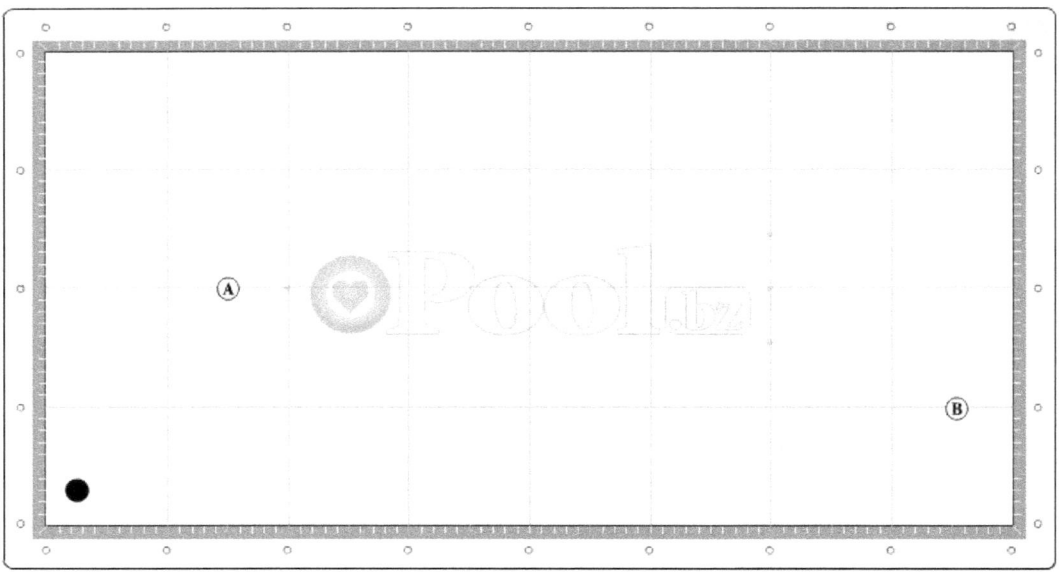

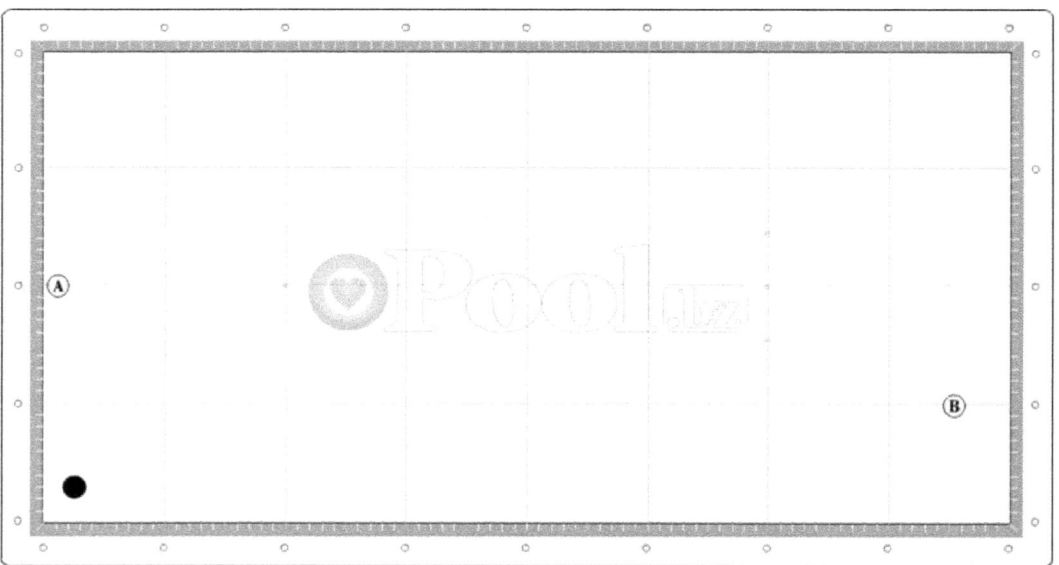

OPMERKINGEN:

GROEP 2
Groep 2, set 1

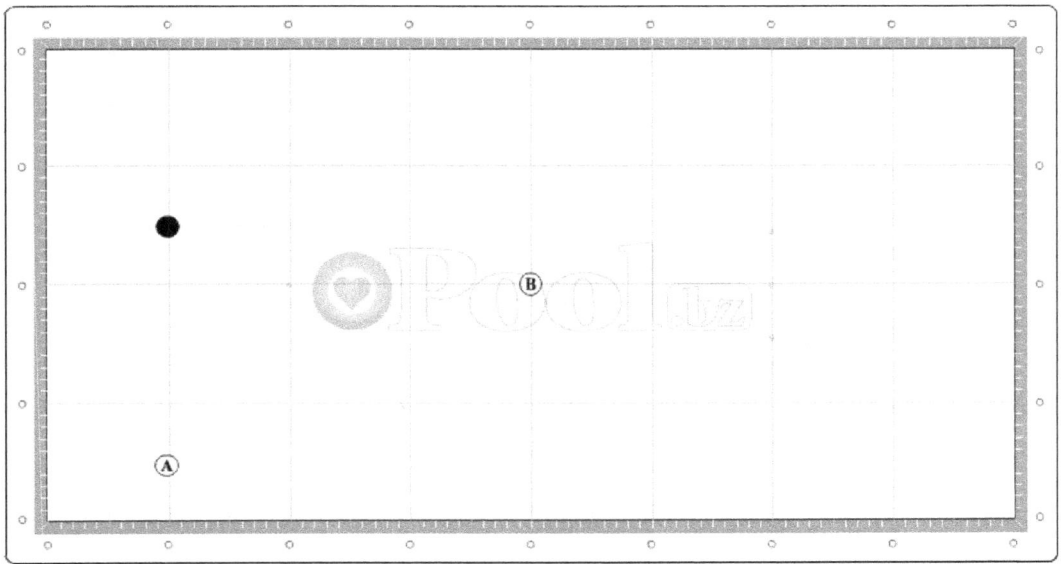

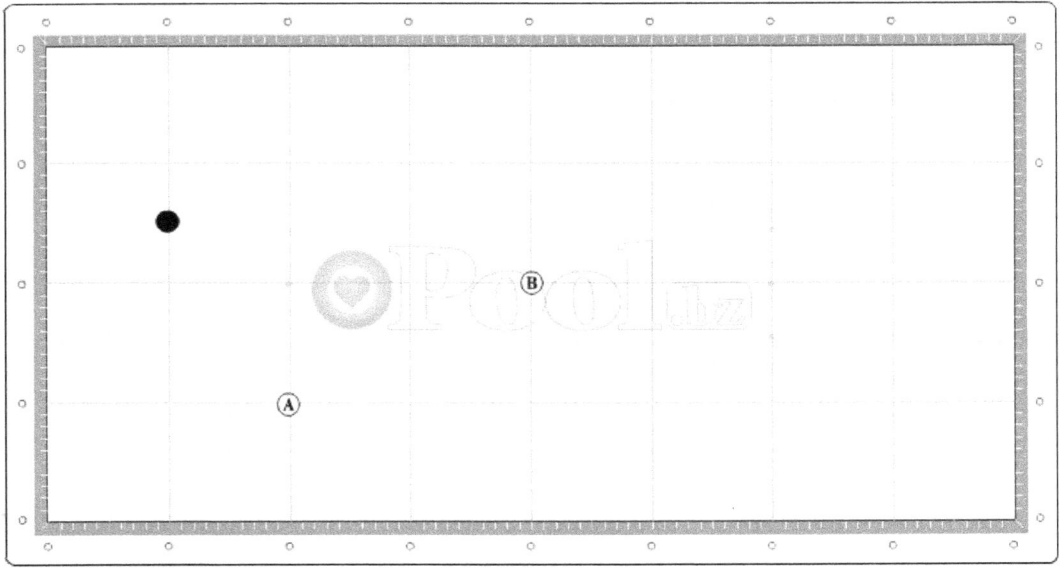

OPMERKINGEN:

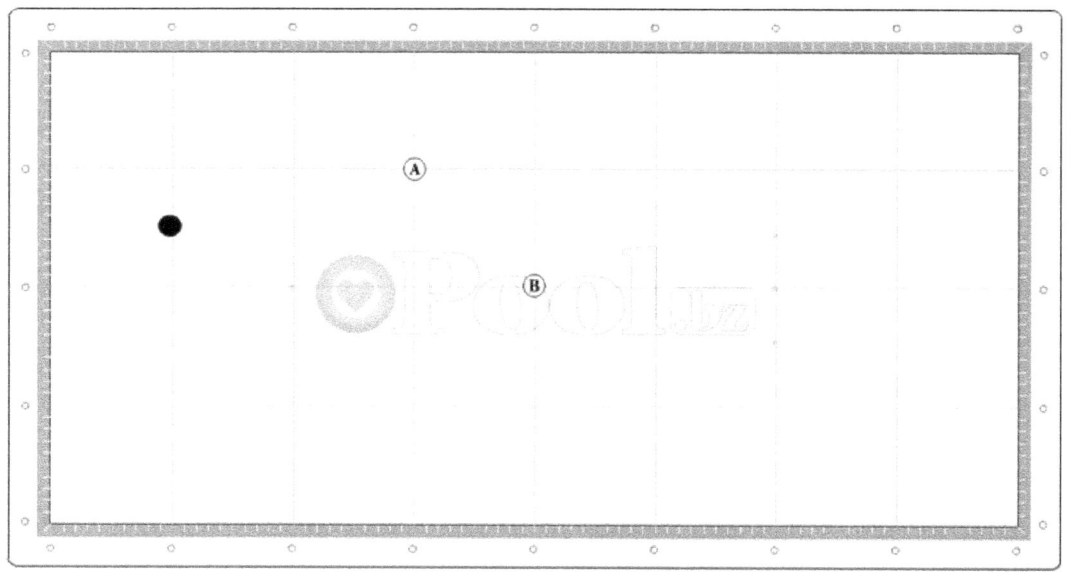

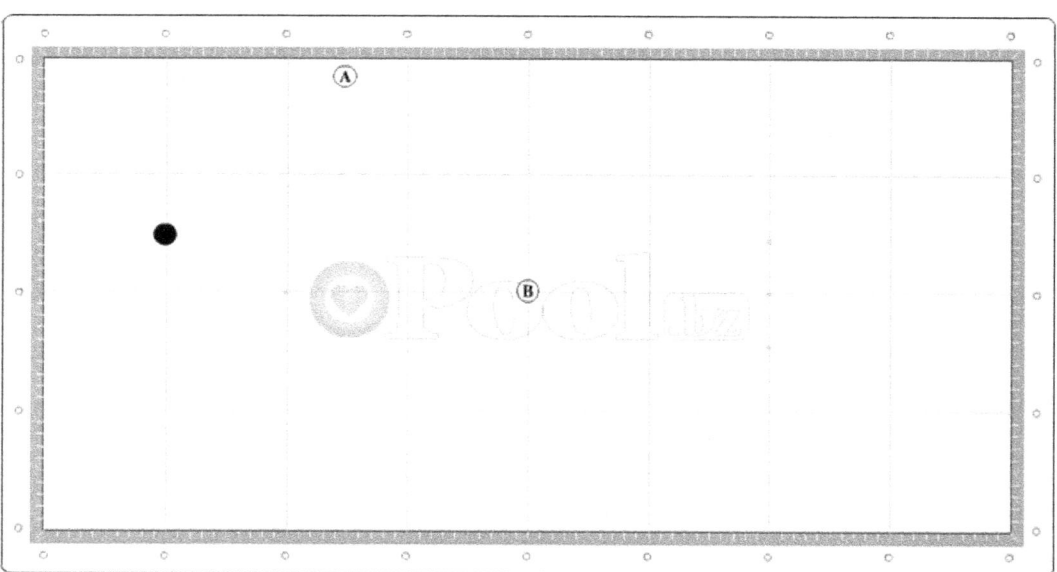

OPMERKINGEN:

Groep 2, set 2

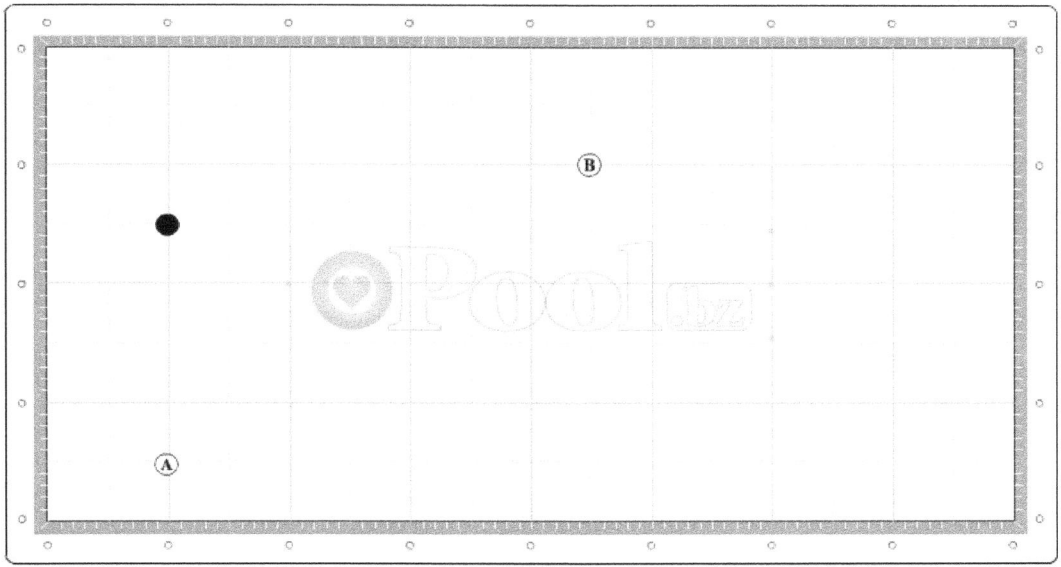

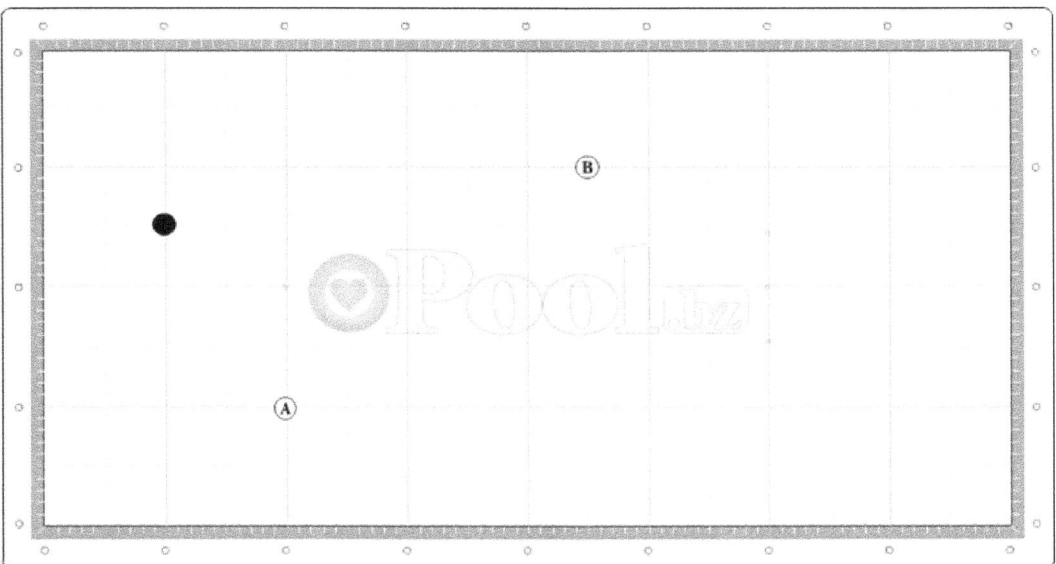

OPMERKINGEN:

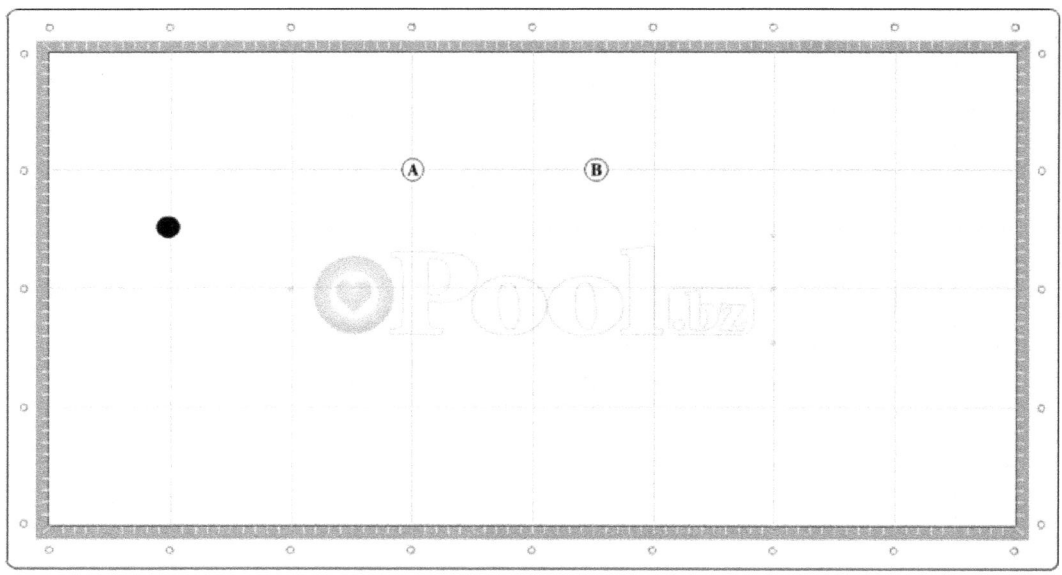

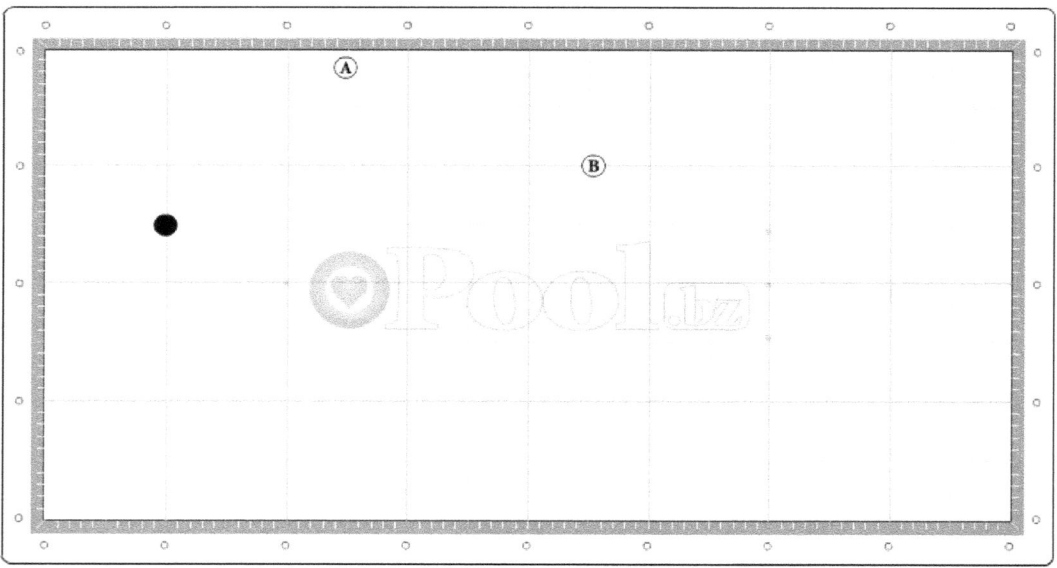

OPMERKINGEN:

Groep 2, set 3

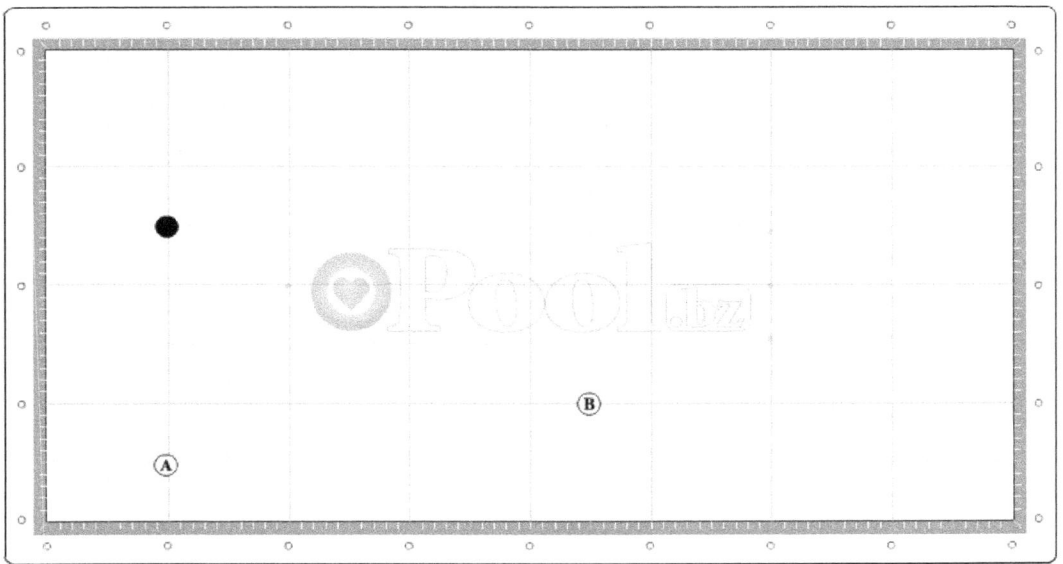

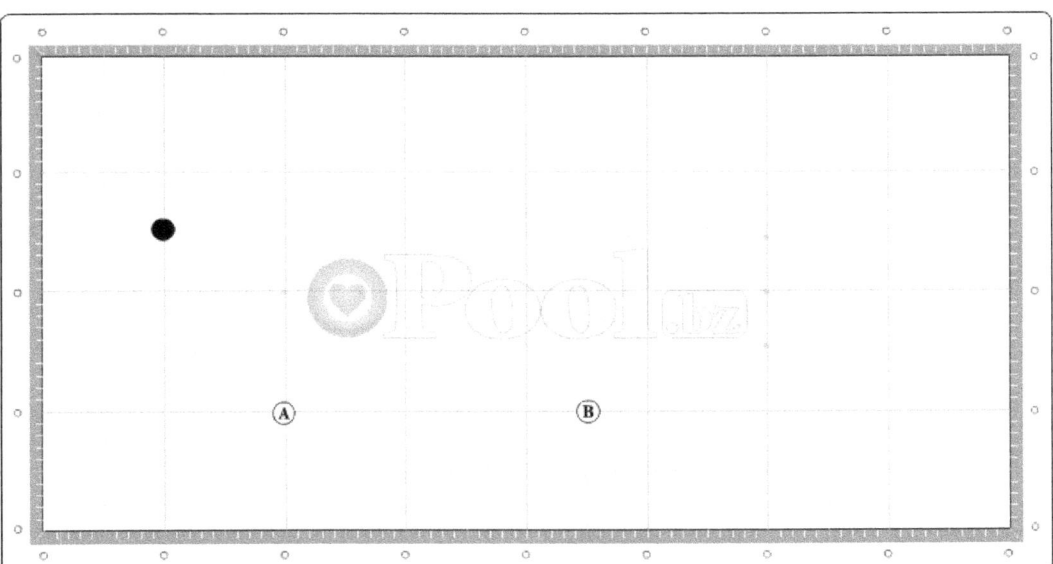

OPMERKINGEN:

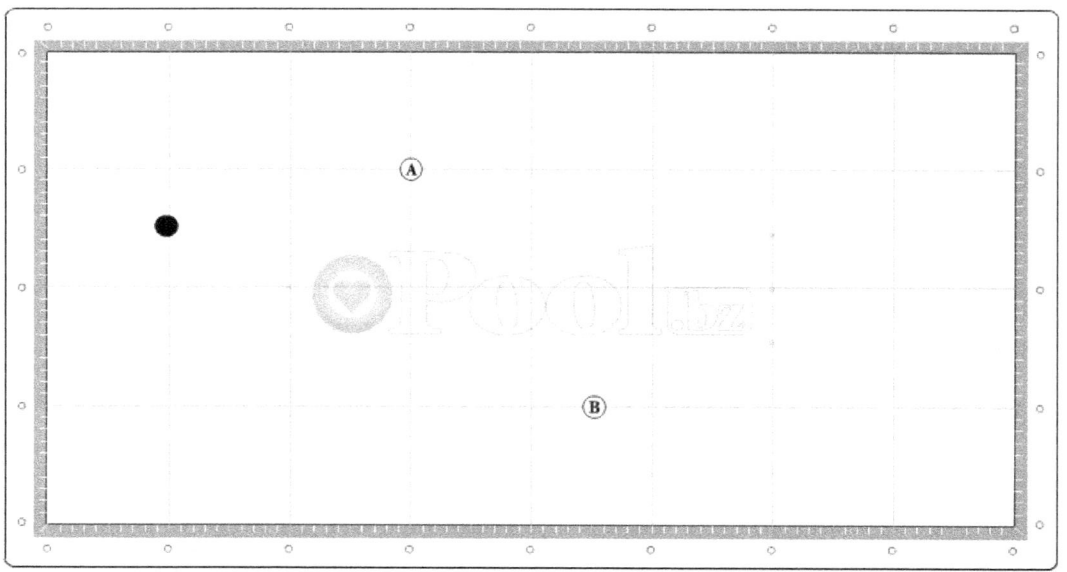

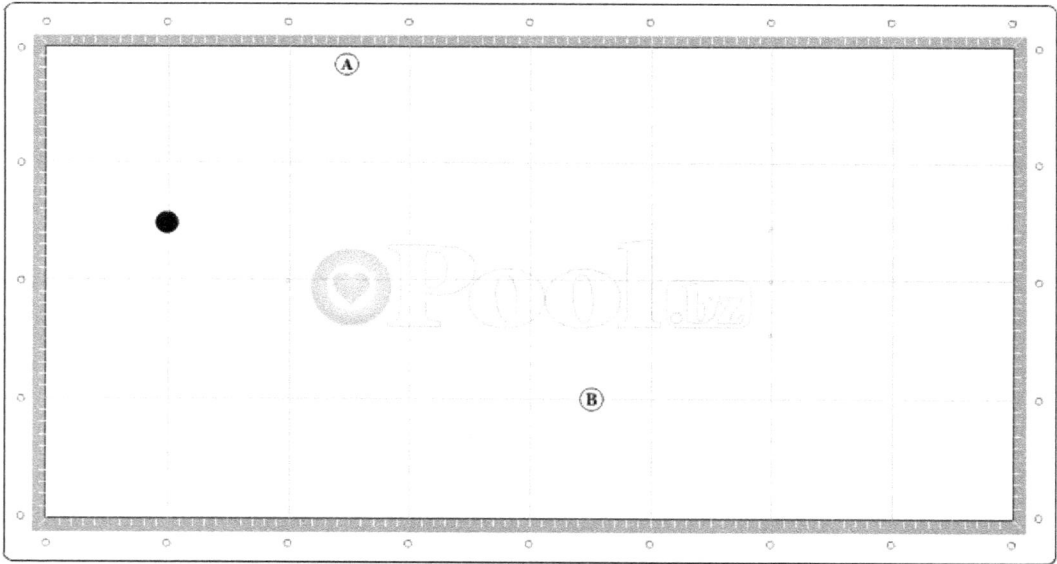

OPMERKINGEN:

Groep 2, set 4

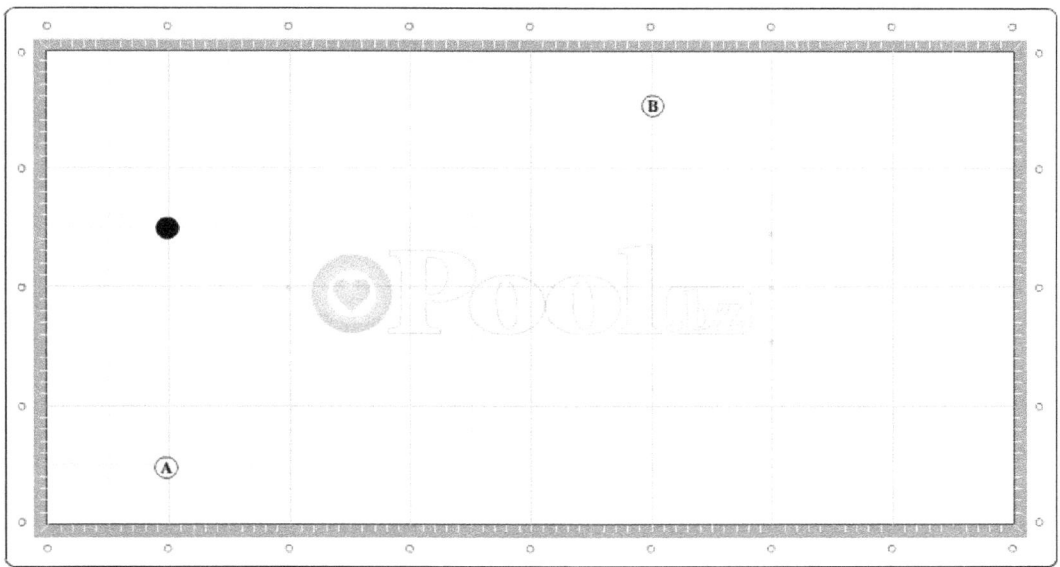

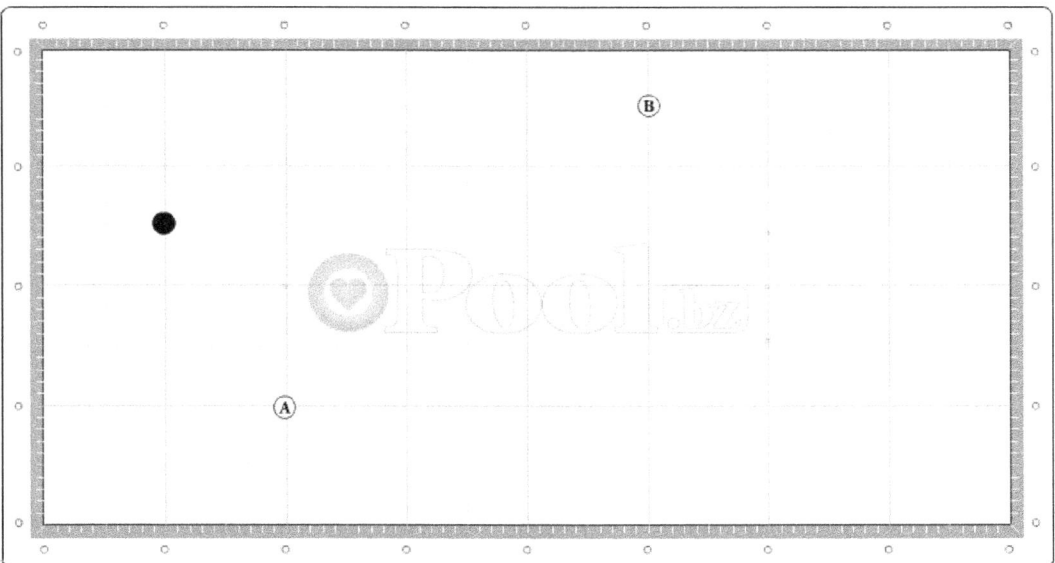

OPMERKINGEN:

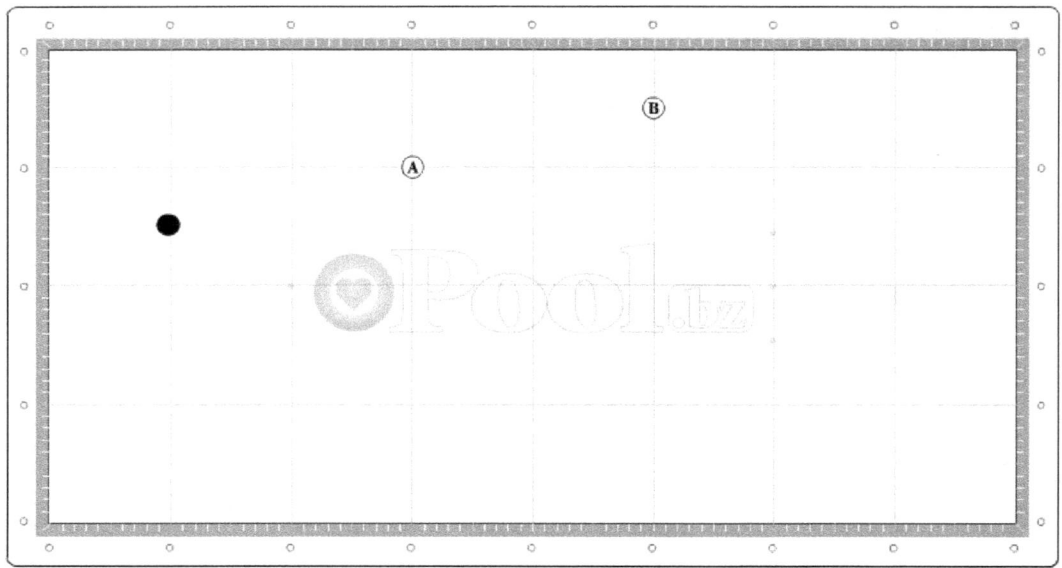

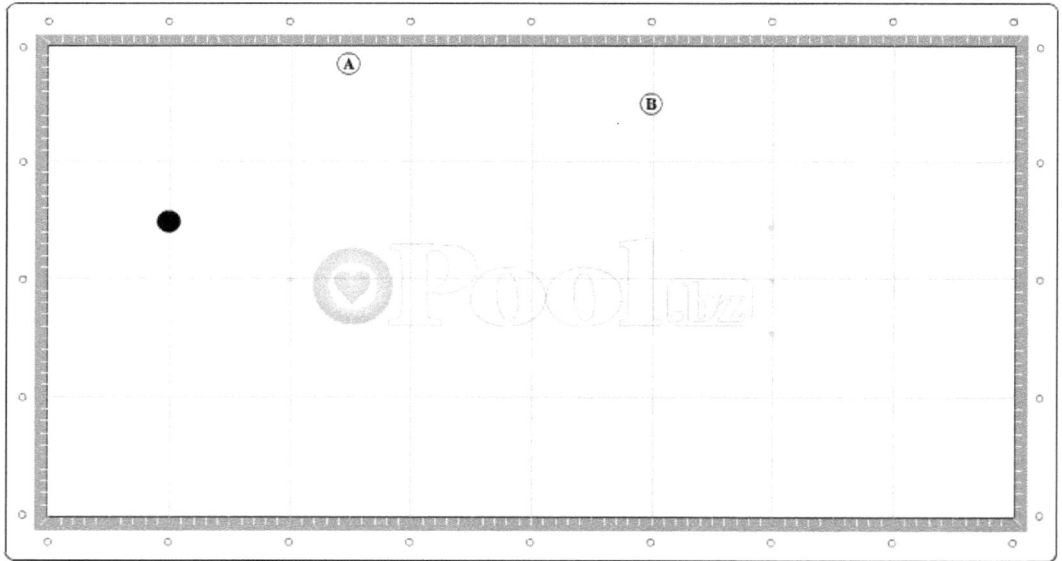

OPMERKINGEN:

Groep 2, set 5

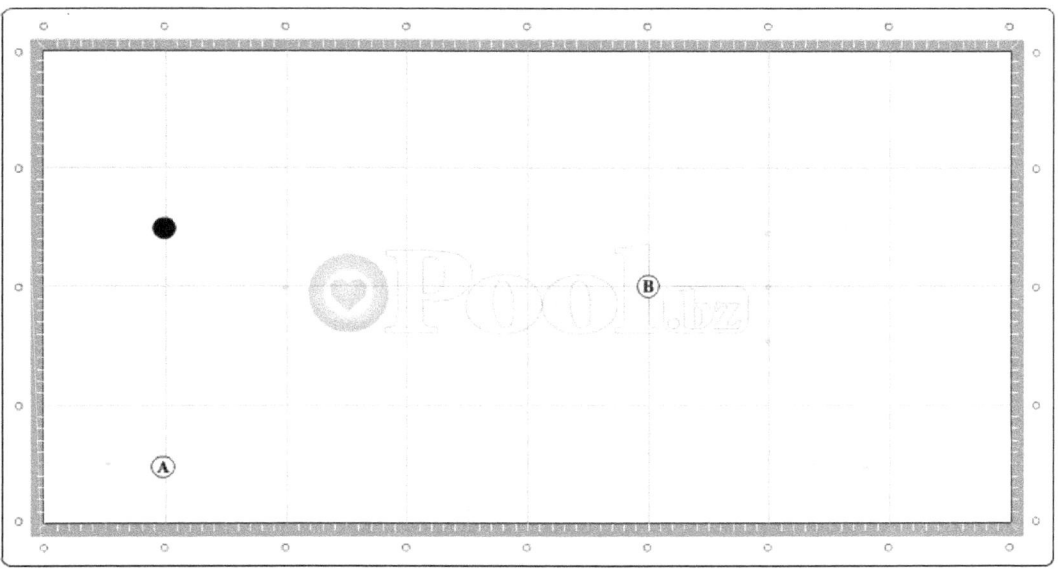

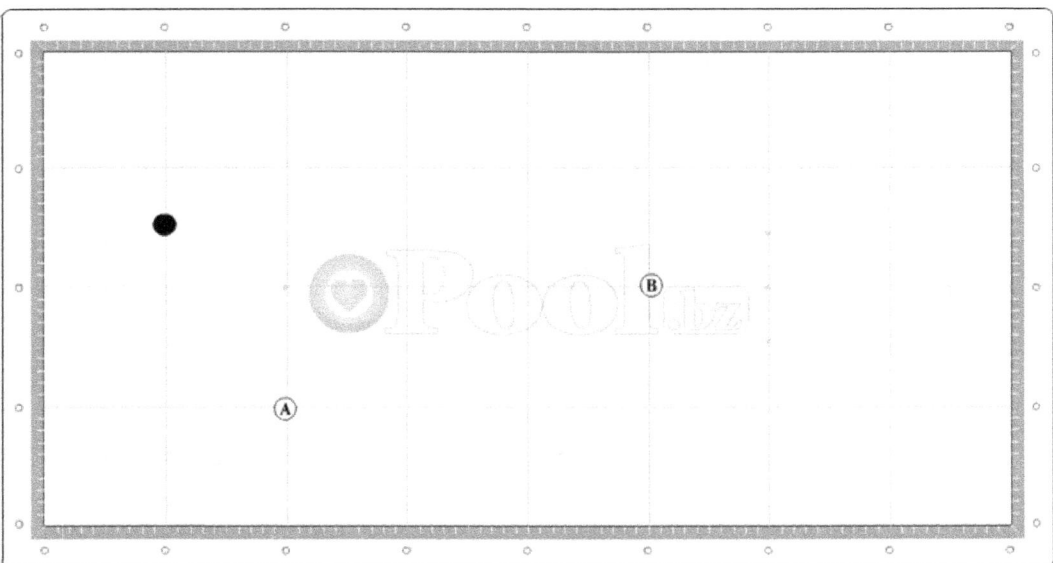

OPMERKINGEN:

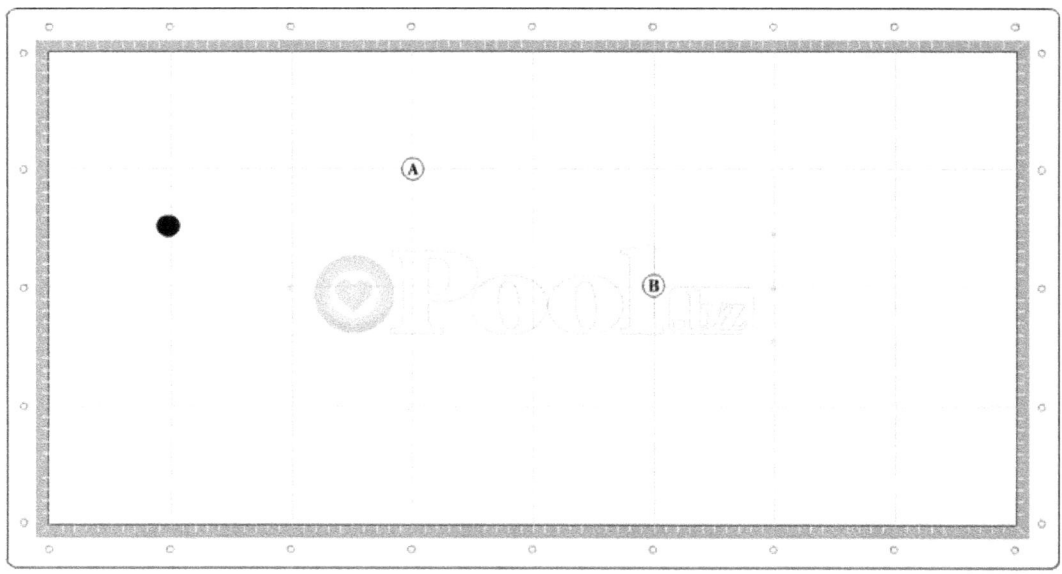

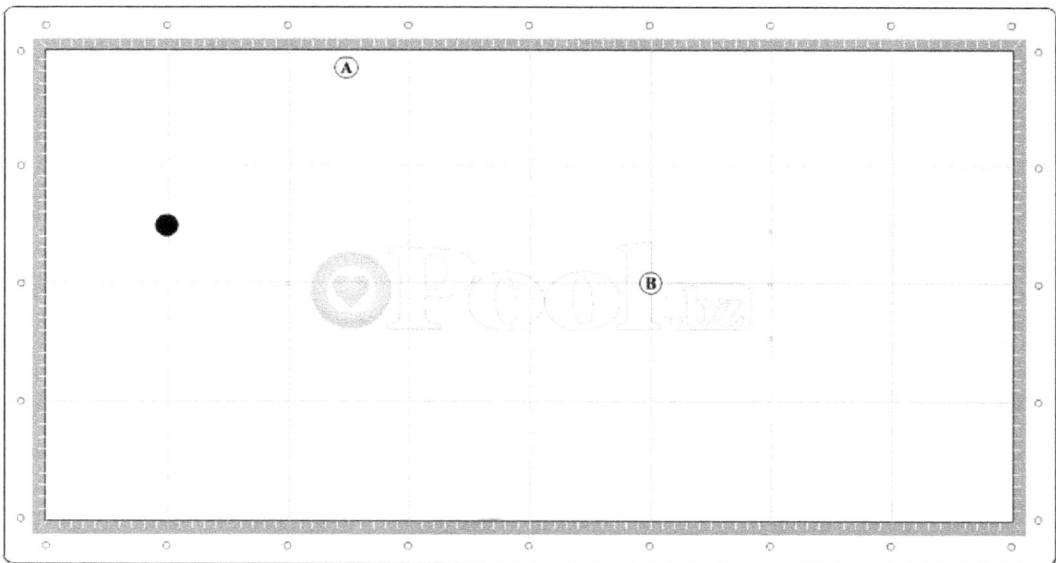

OPMERKINGEN:

Groep 2, set 6

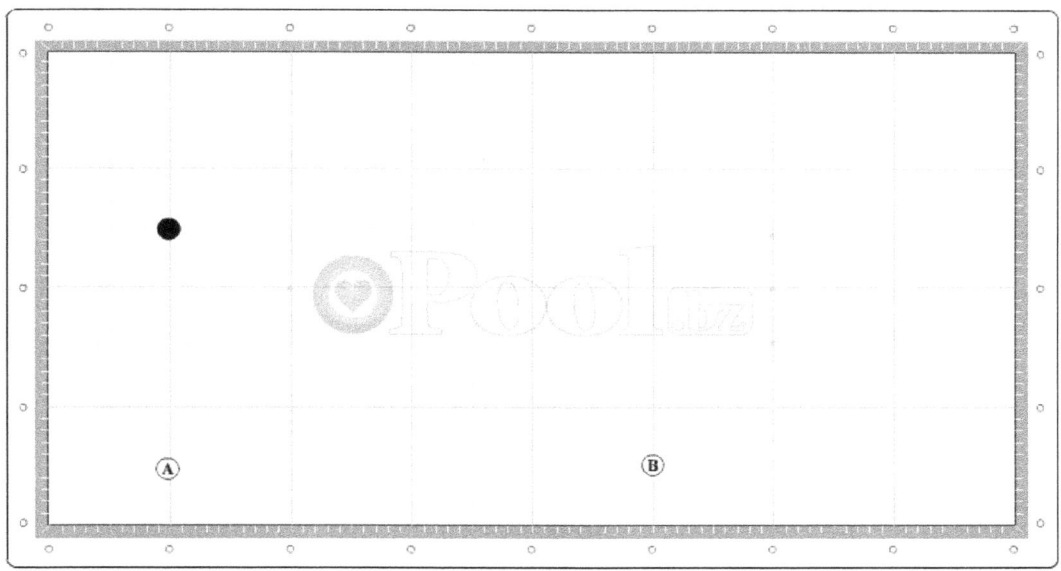

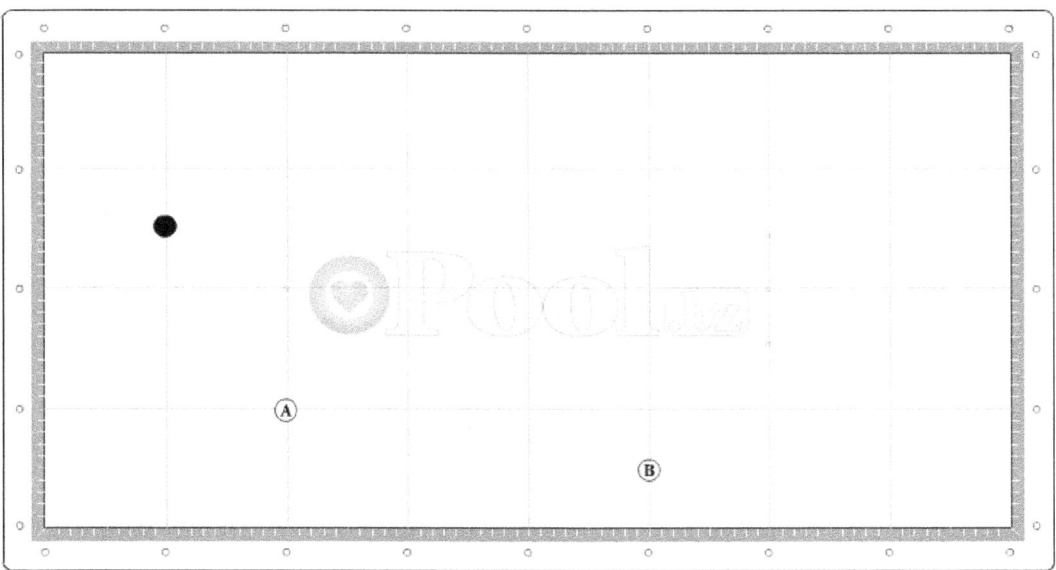

OPMERKINGEN:

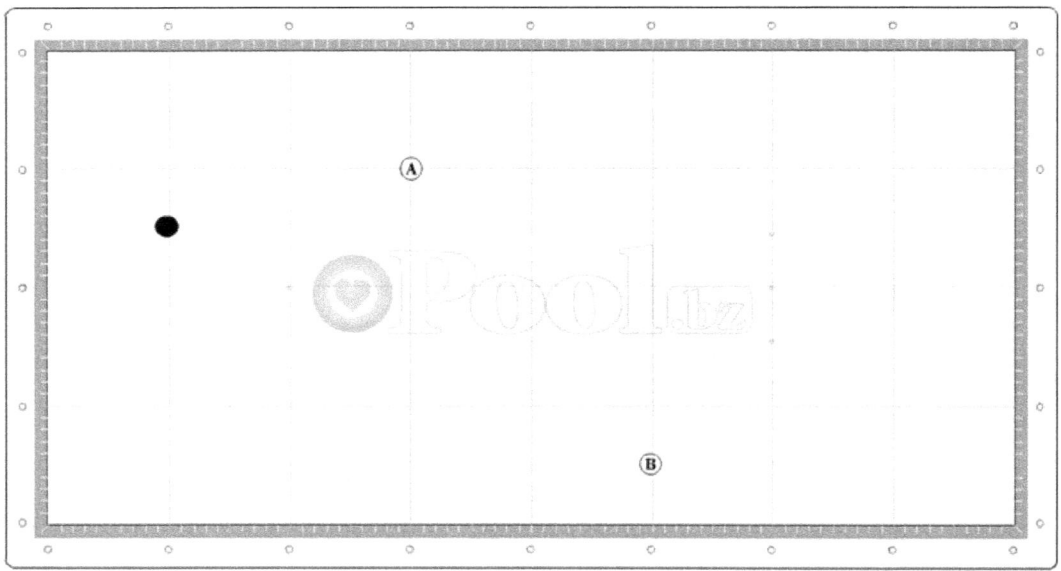

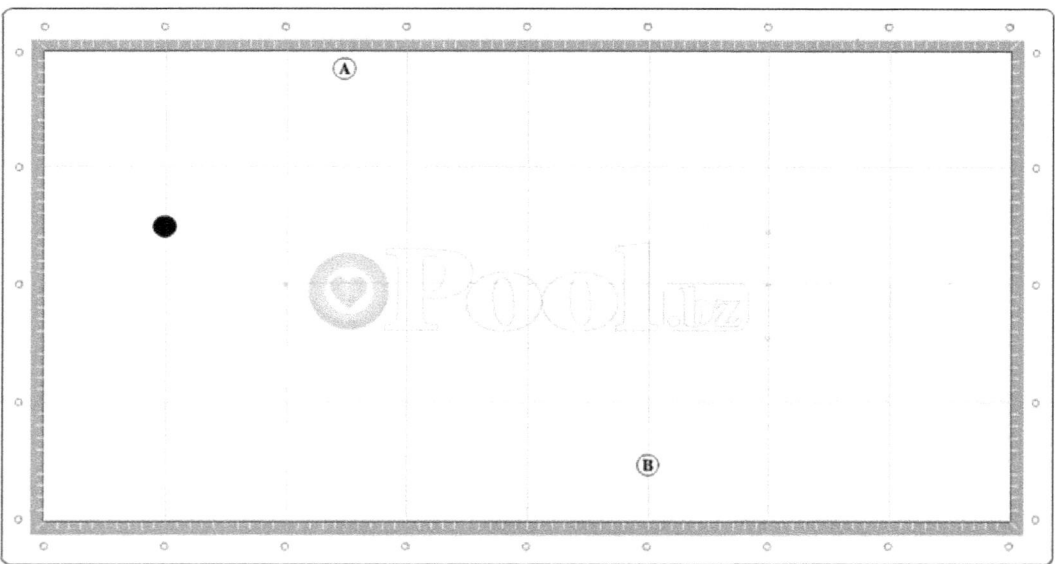

OPMERKINGEN:

Groep 2, set 7

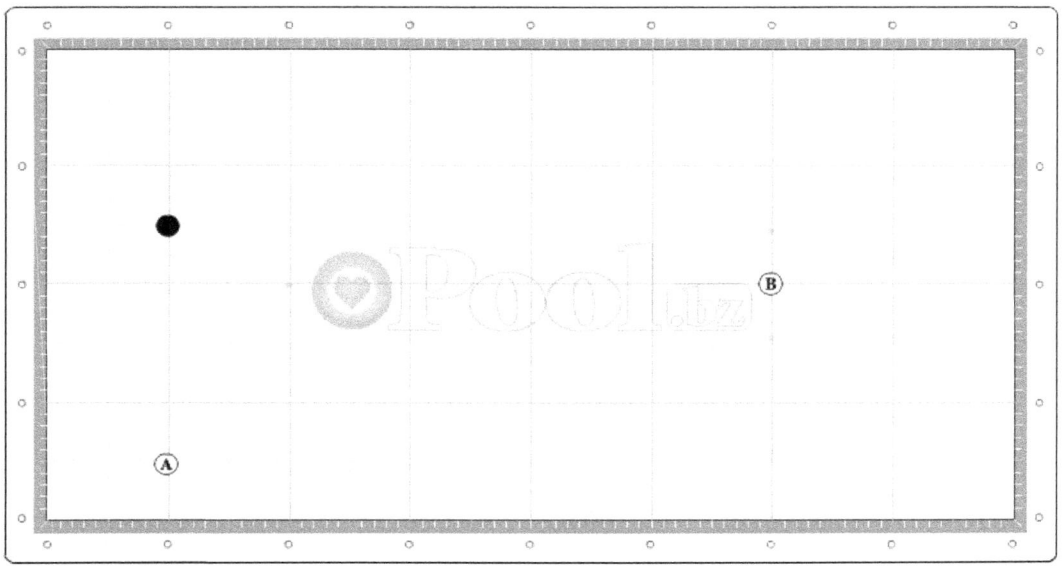

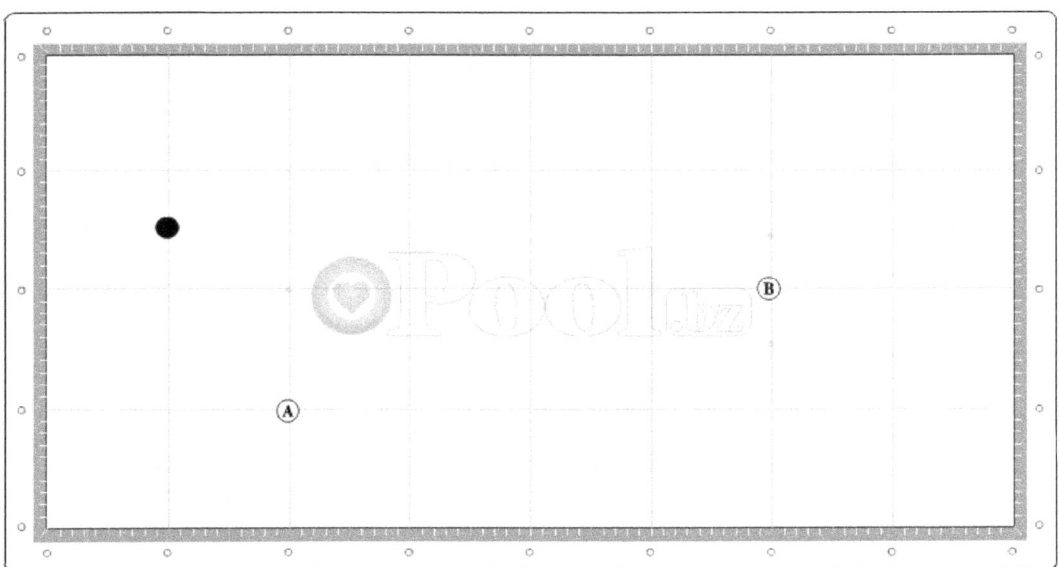

OPMERKINGEN:

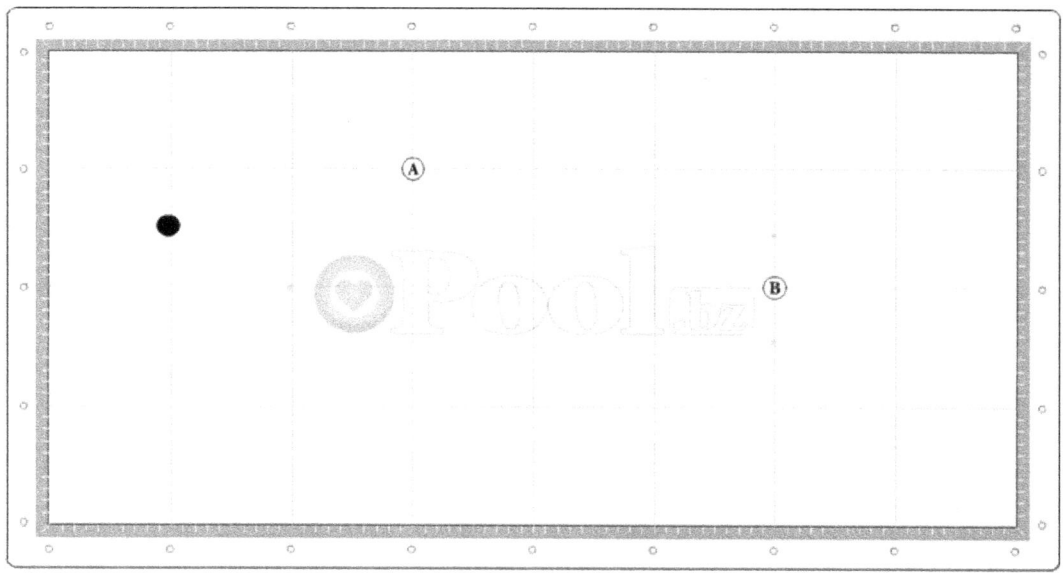

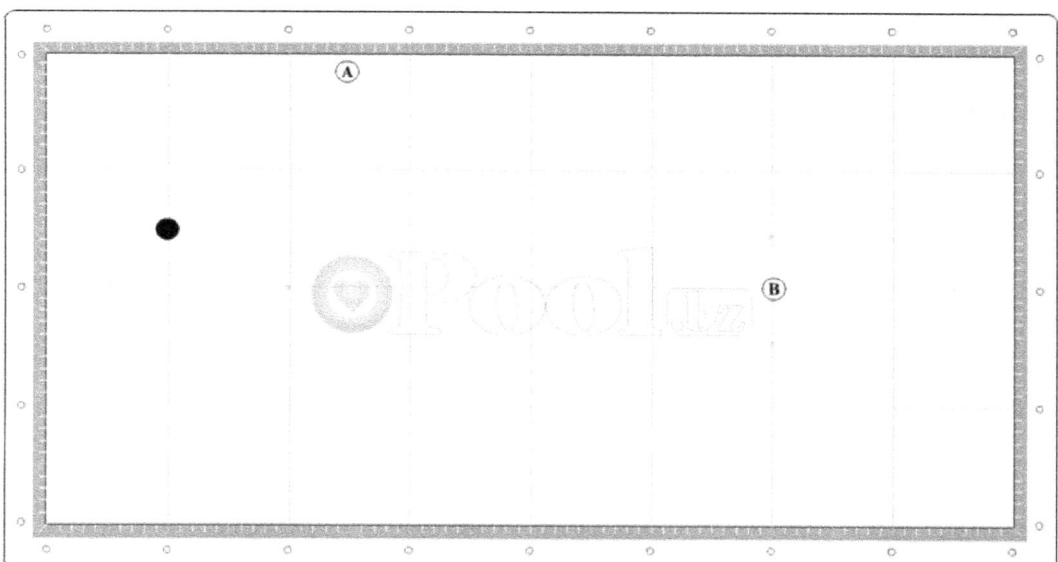

OPMERKINGEN:

Groep 2, set 8

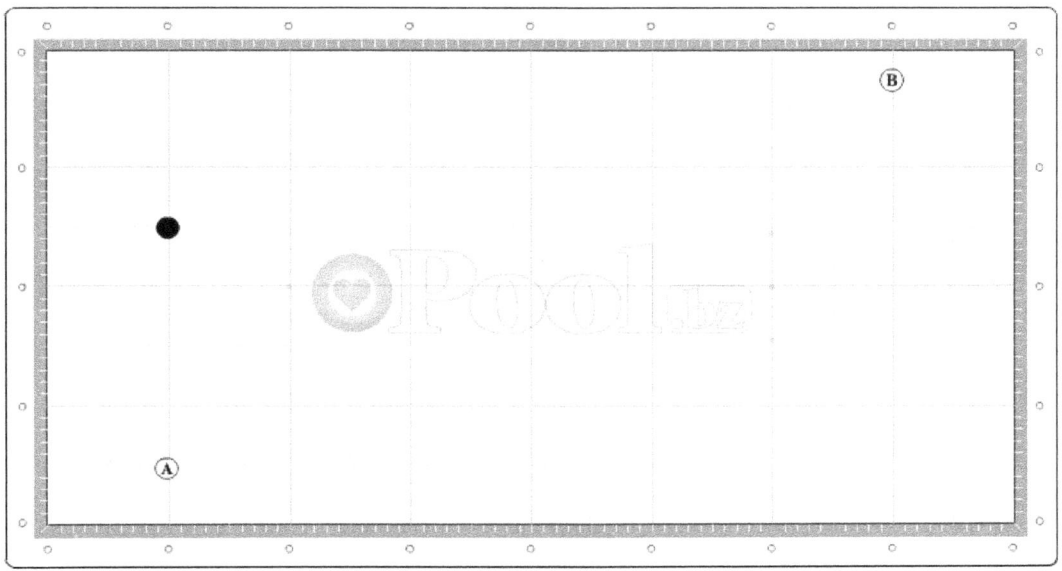

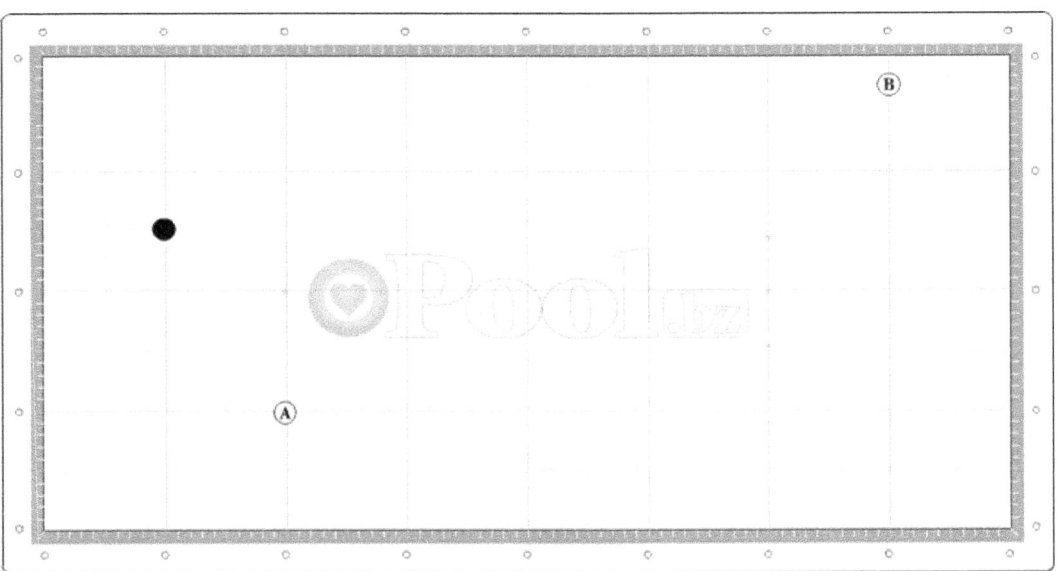

OPMERKINGEN:

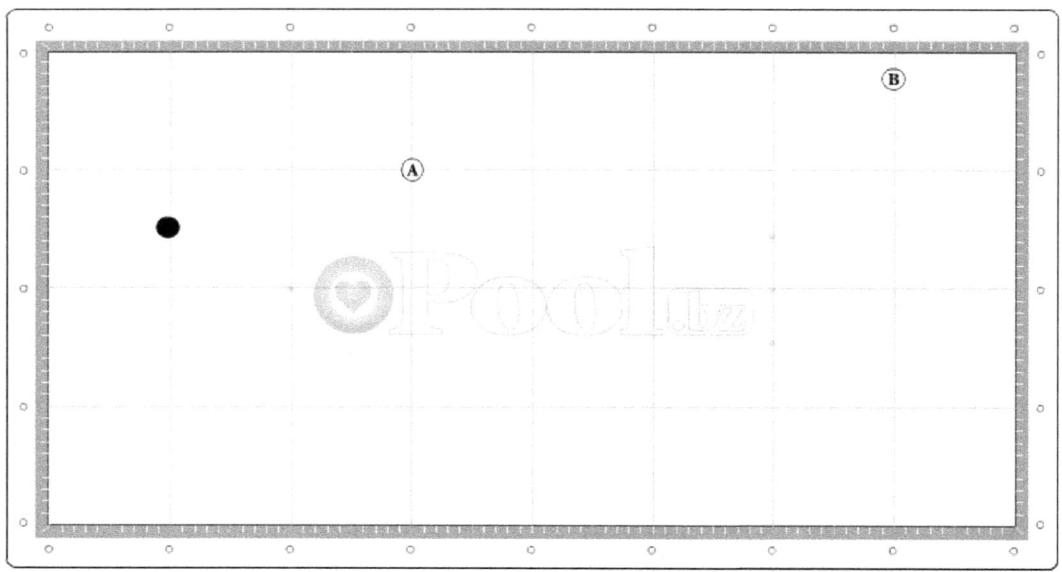

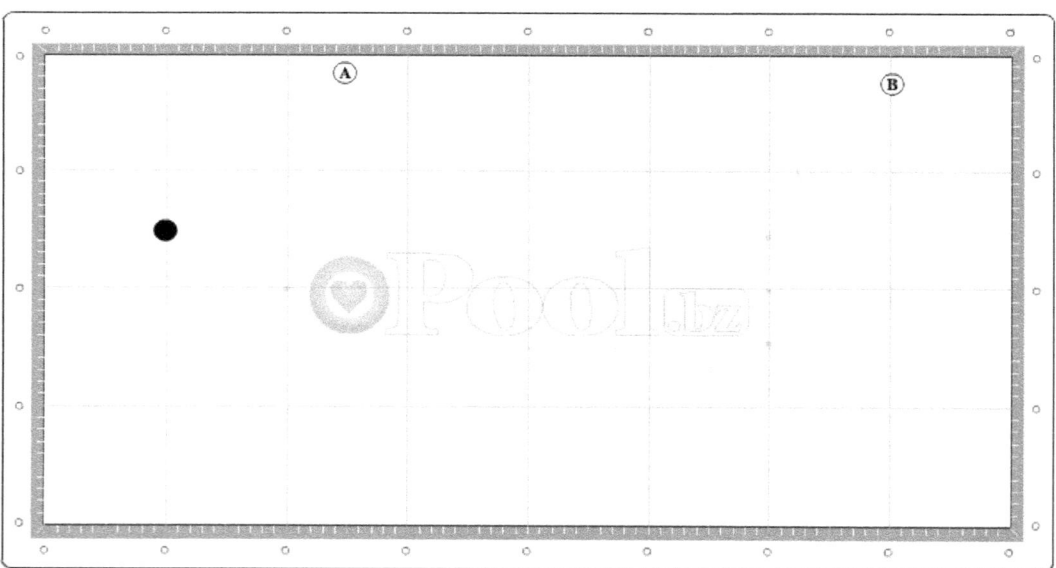

OPMERKINGEN:

Groep 2, set 9

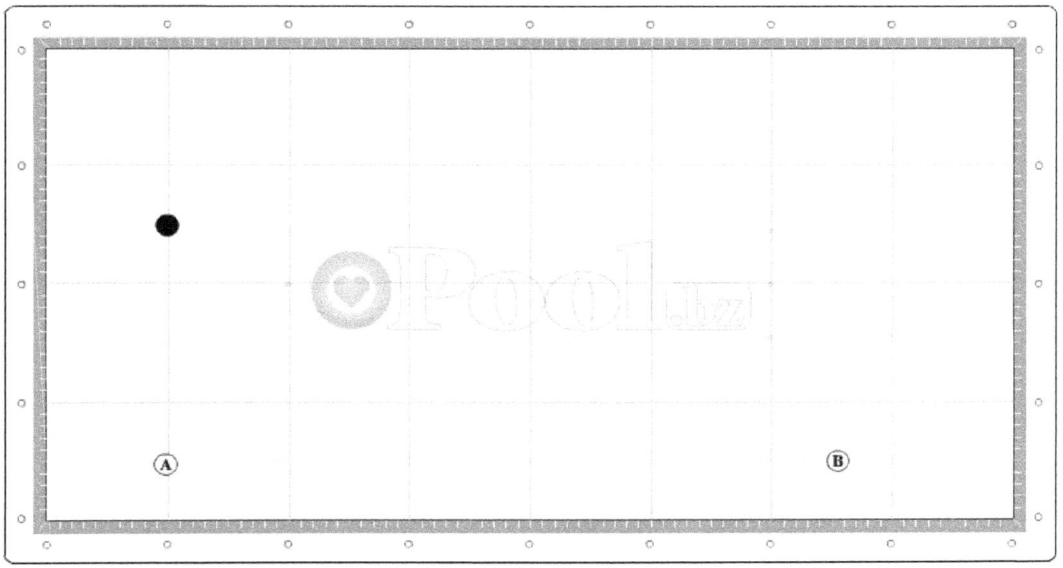

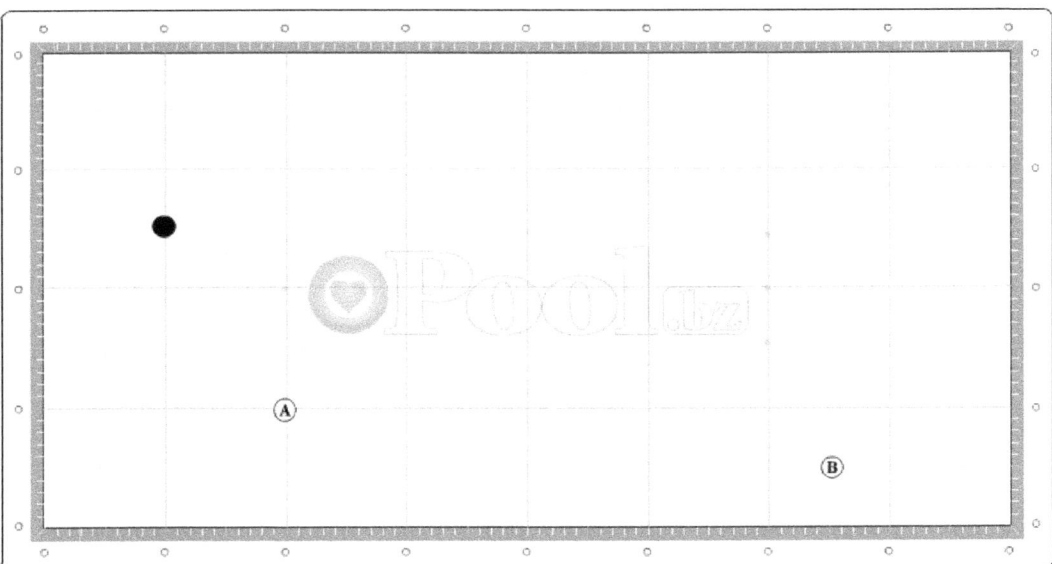

OPMERKINGEN:

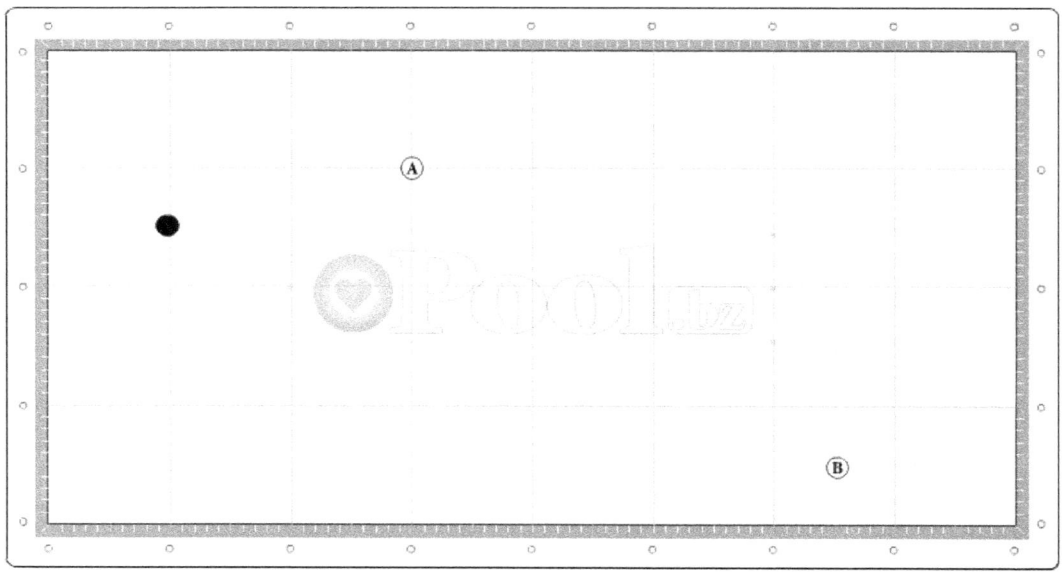

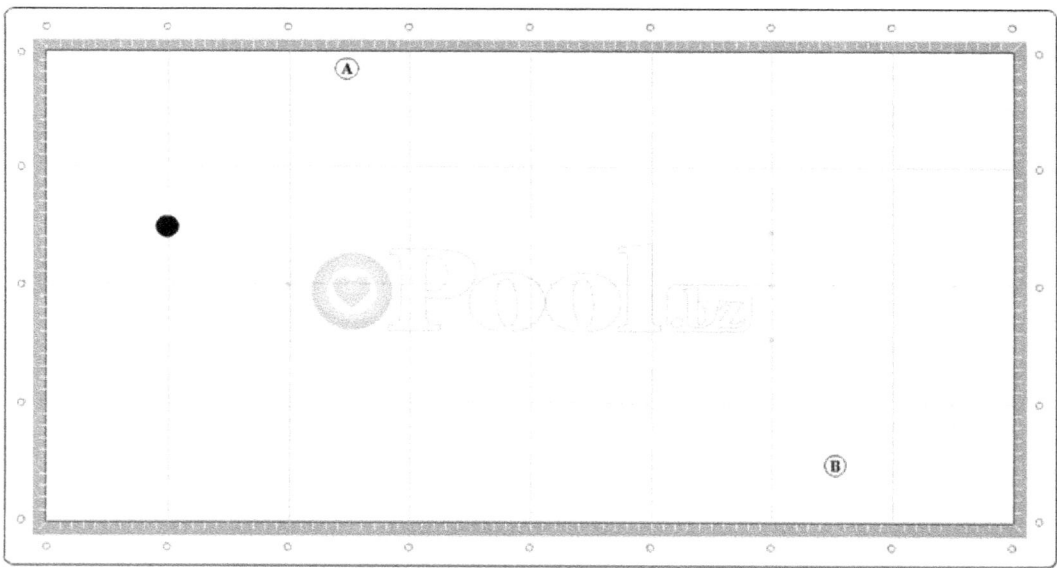

OPMERKINGEN:

Groep 2, set 10

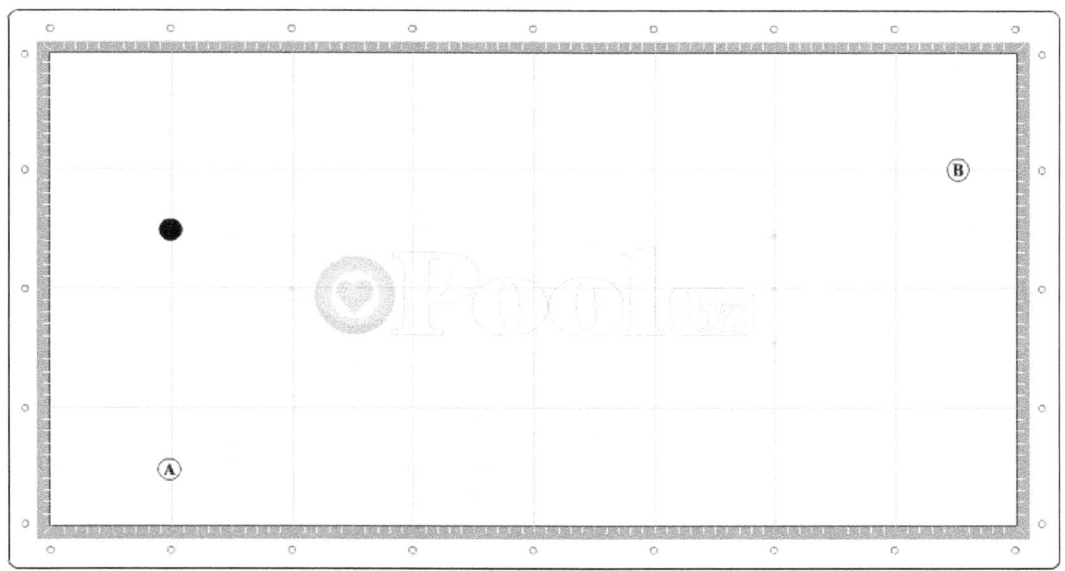

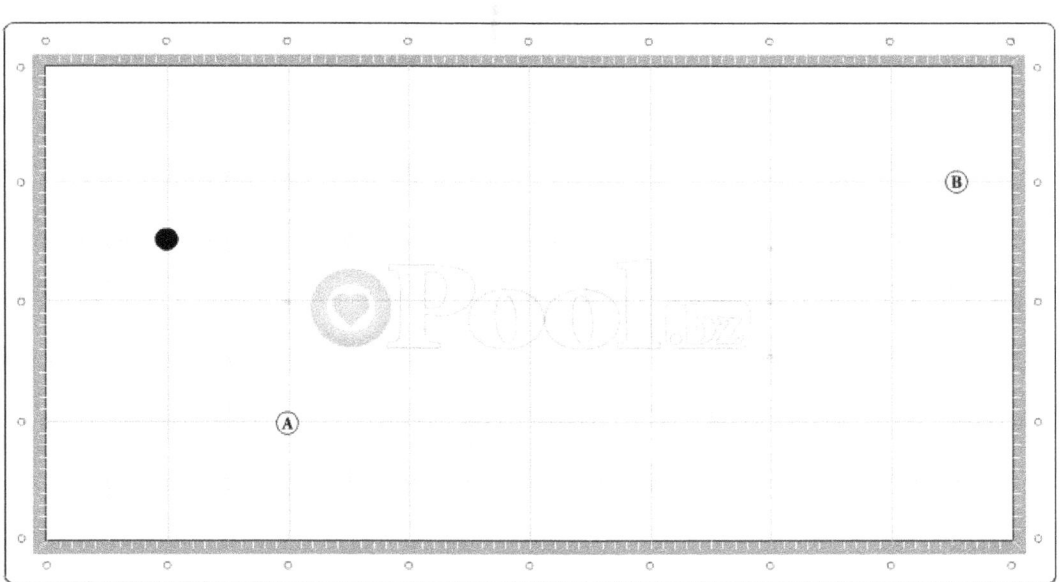

OPMERKINGEN:

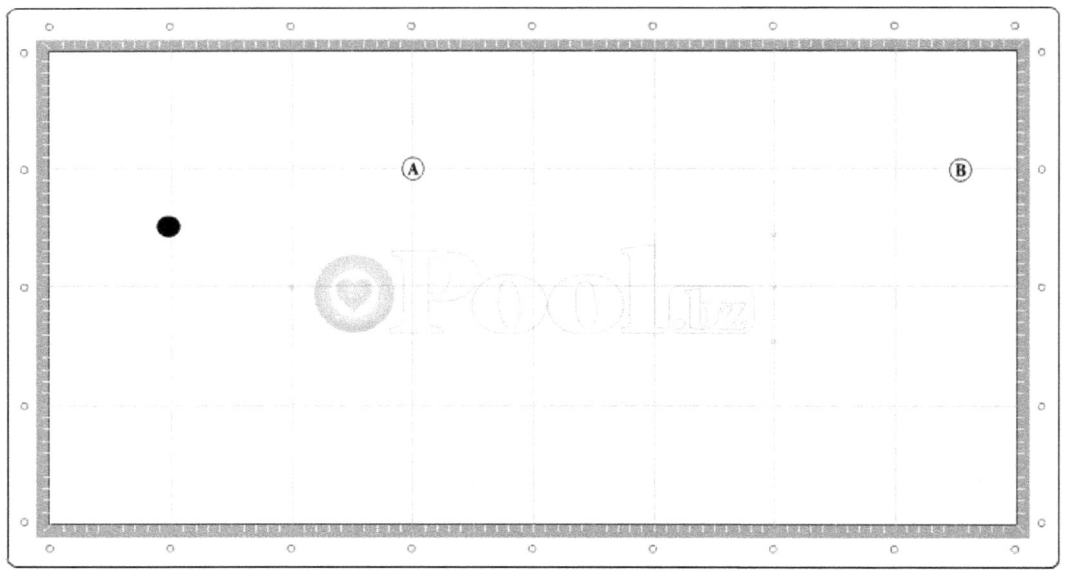

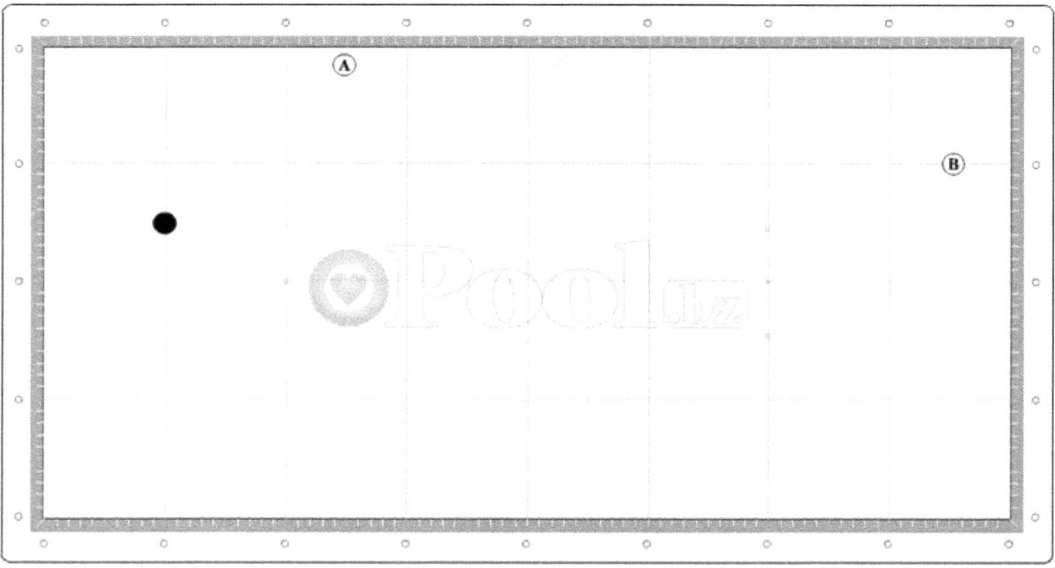

OPMERKINGEN:

Groep 2, set 11

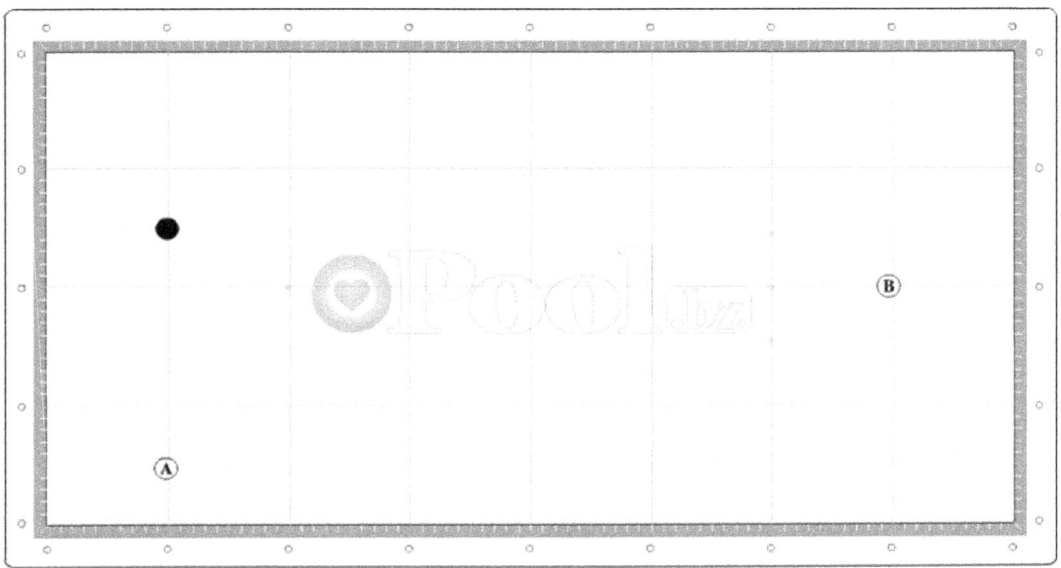

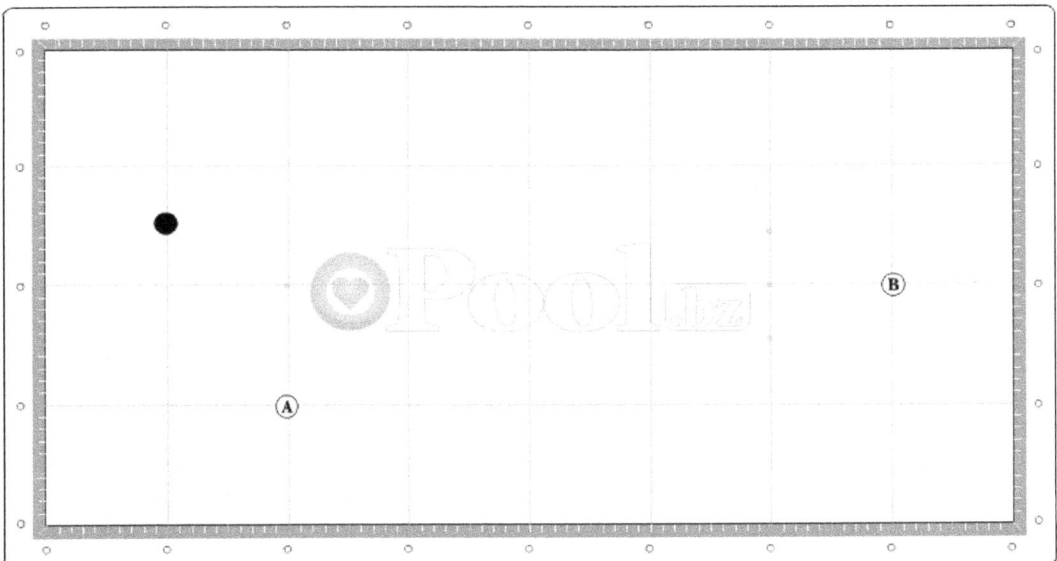

OPMERKINGEN:

Carambole Biljart: Meer raadsels en puzzels

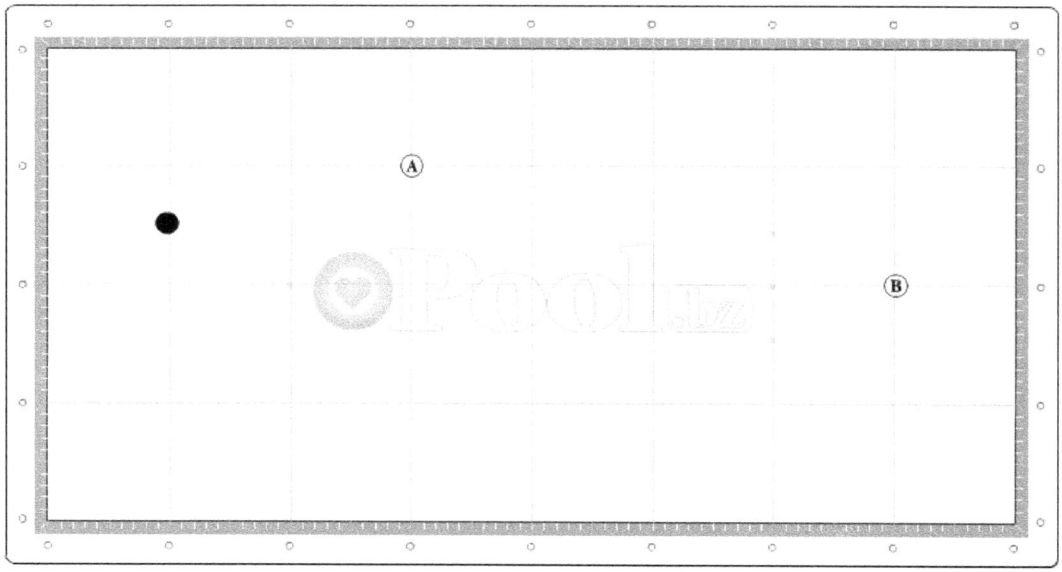

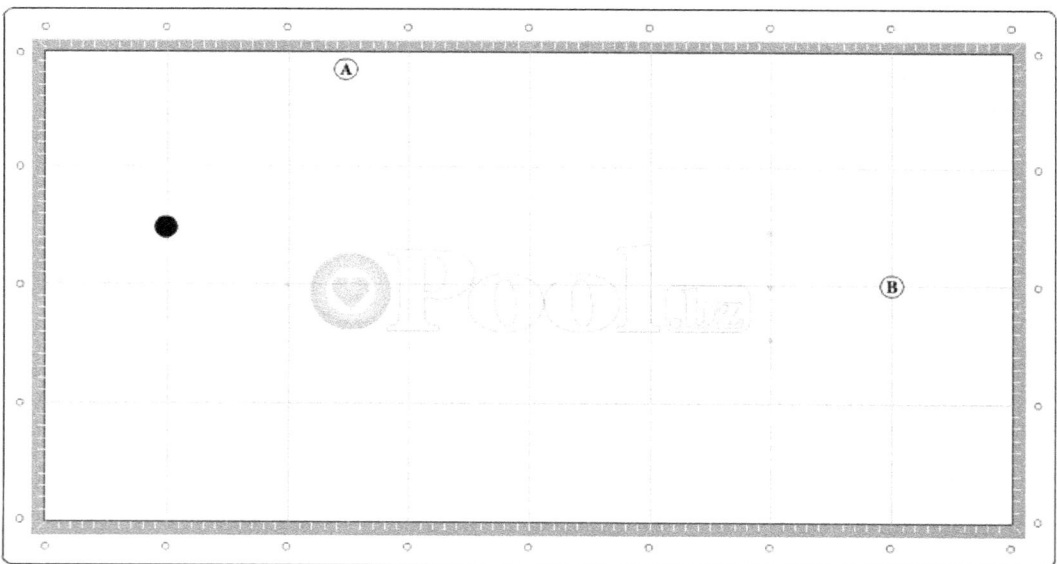

OPMERKINGEN:

Groep 2, set 12

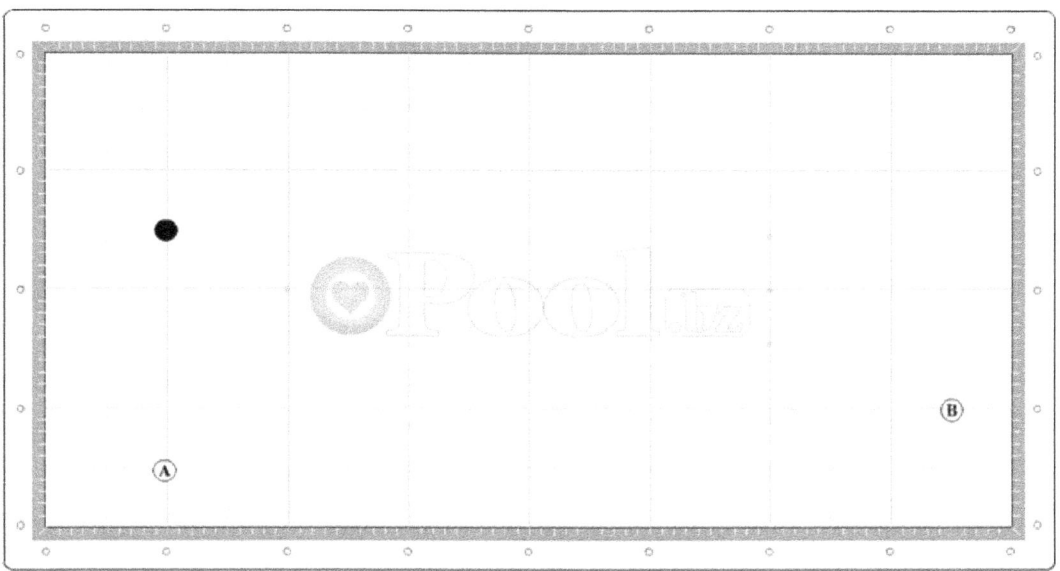

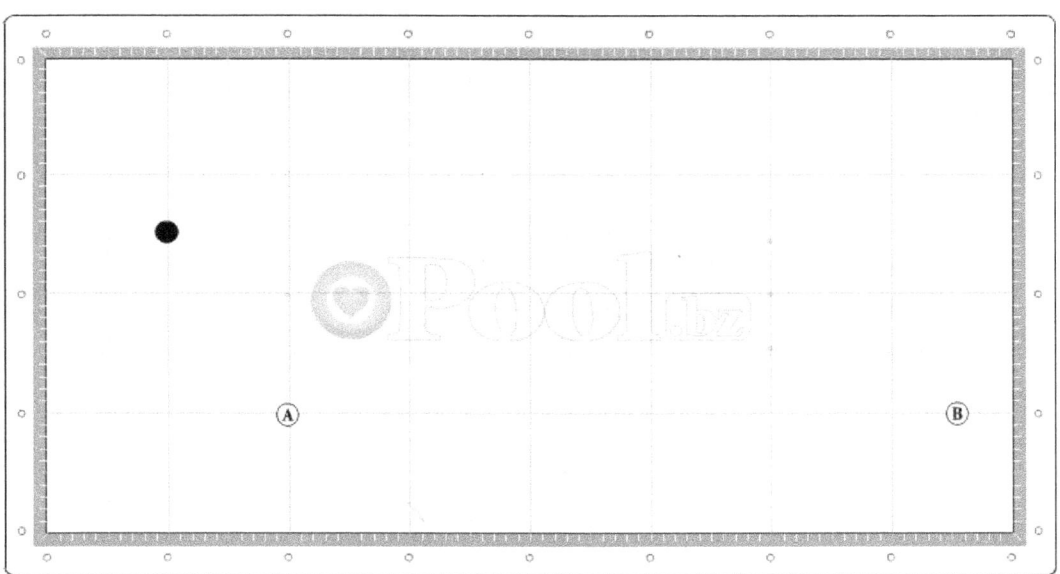

OPMERKINGEN:

Carambole Biljart: Meer raadsels en puzzels

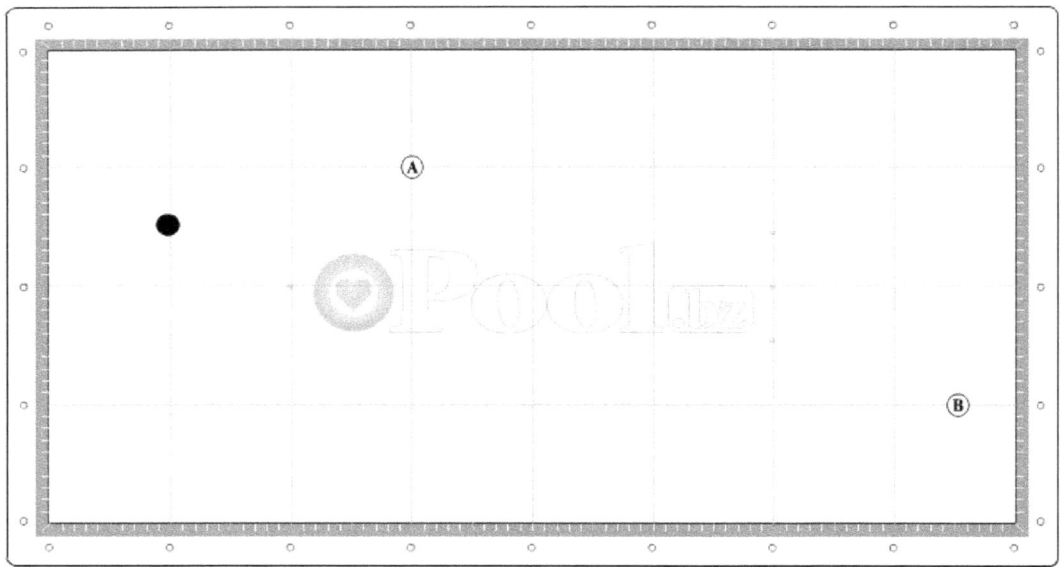

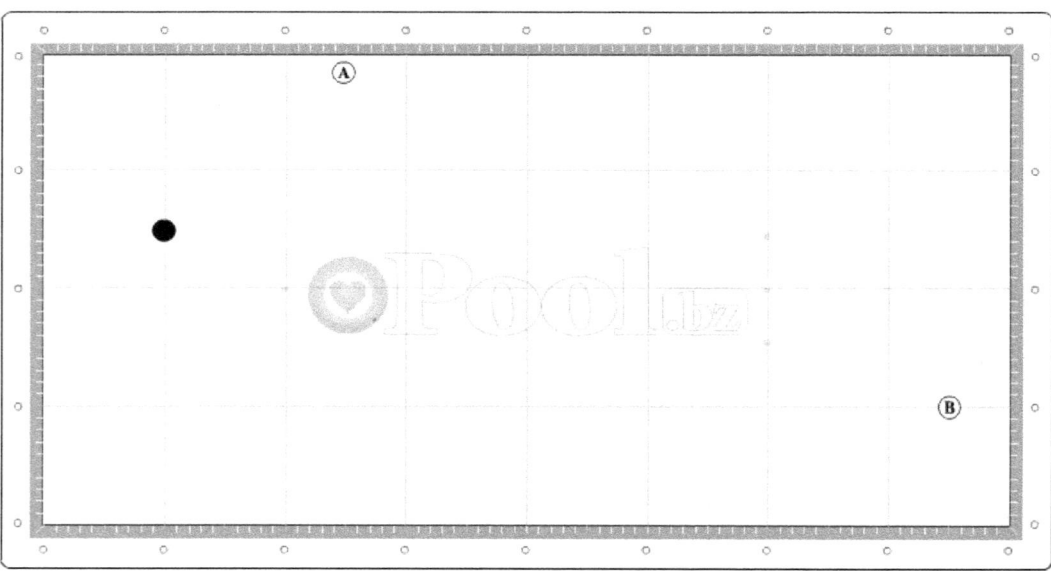

OPMERKINGEN:

GROEP 3

Groep 3, set 1

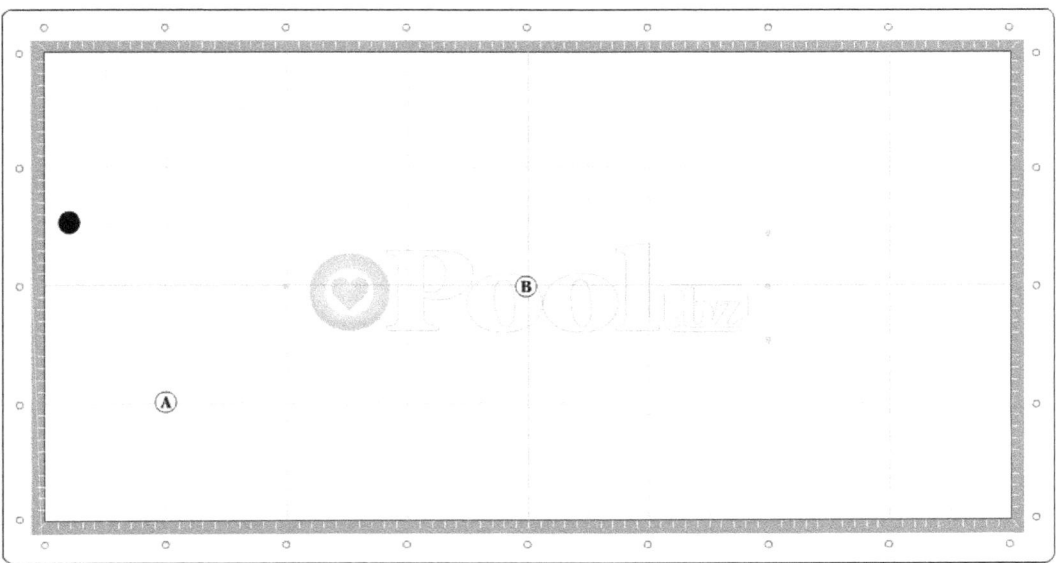

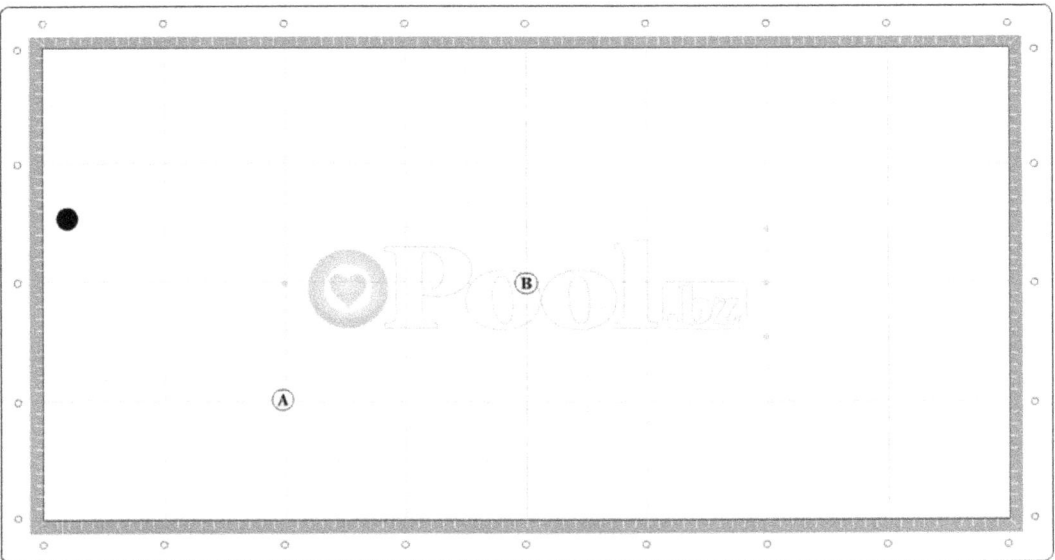

OPMERKINGEN:

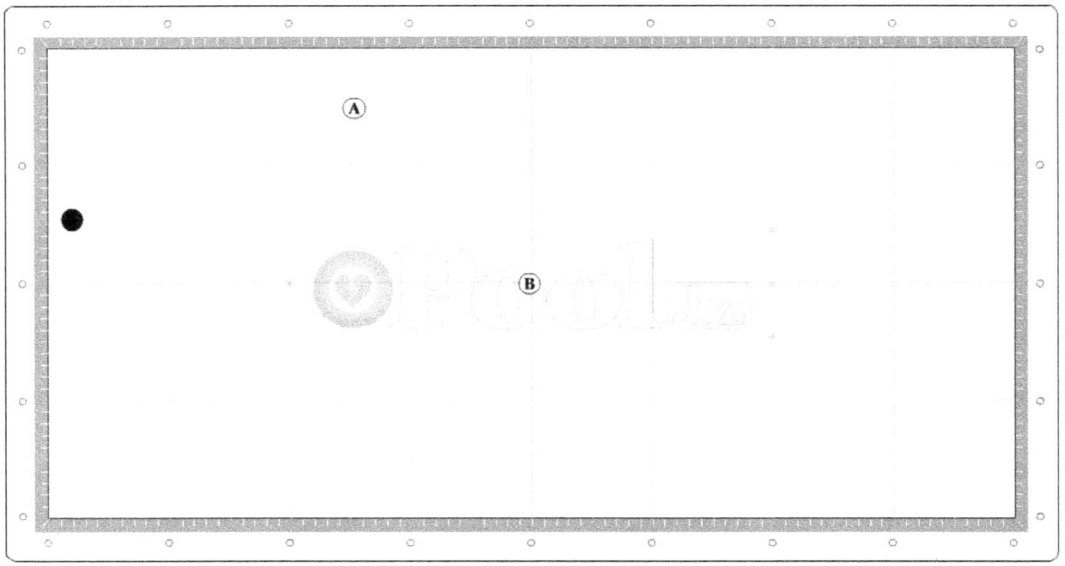

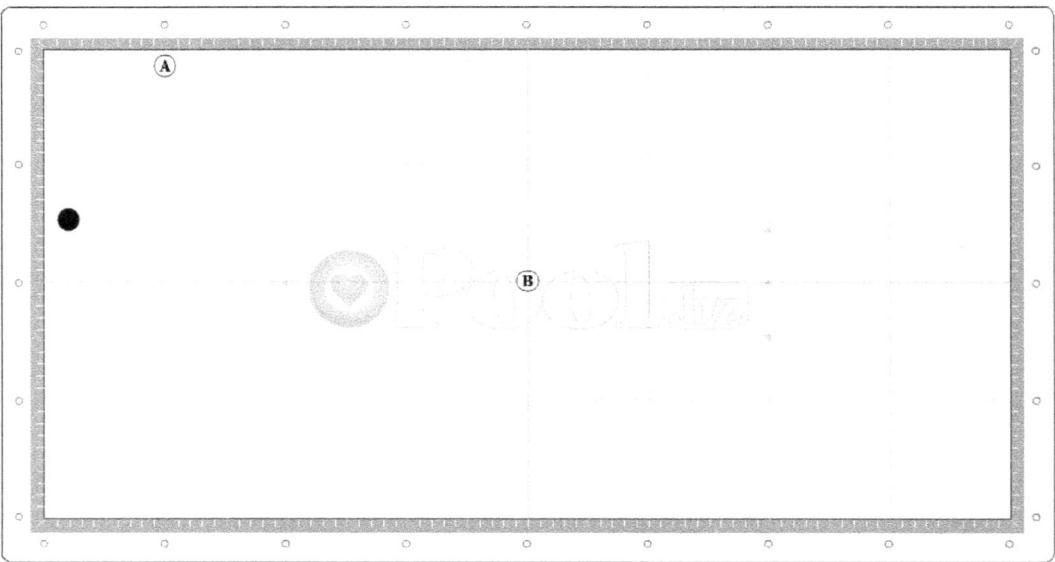

OPMERKINGEN:

Groep 3, set 2

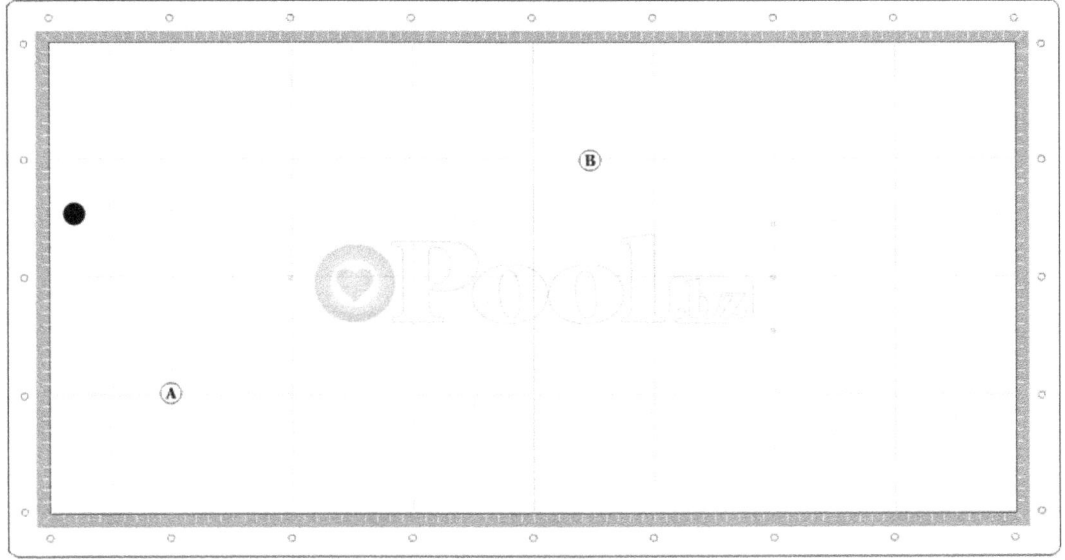

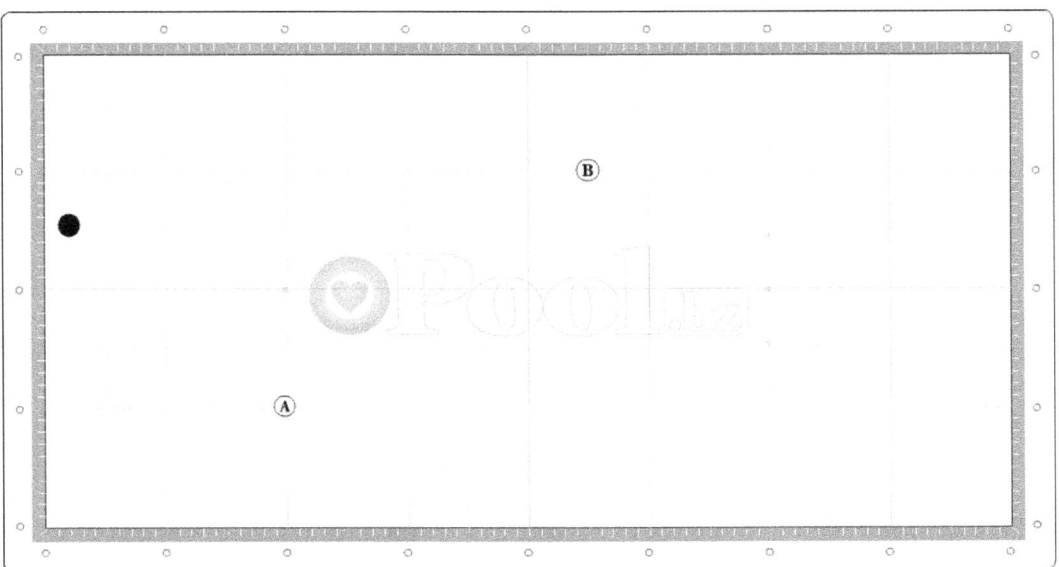

OPMERKINGEN:

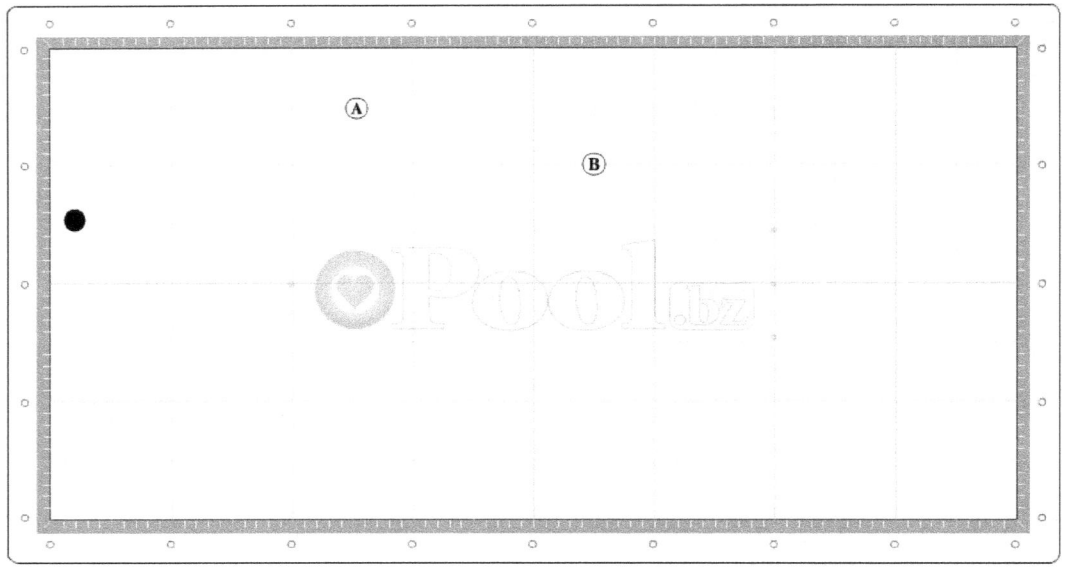

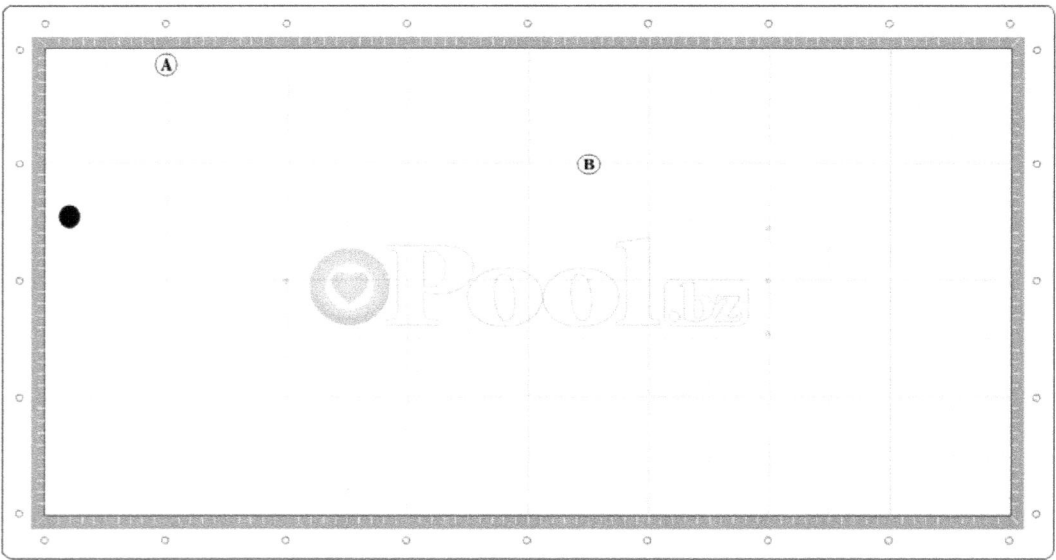

OPMERKINGEN:

Groep 3, set 3

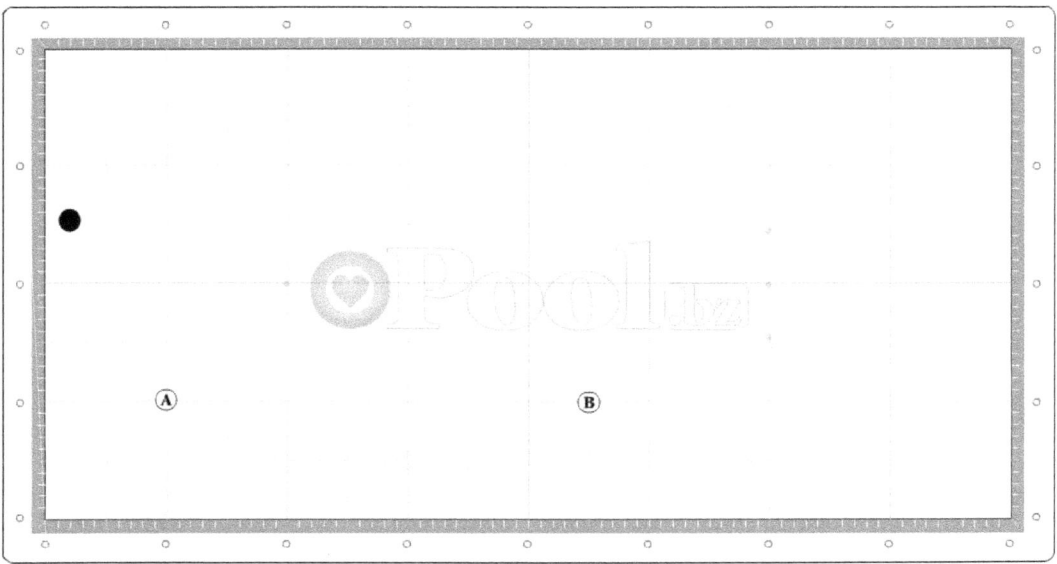

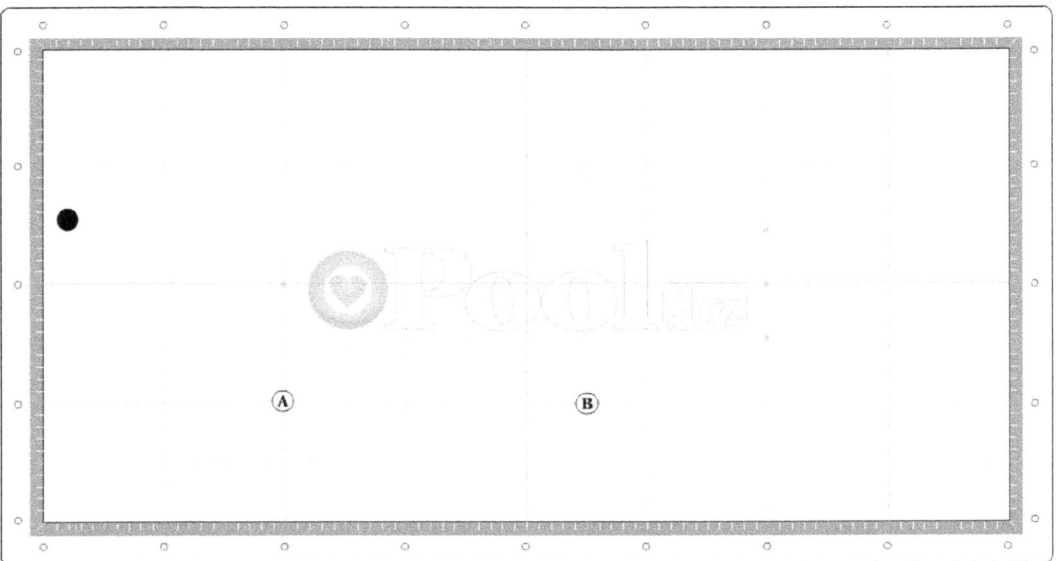

OPMERKINGEN:

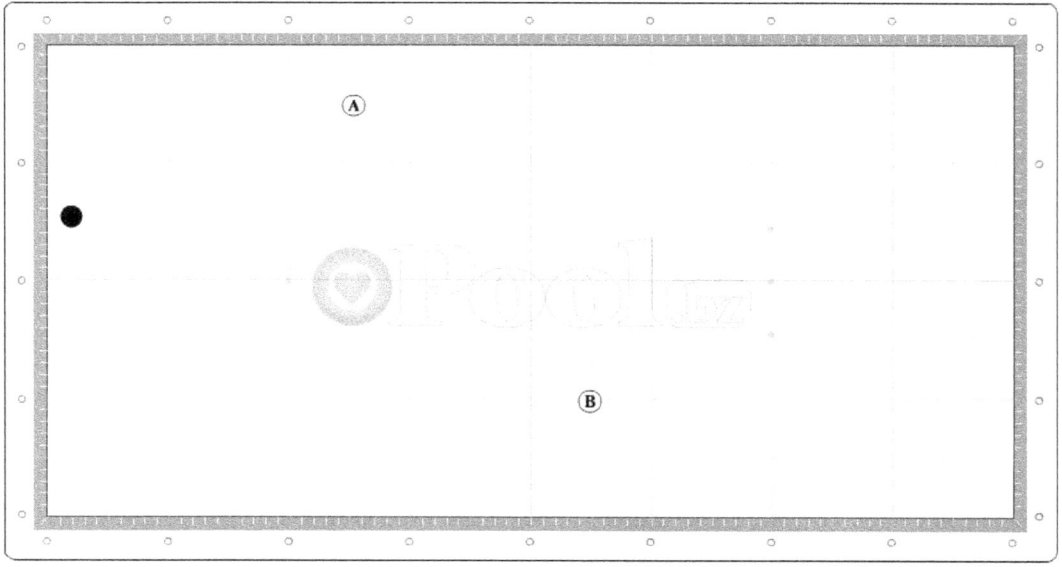

OPMERKINGEN:

Groep 3, set 4

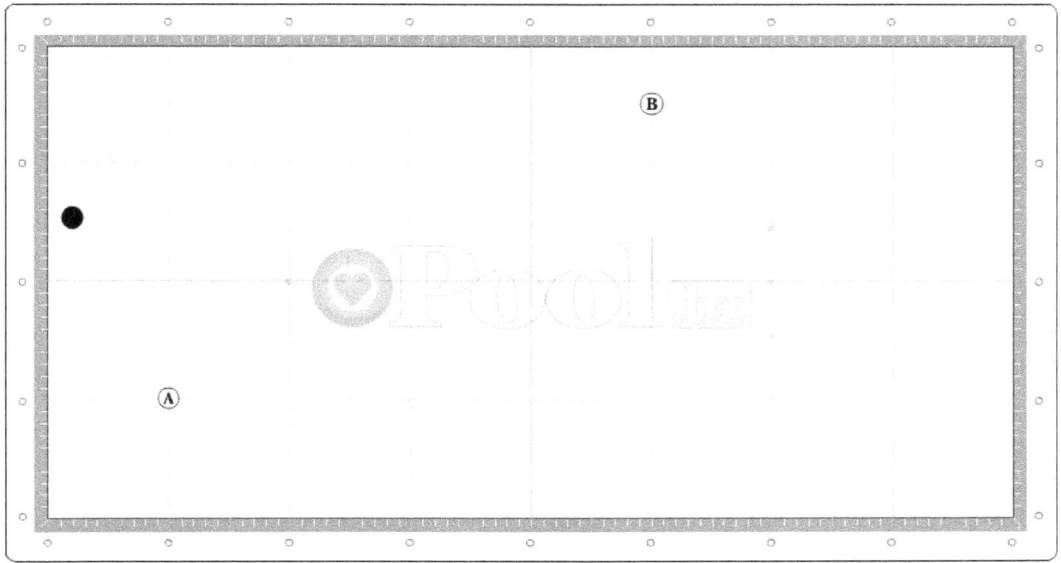

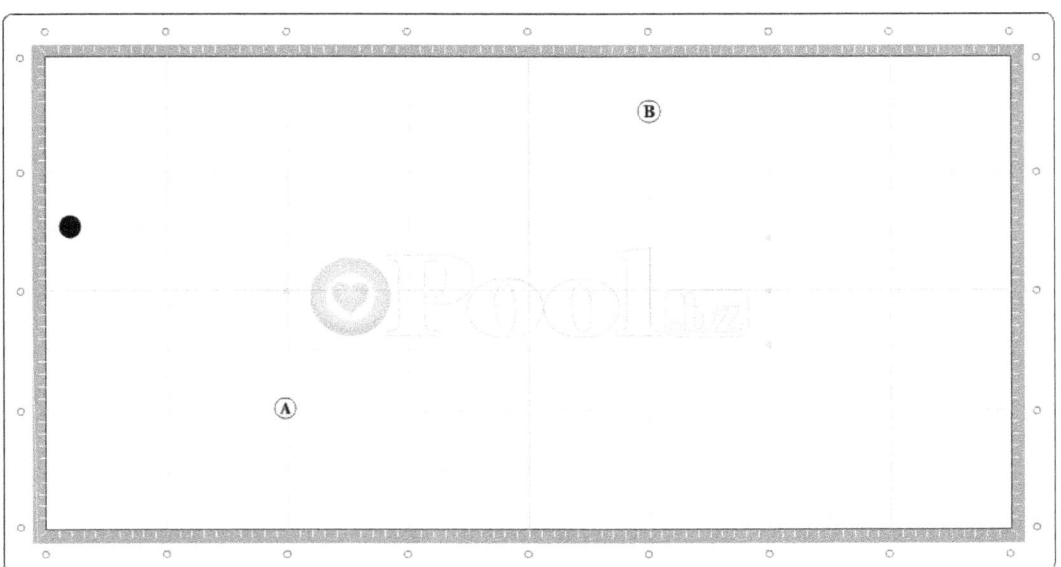

OPMERKINGEN:

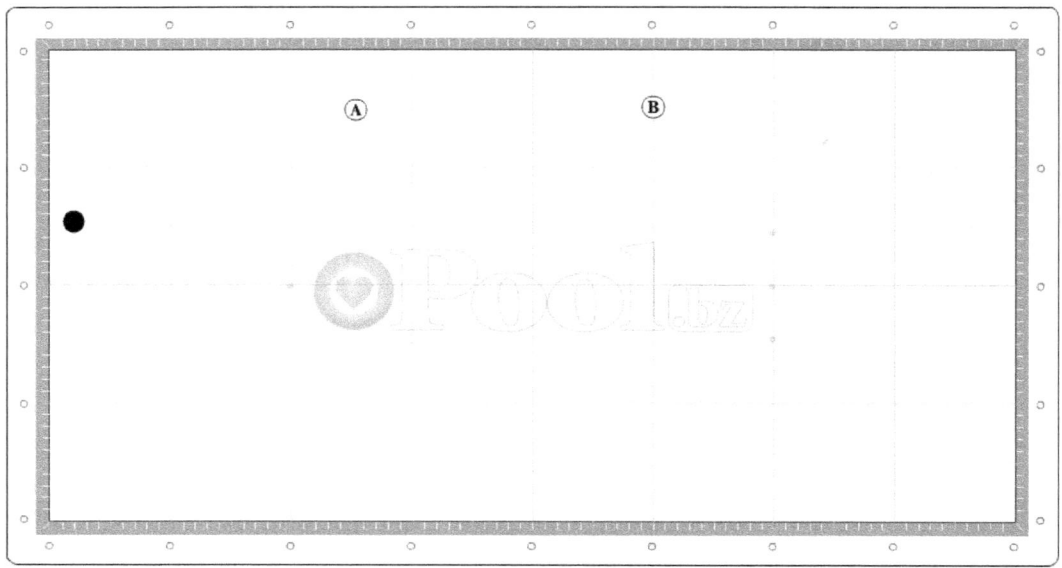

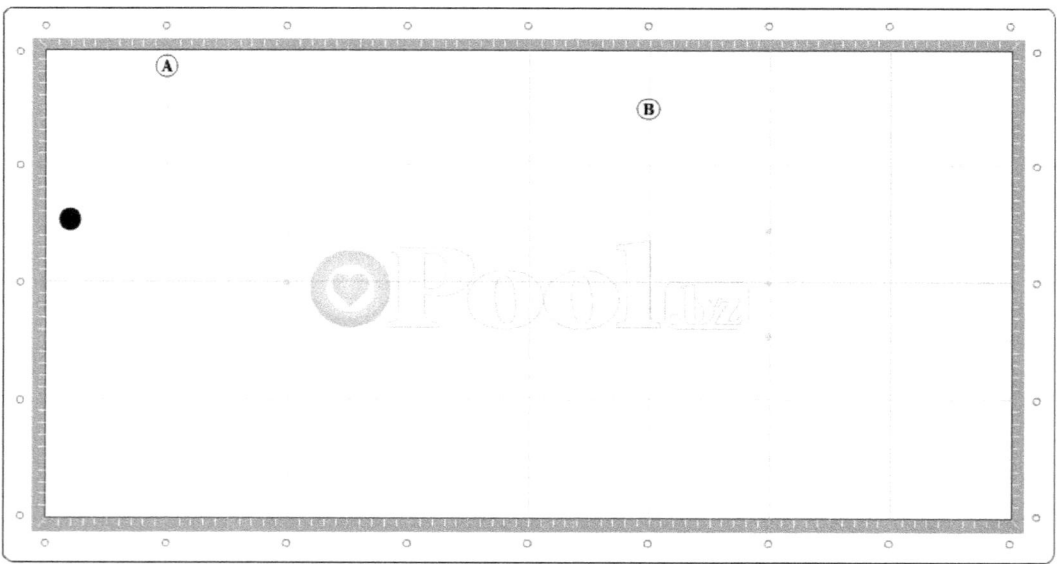

OPMERKINGEN:

Groep 3, set 5

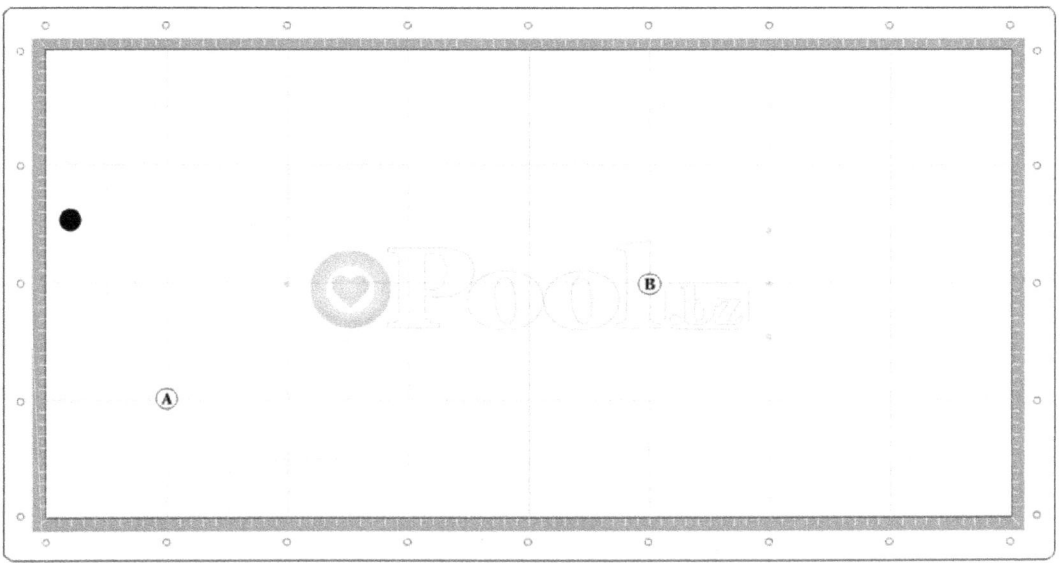

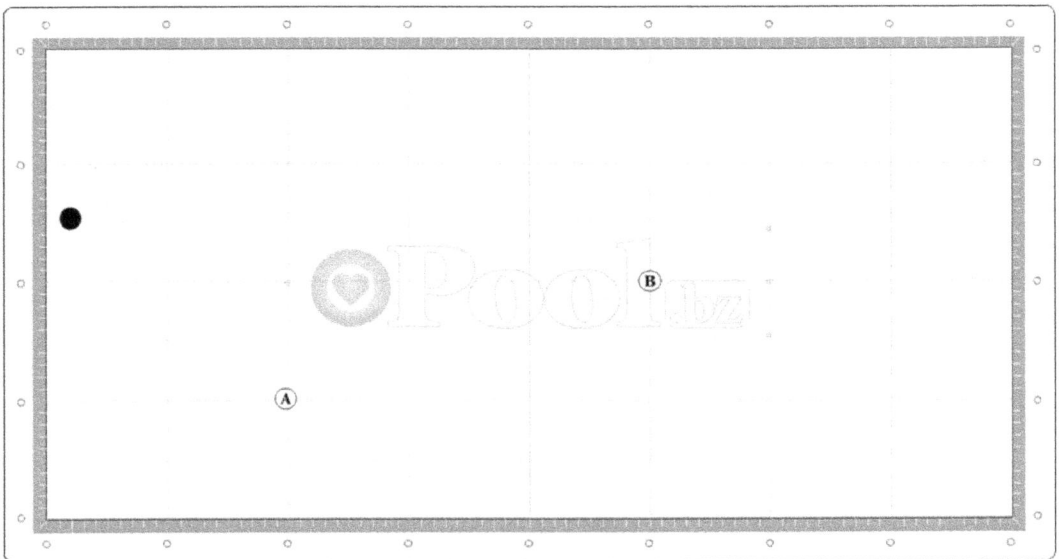

OPMERKINGEN:

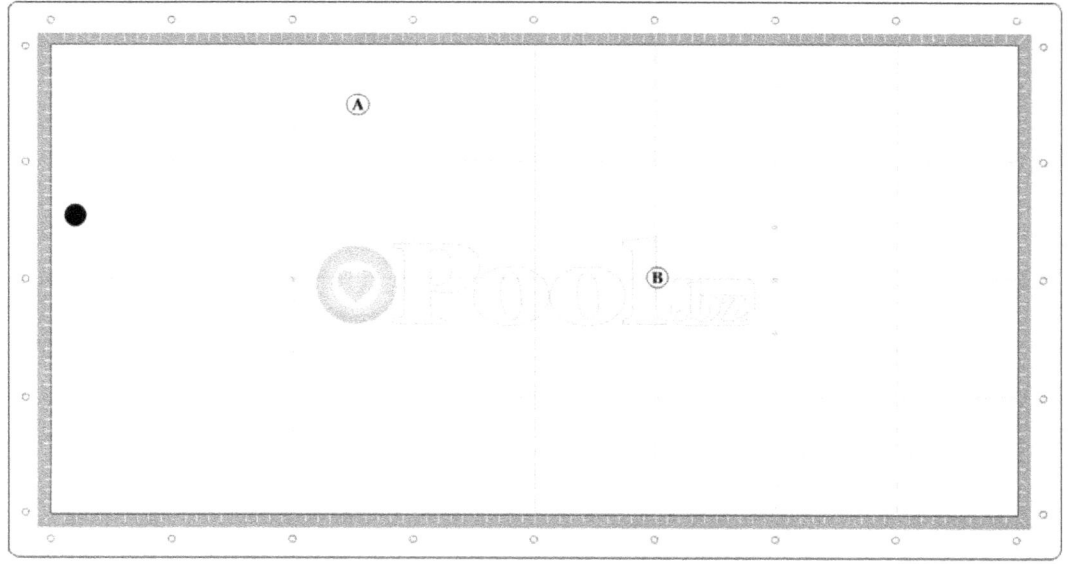

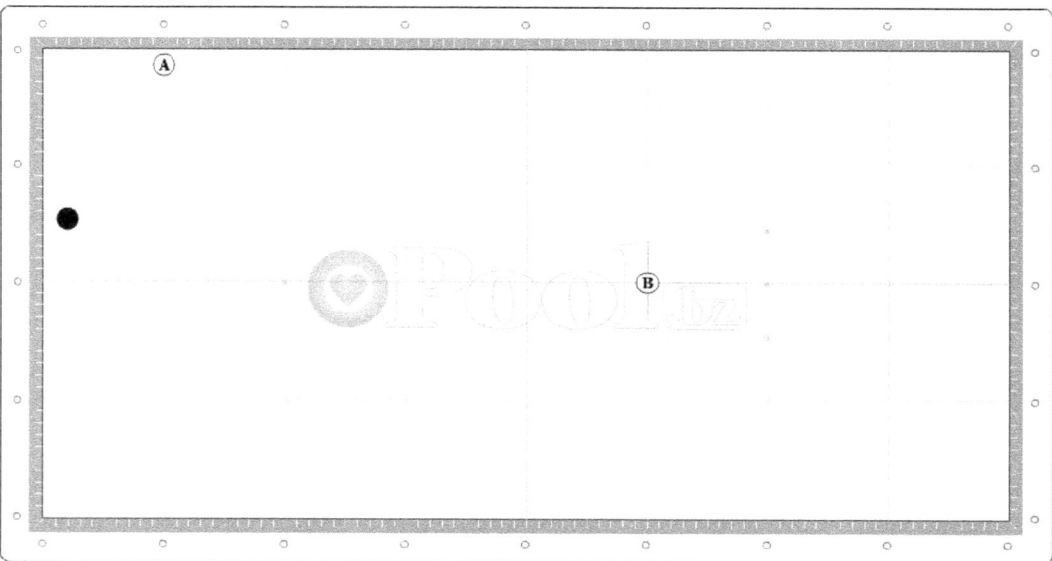

OPMERKINGEN:

Groep 3, set 6

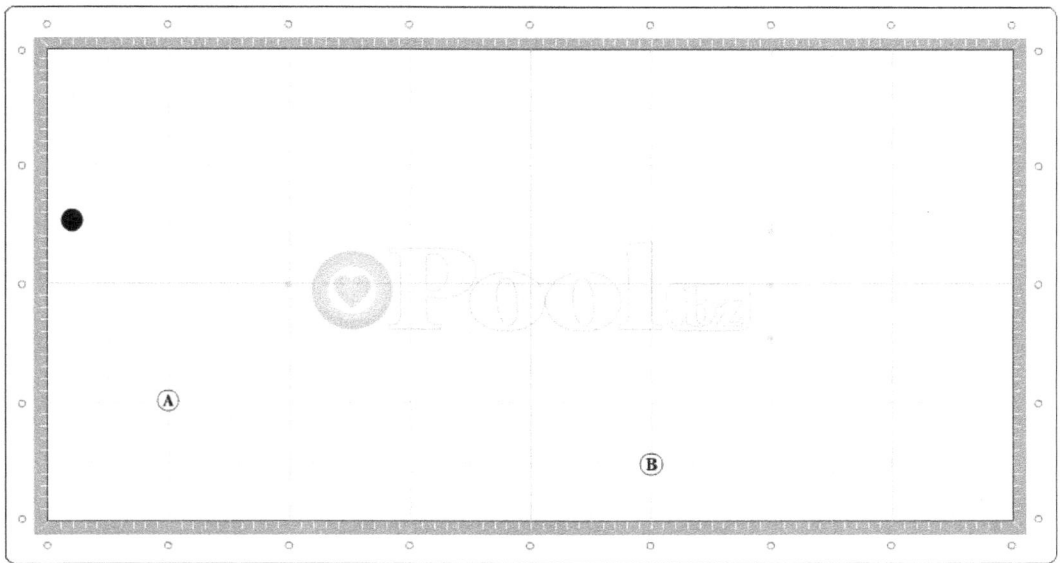

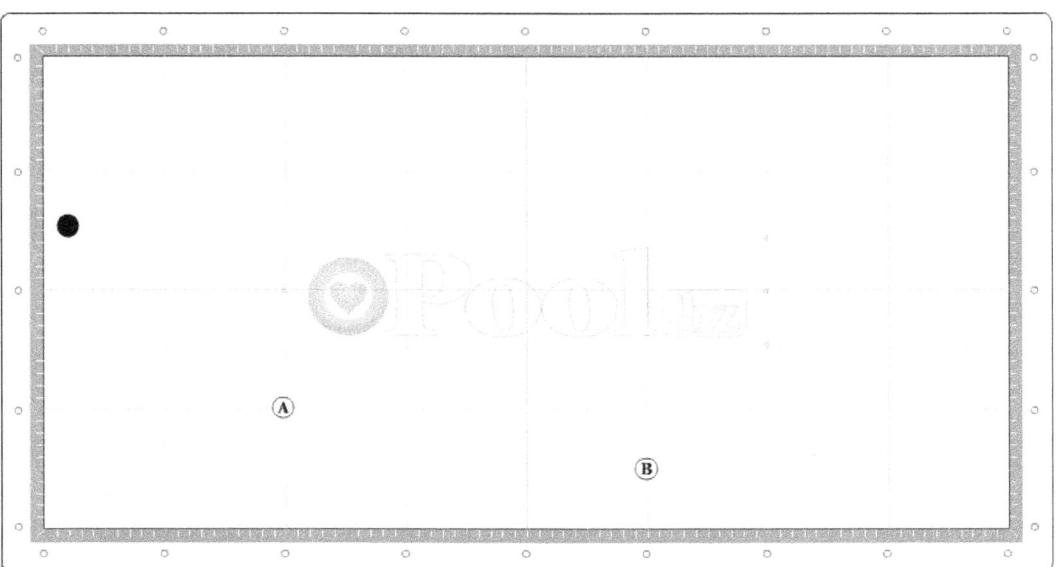

OPMERKINGEN:

Carambole Biljart: Meer raadsels en puzzels

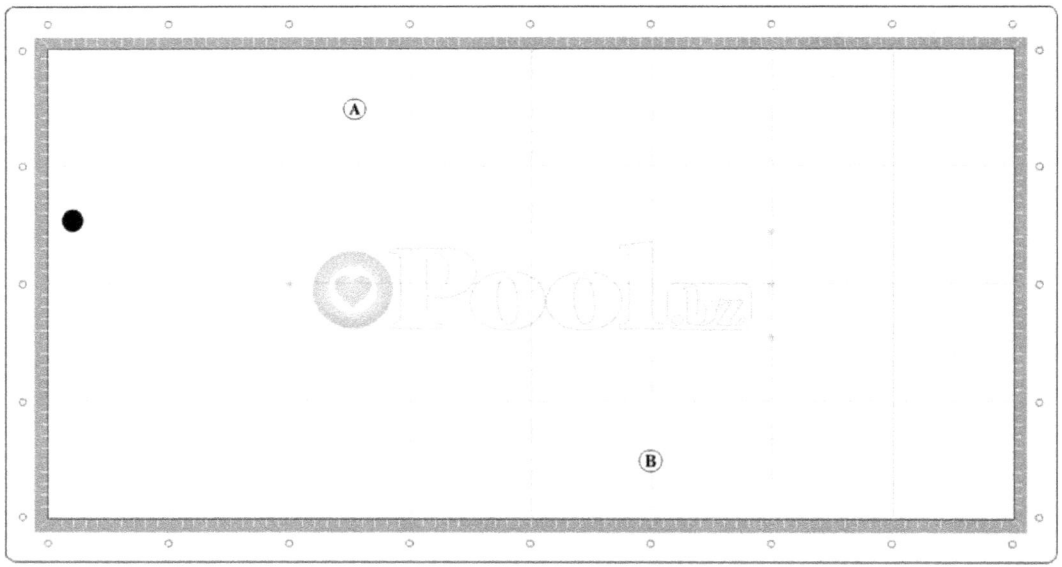

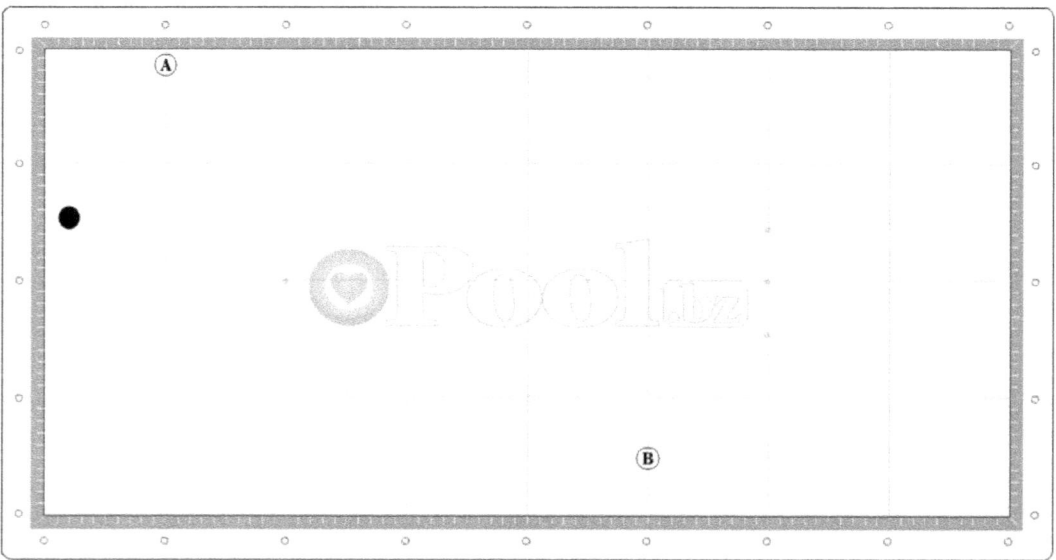

OPMERKINGEN:

Groep 3, set 7

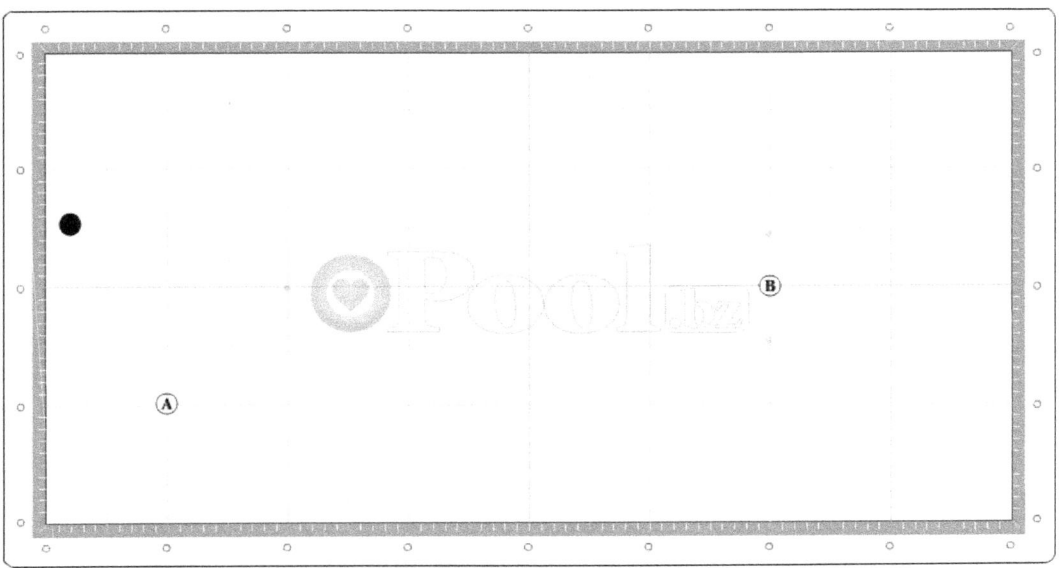

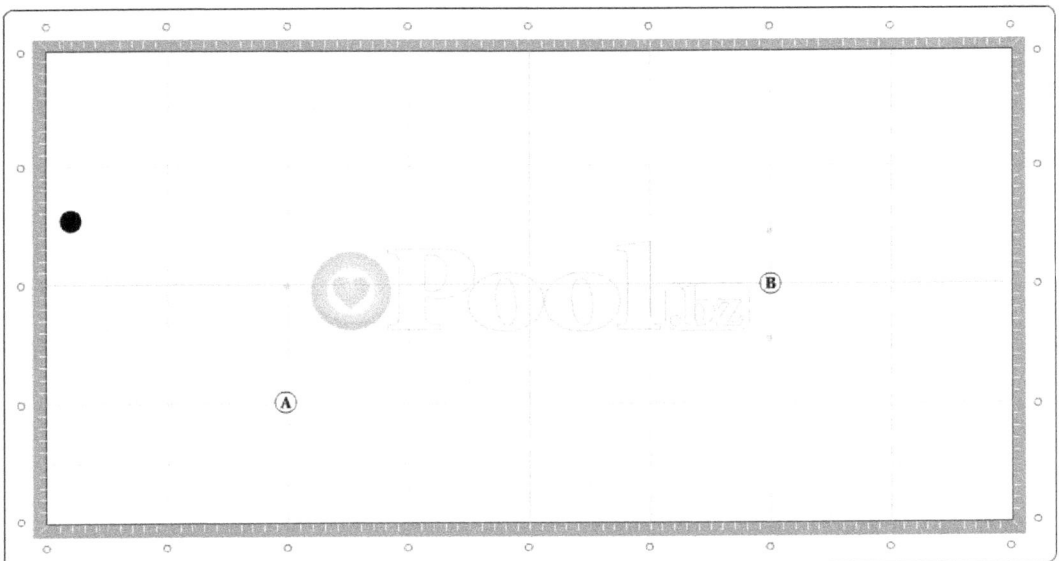

OPMERKINGEN:

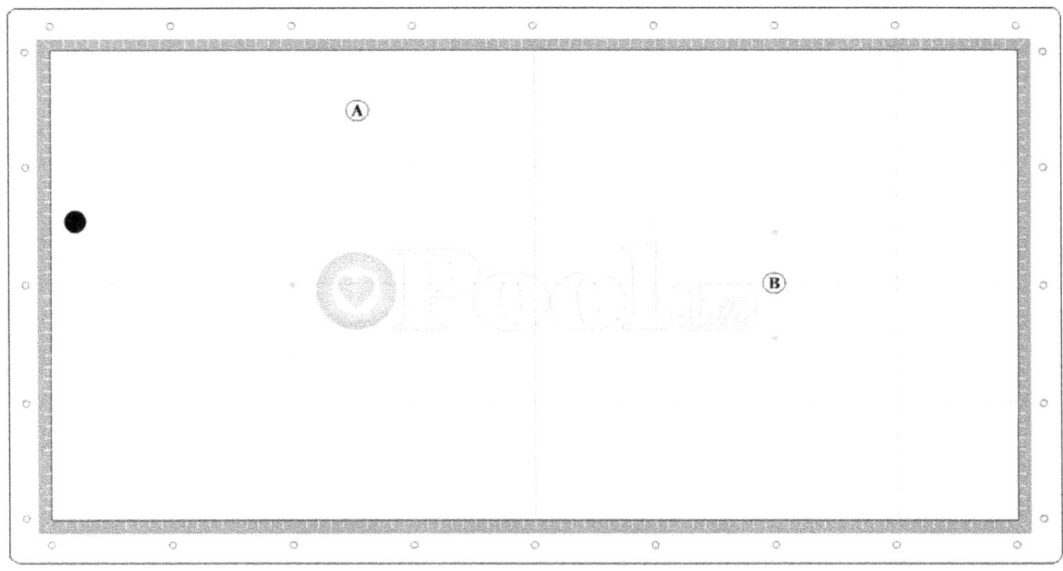

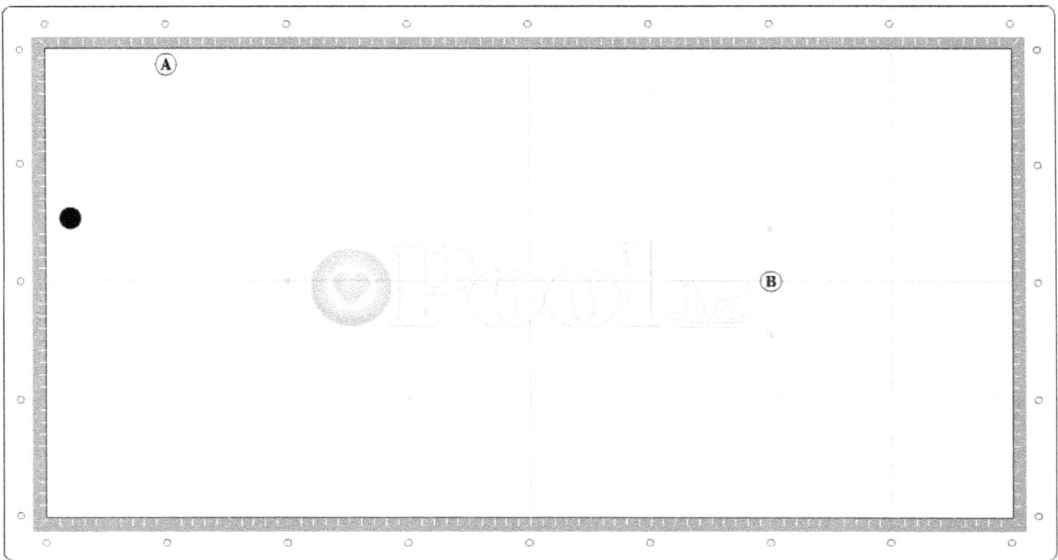

OPMERKINGEN:

Groep 3, set 8

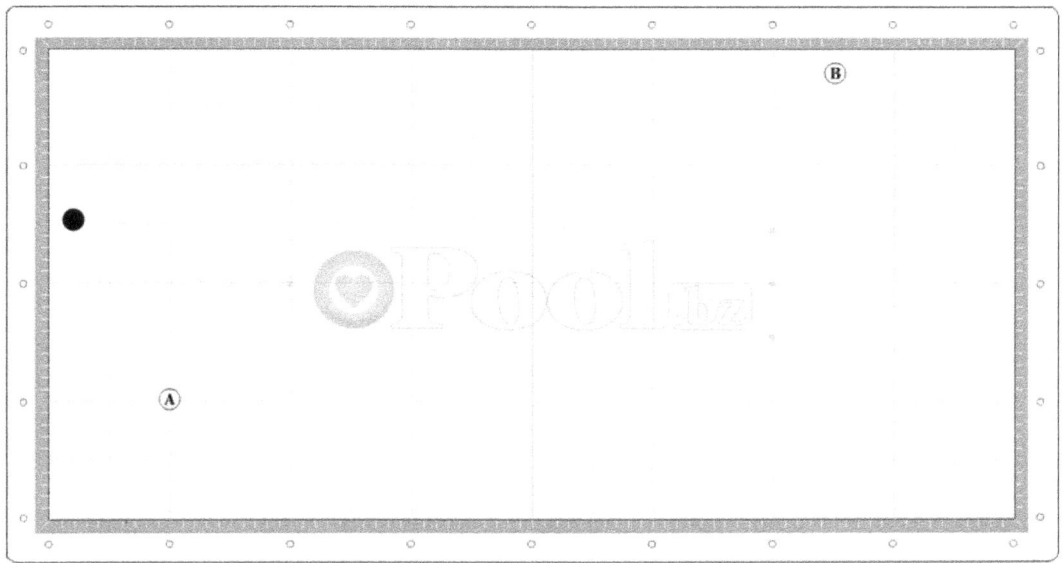

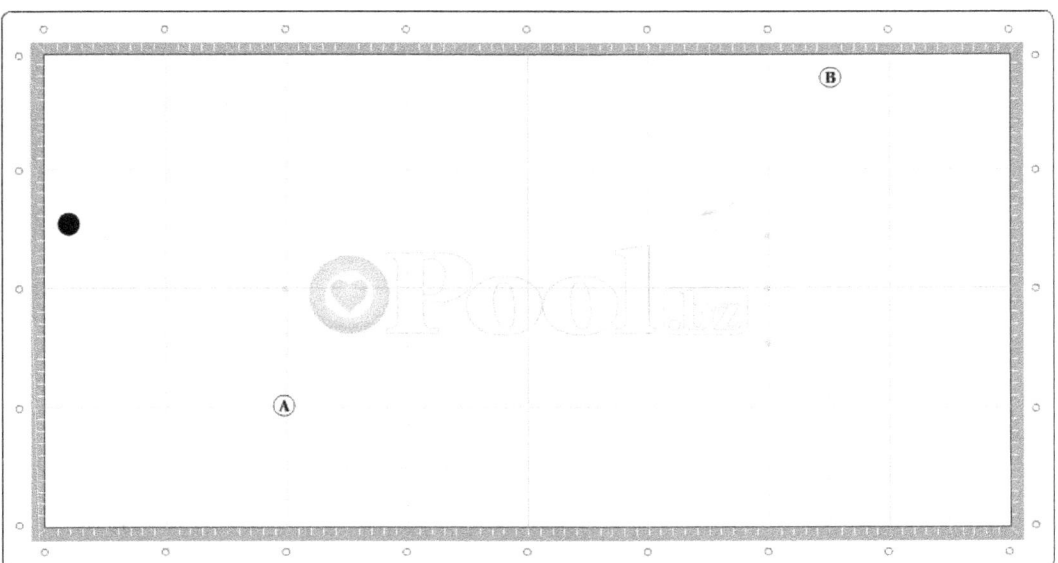

OPMERKINGEN:

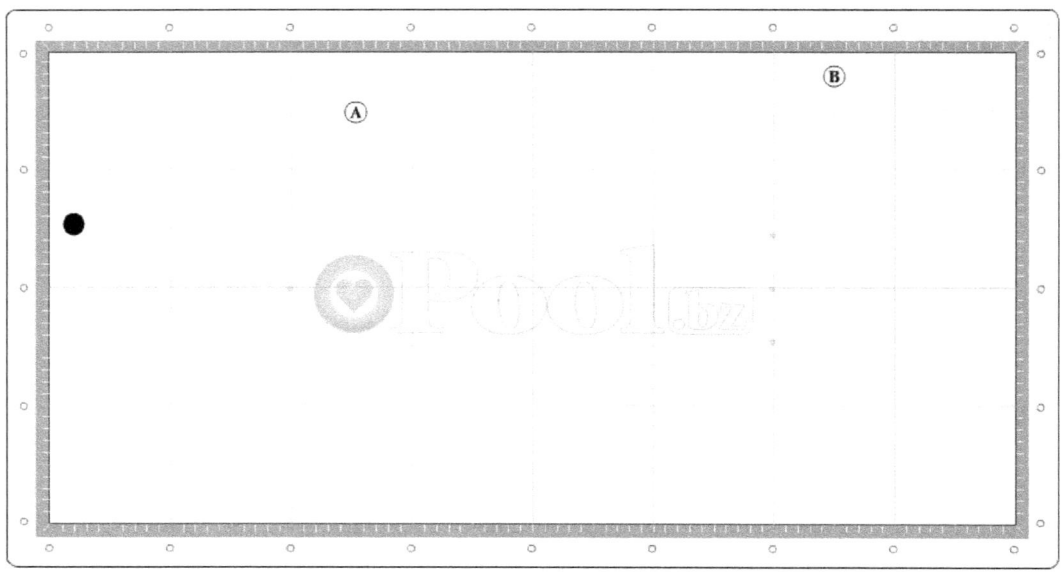

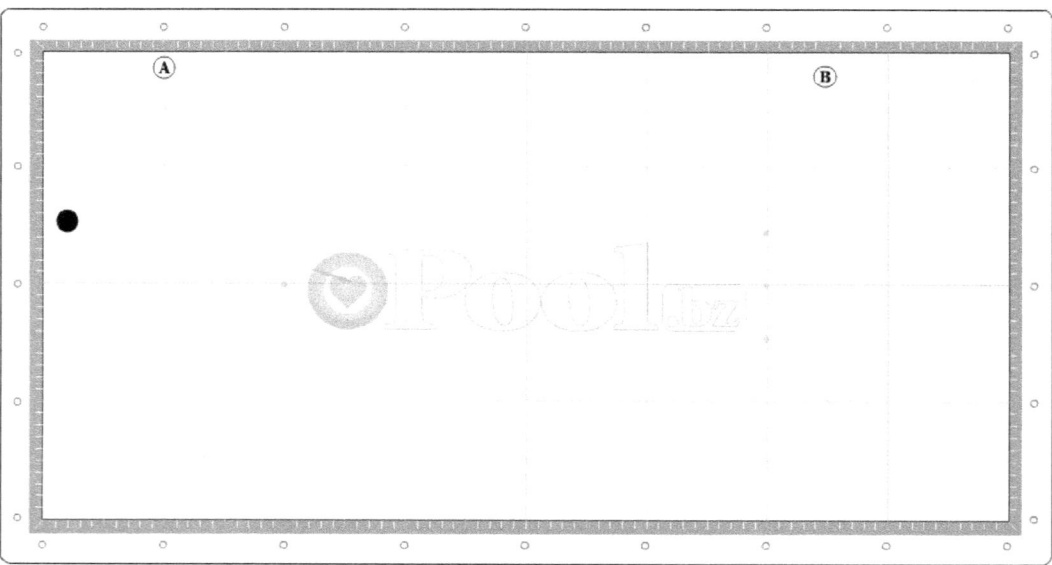

OPMERKINGEN:

Groep 3, set 9

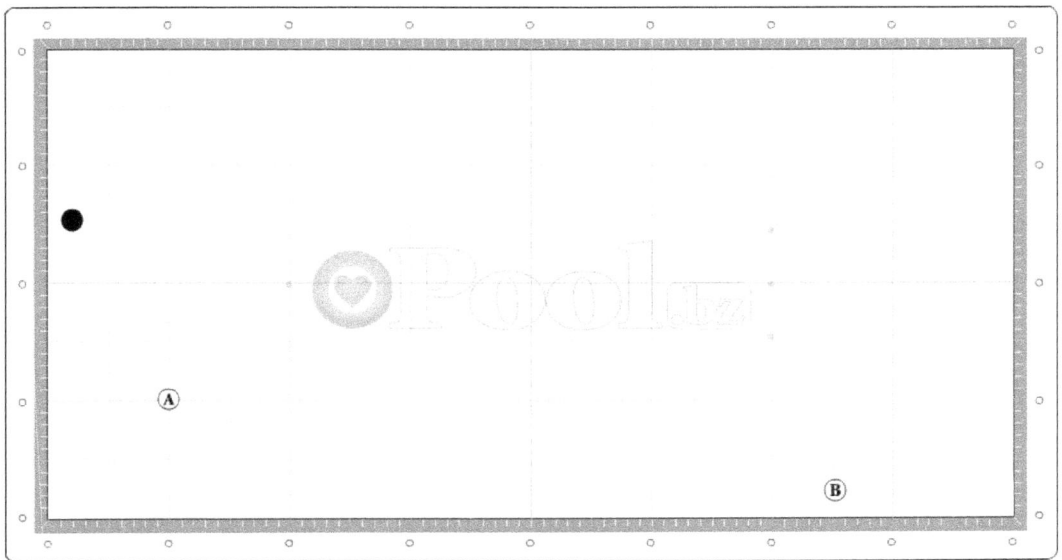

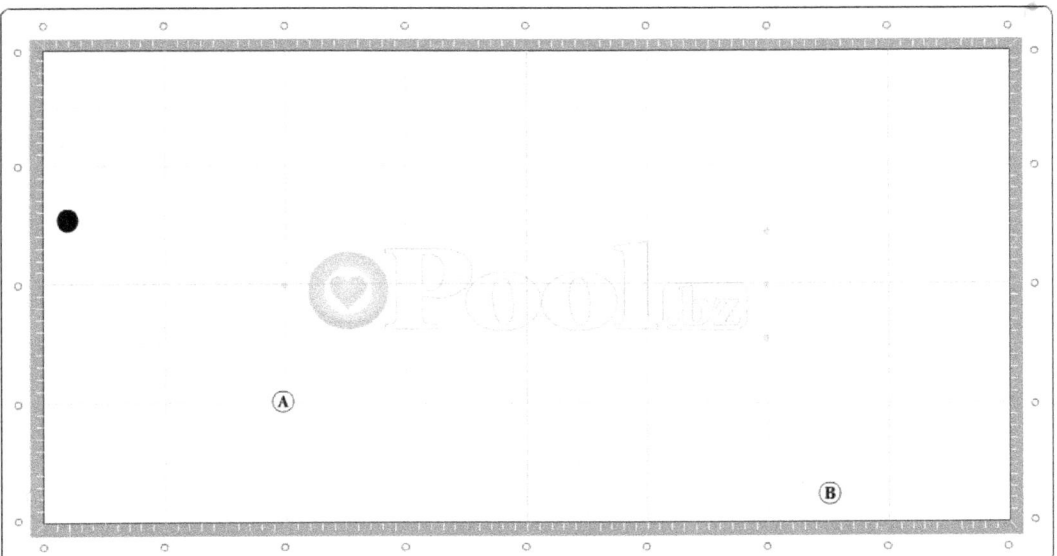

OPMERKINGEN:

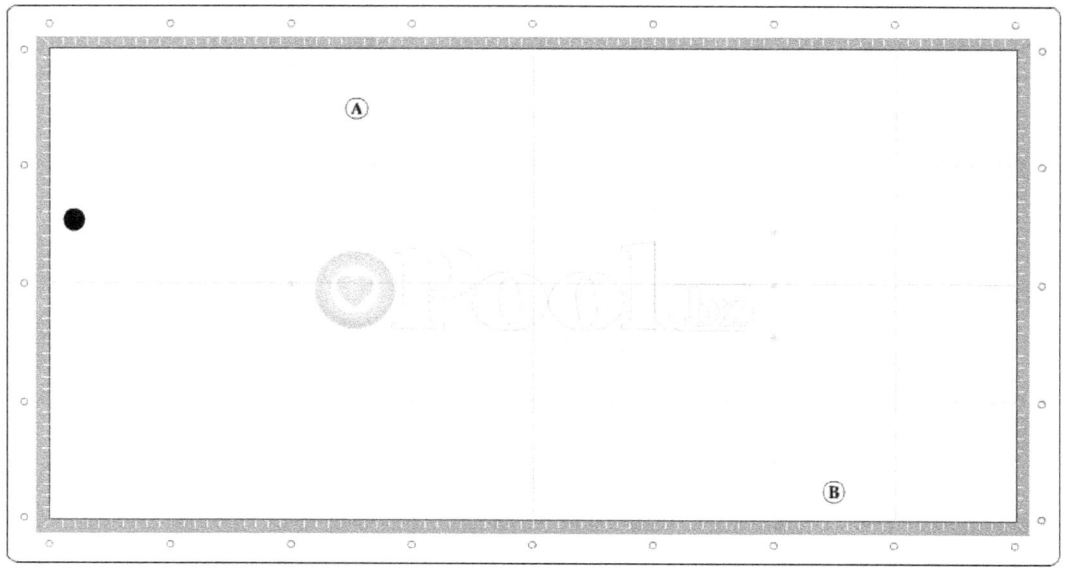

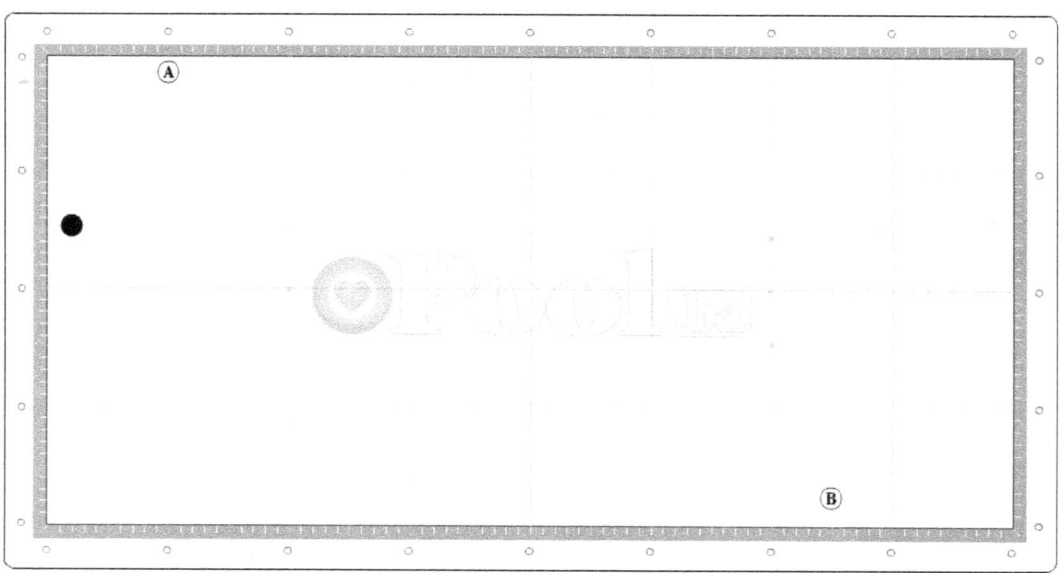

OPMERKINGEN:

Groep 3, set 10

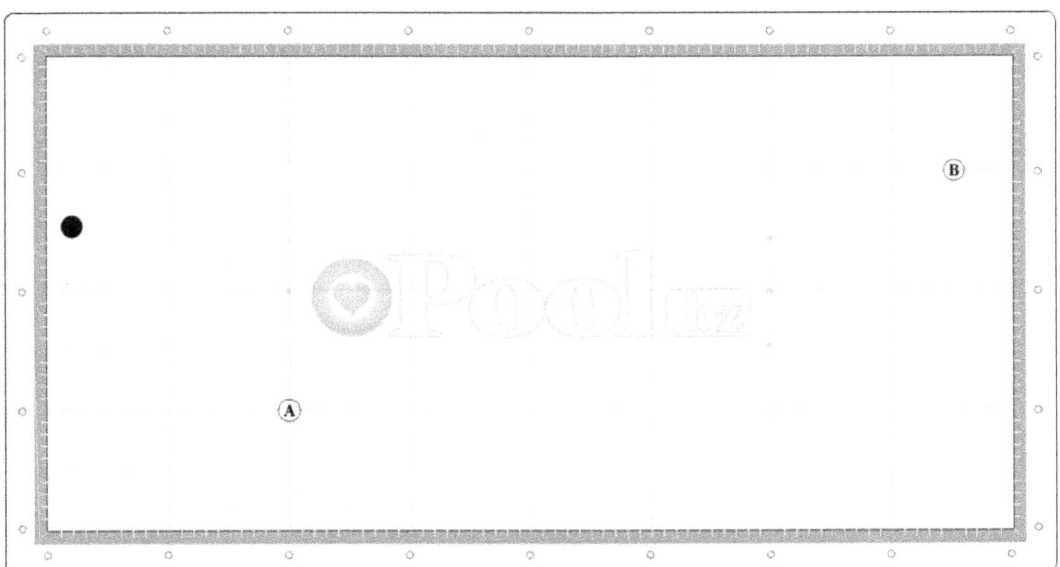

OPMERKINGEN:

Carambole Biljart: Meer raadsels en puzzels

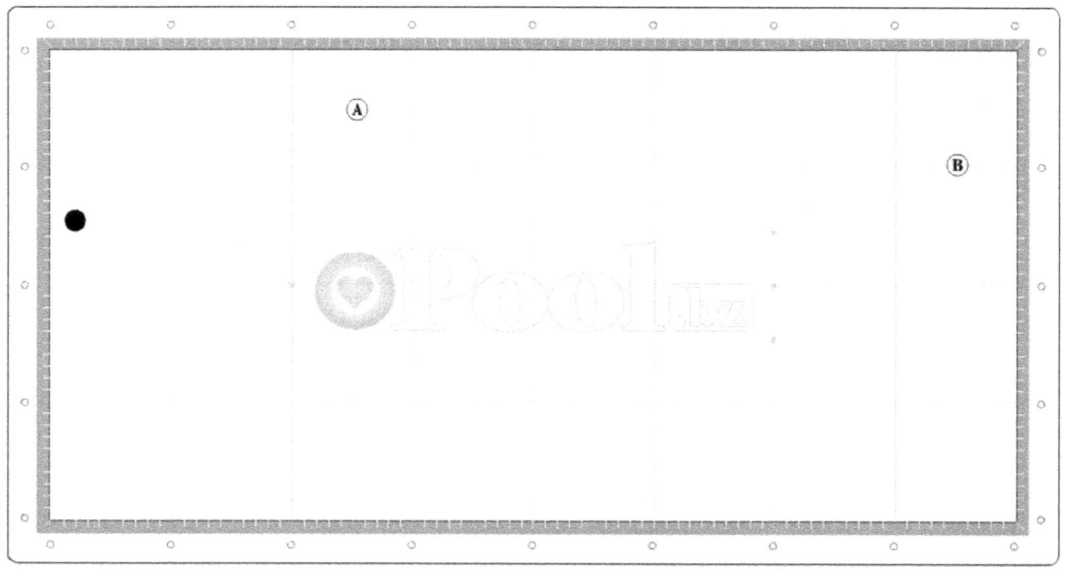

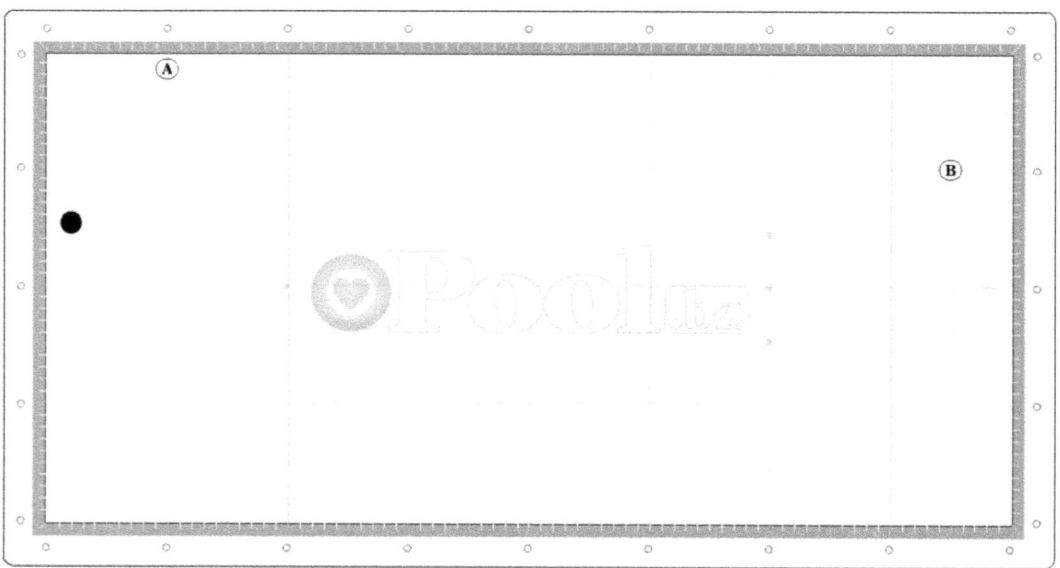

OPMERKINGEN:

Groep 3, set 11

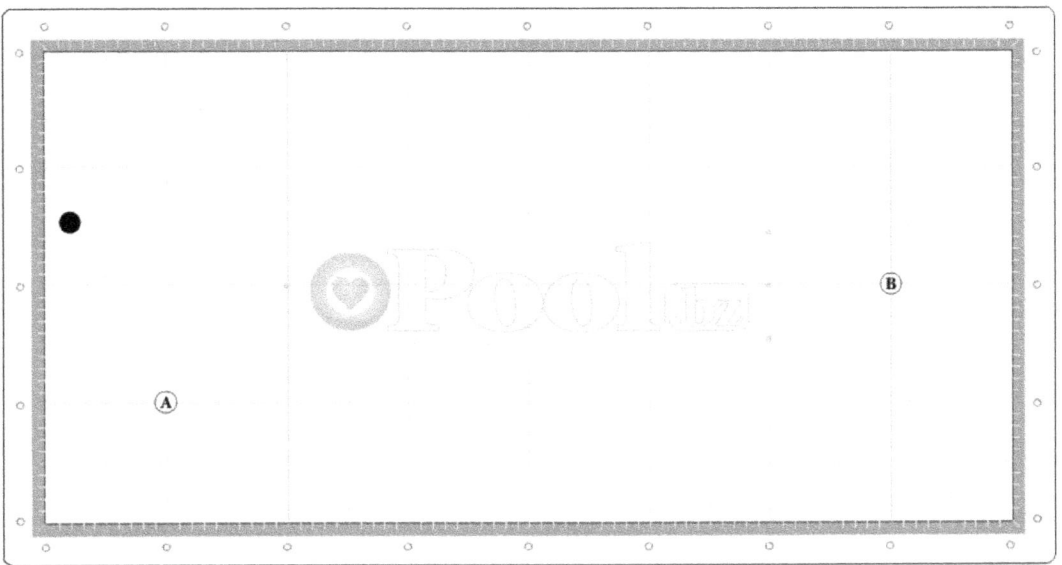

OPMERKINGEN:

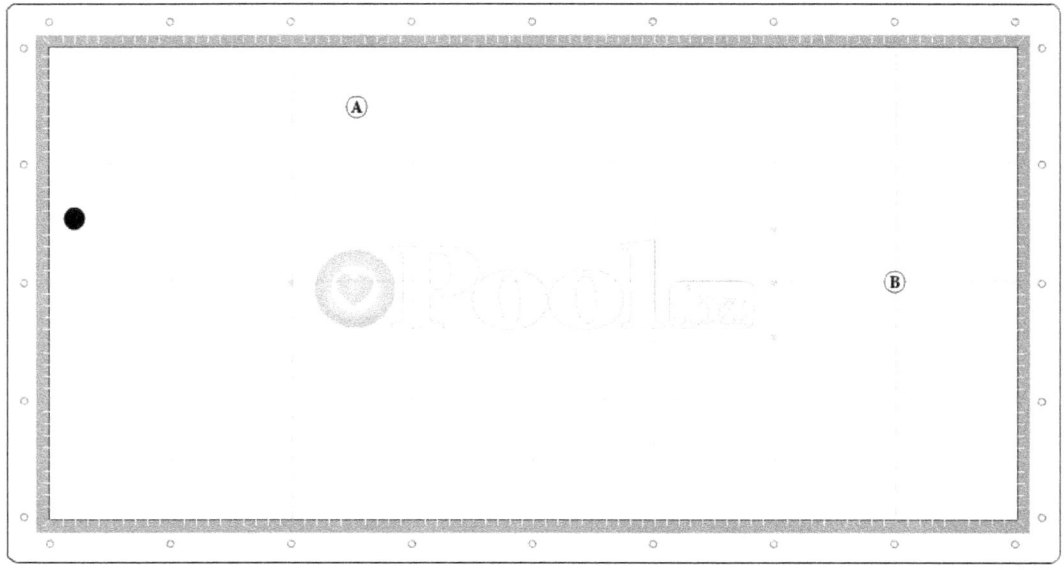

OPMERKINGEN:

Groep 3, set 12

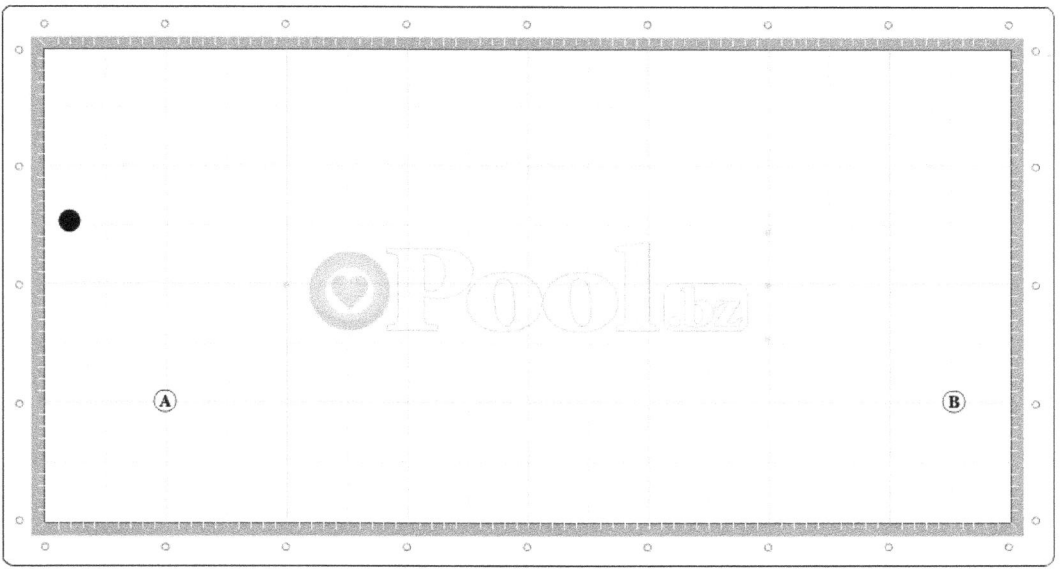

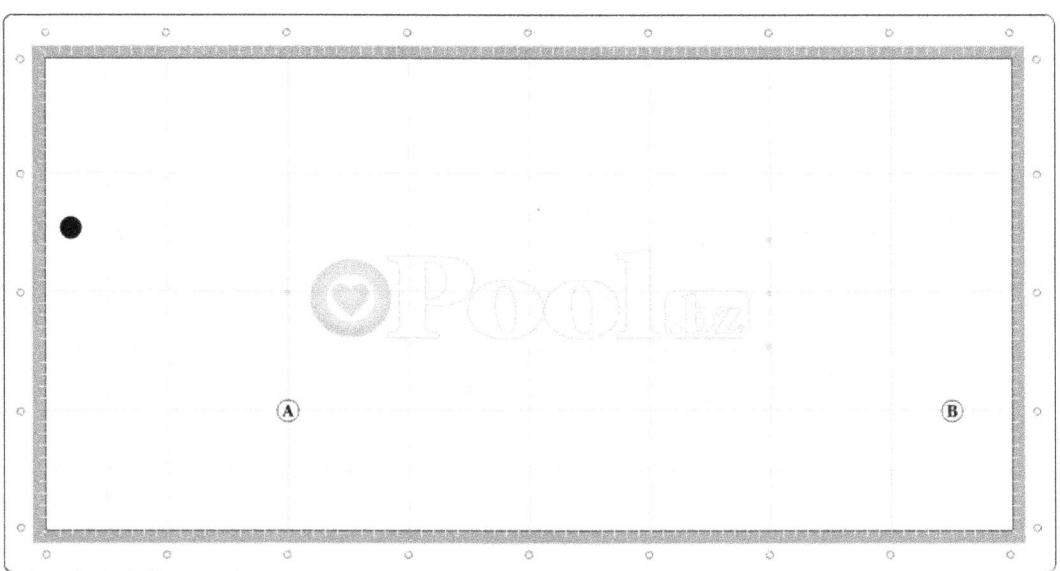

OPMERKINGEN:

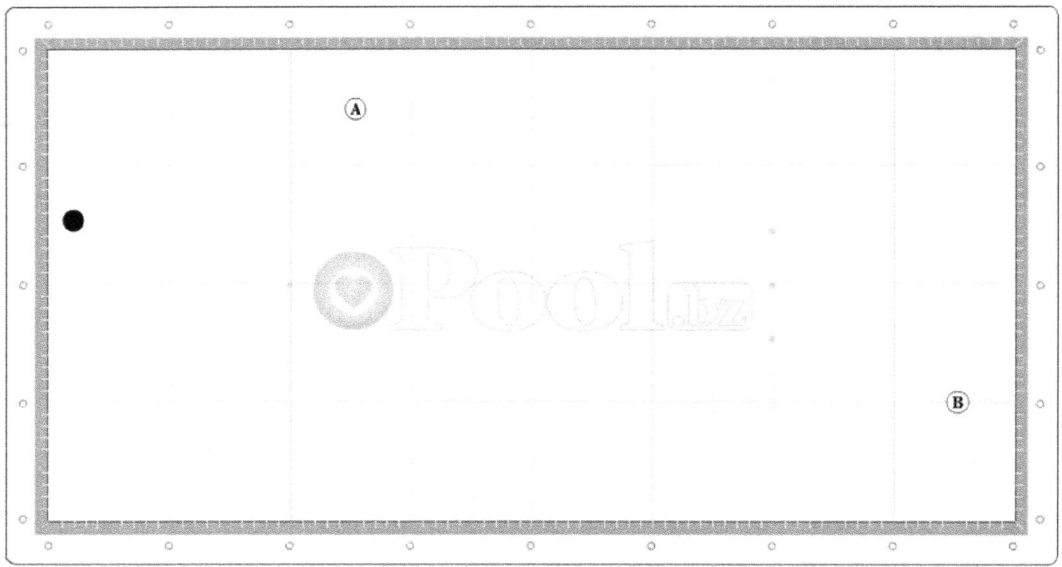

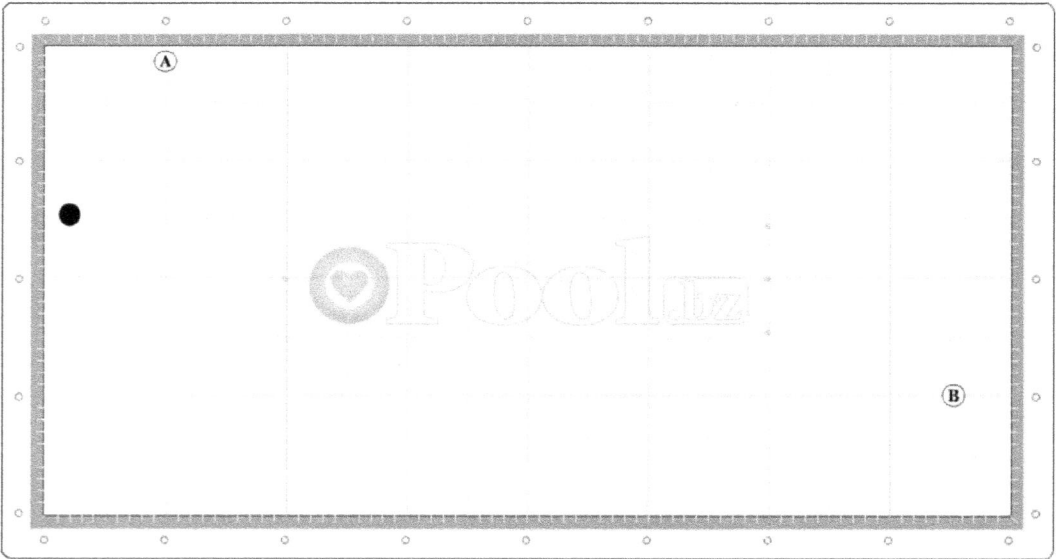

OPMERKINGEN:

GROEP 4

Groep 4, set 1

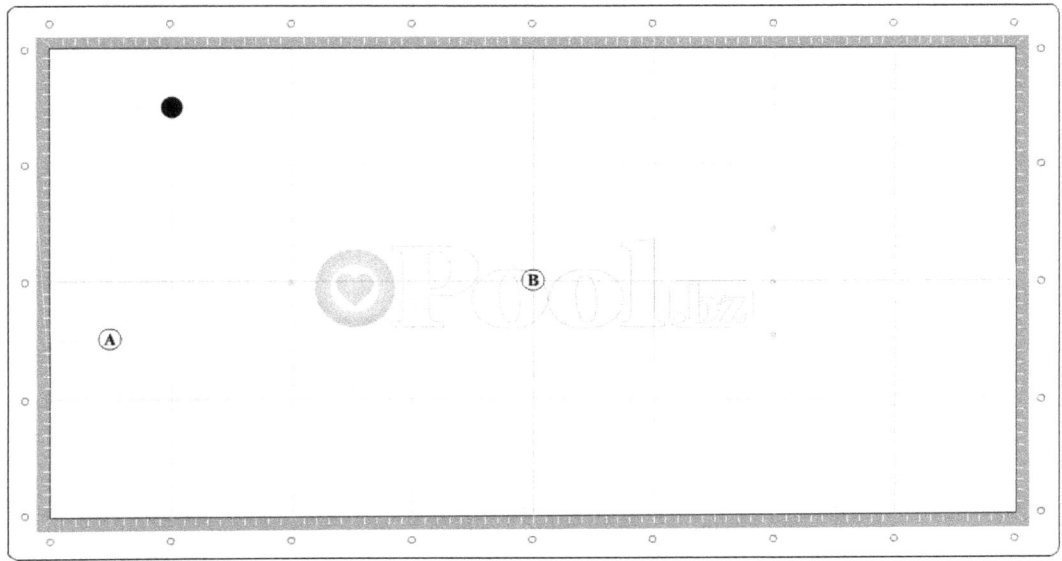

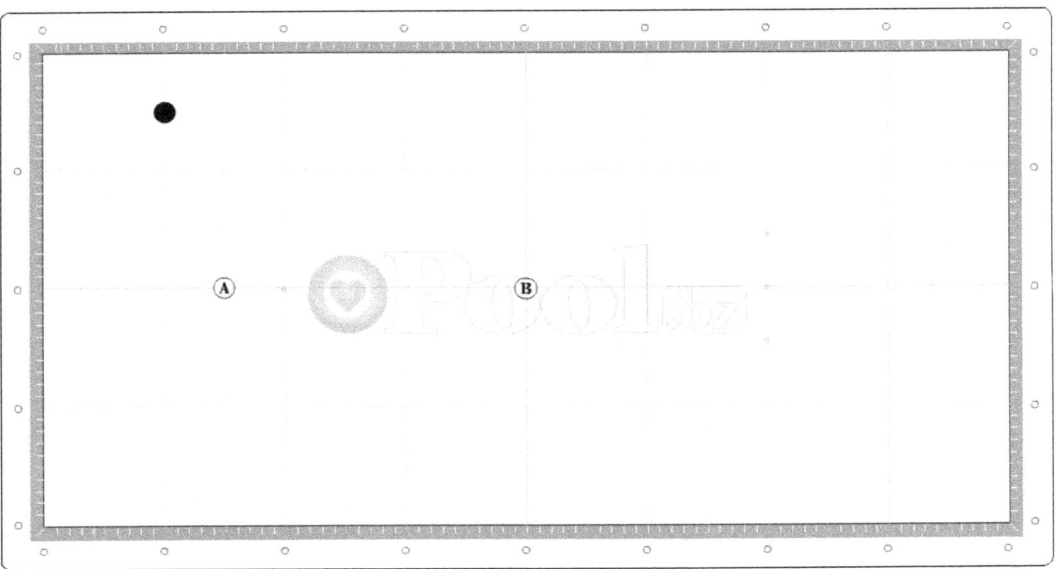

OPMERKINGEN:

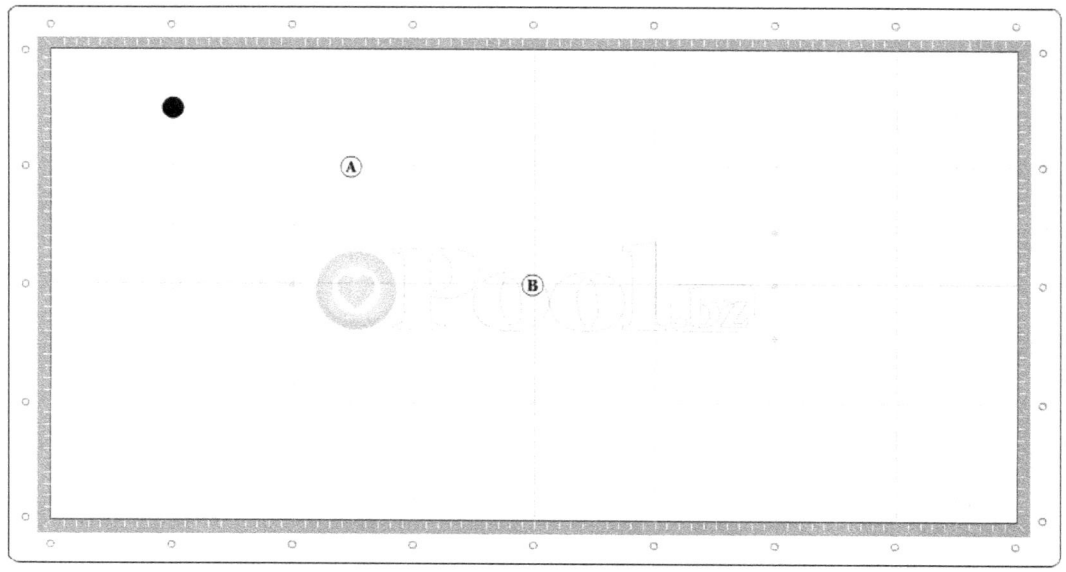

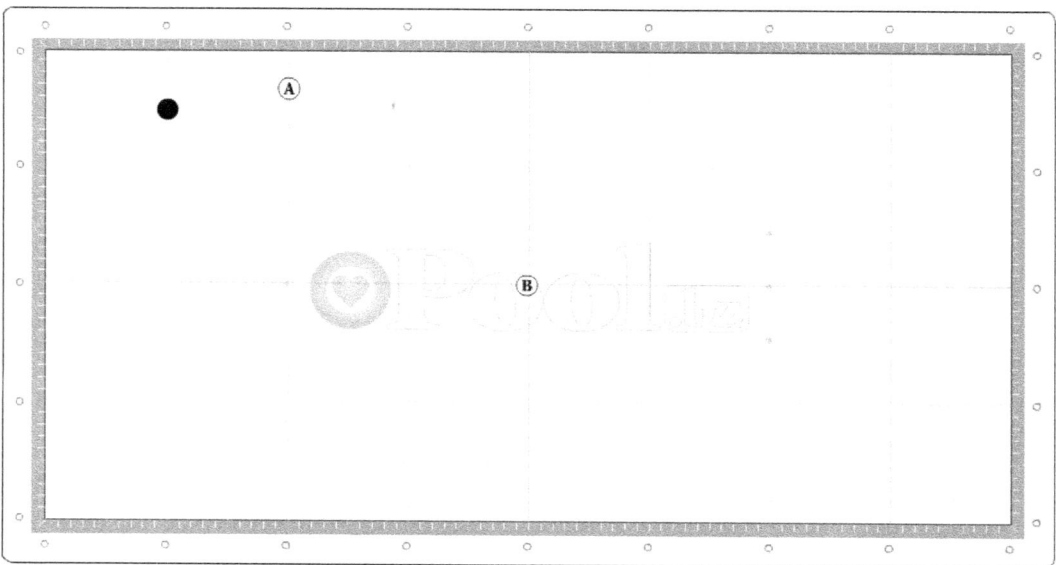

OPMERKINGEN:

Groep 4, set 2

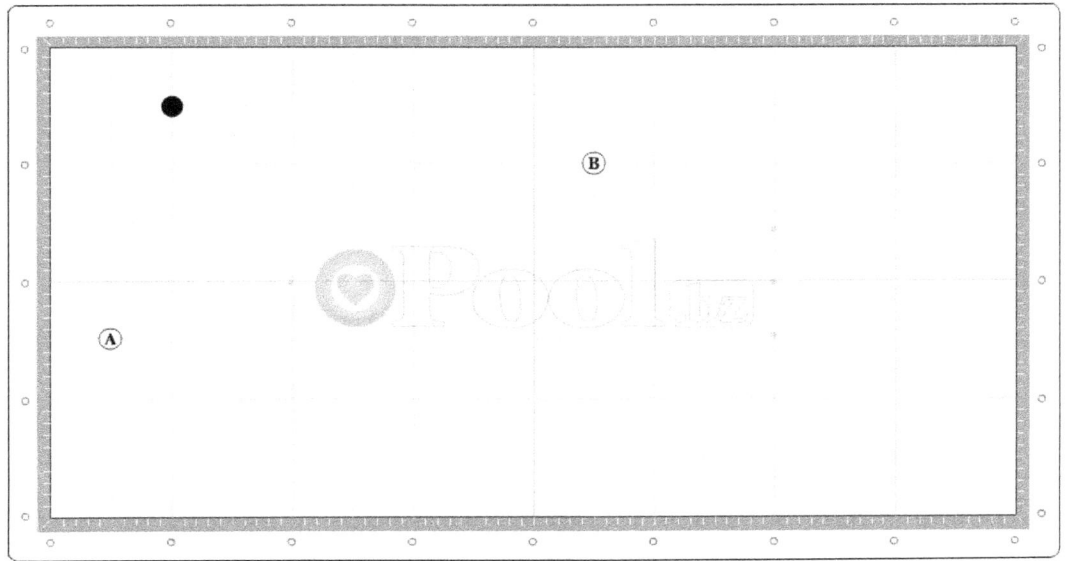

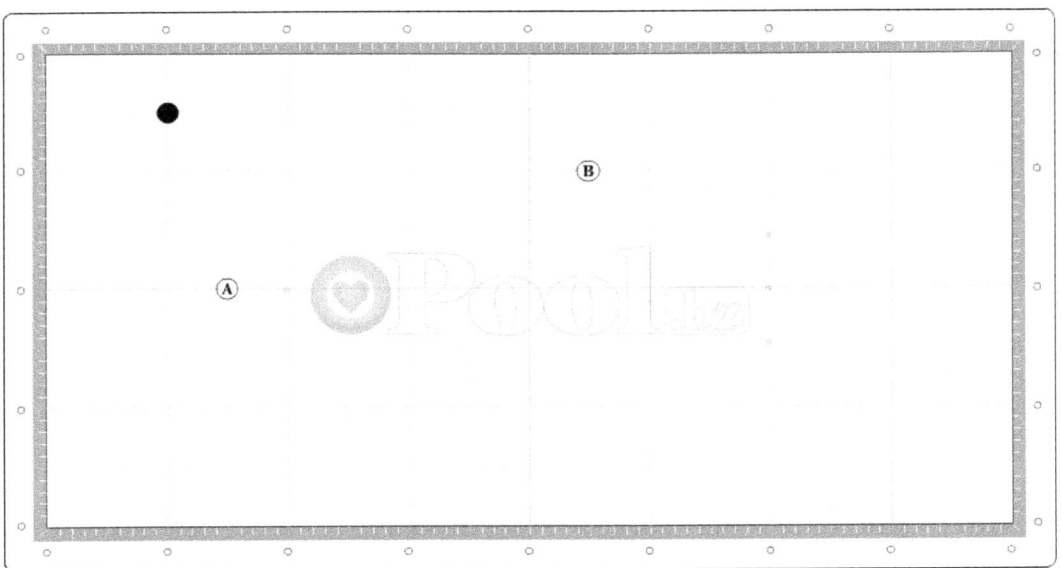

OPMERKINGEN:

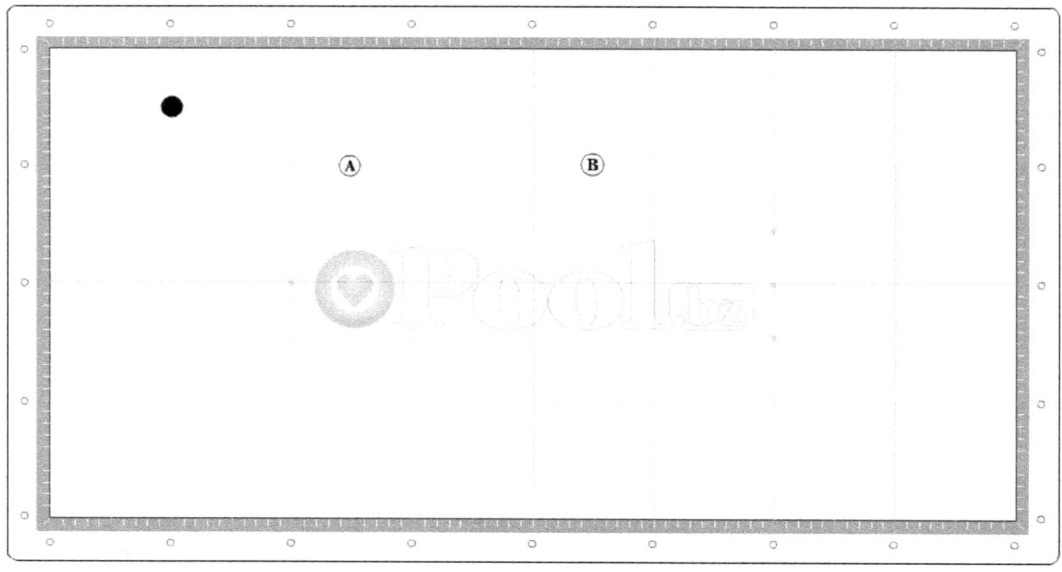

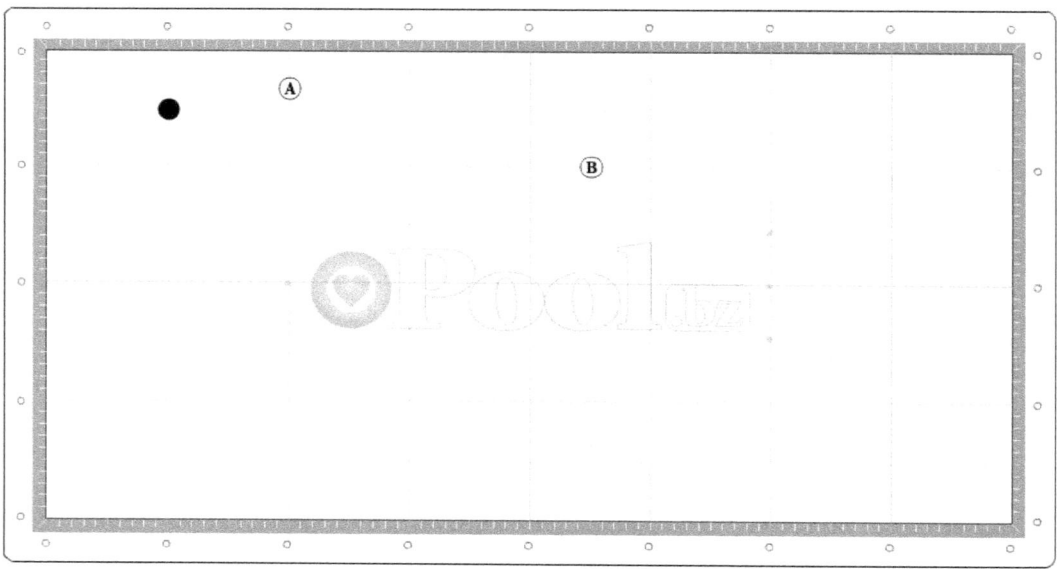

OPMERKINGEN:

Groep 4, set 3

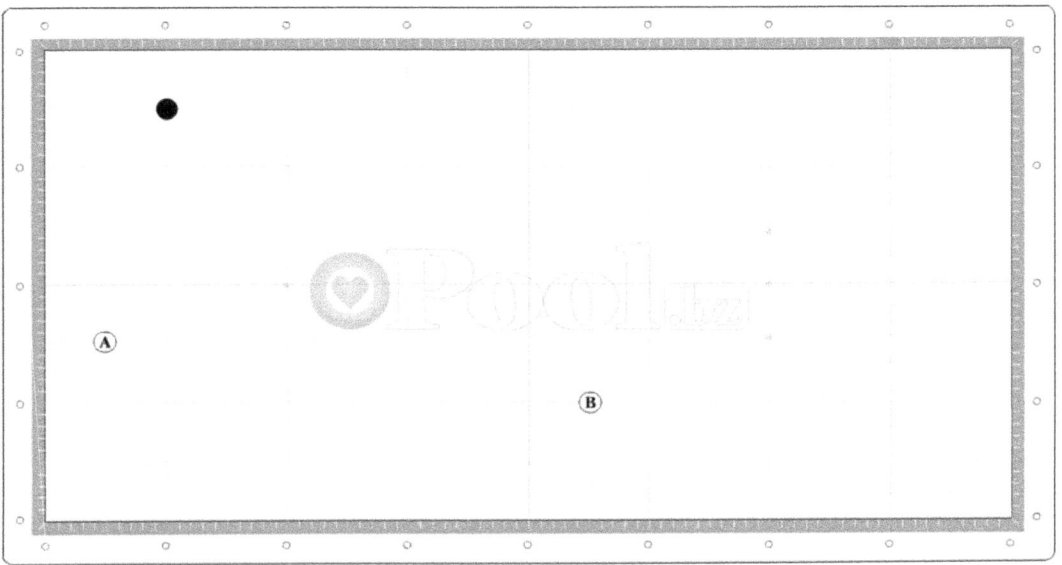

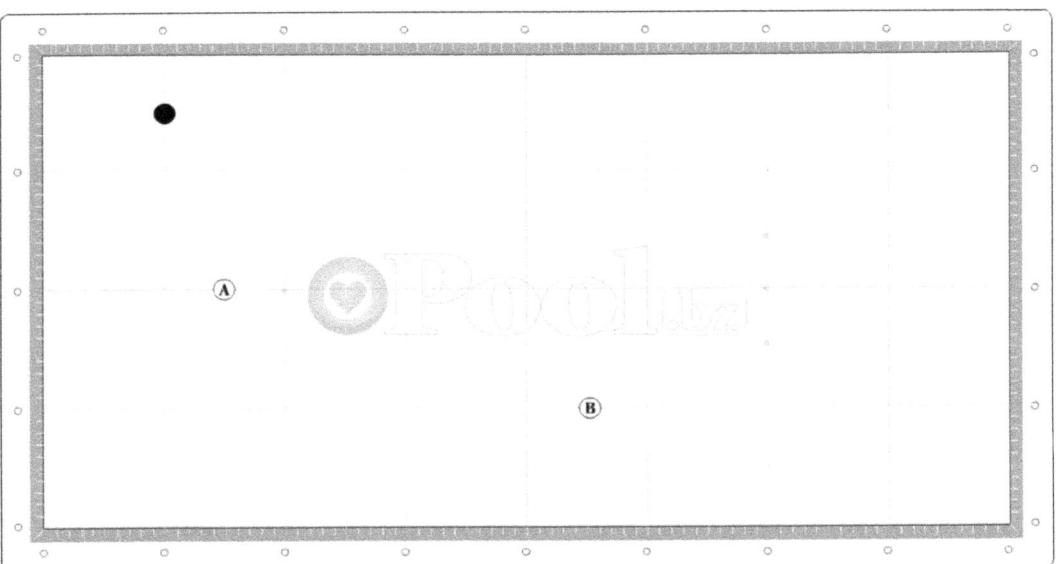

OPMERKINGEN:

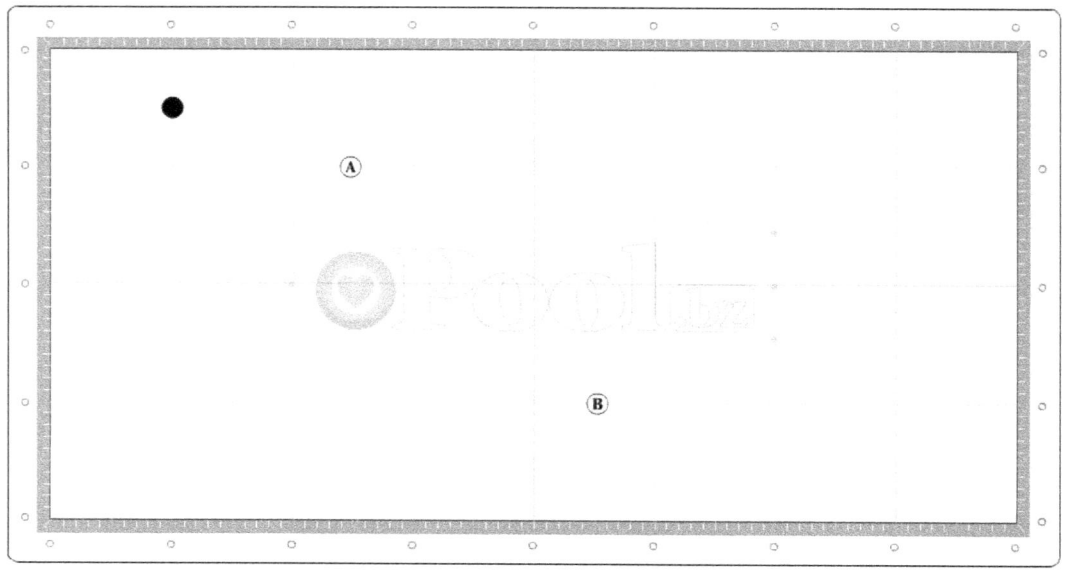

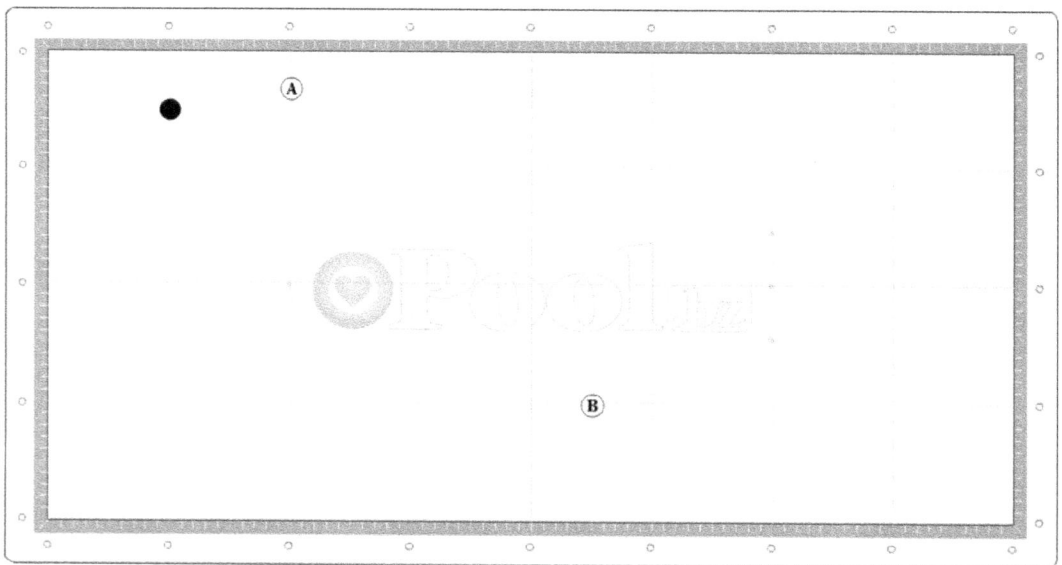

OPMERKINGEN:

Groep 4, set 4

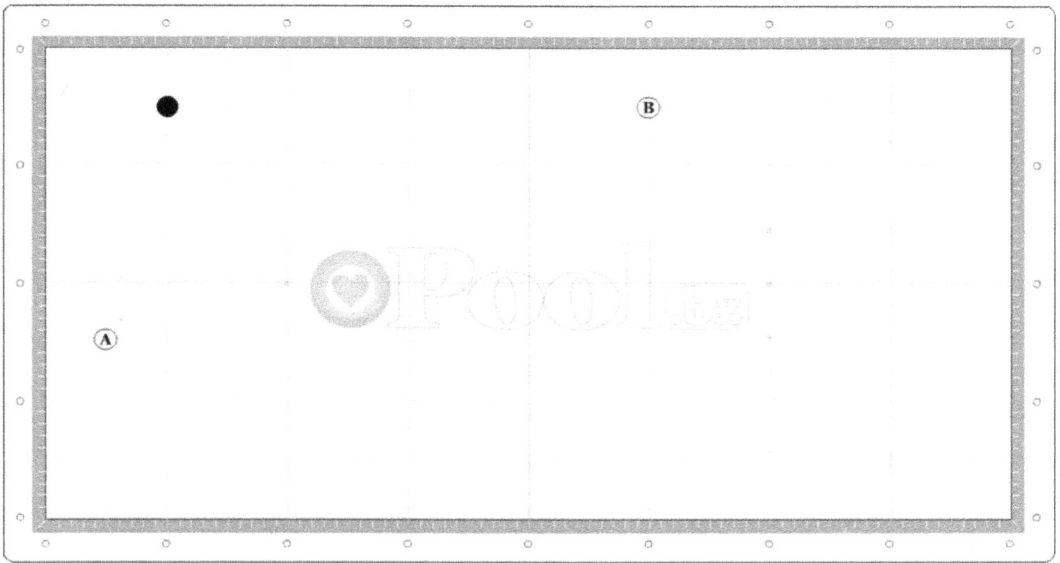

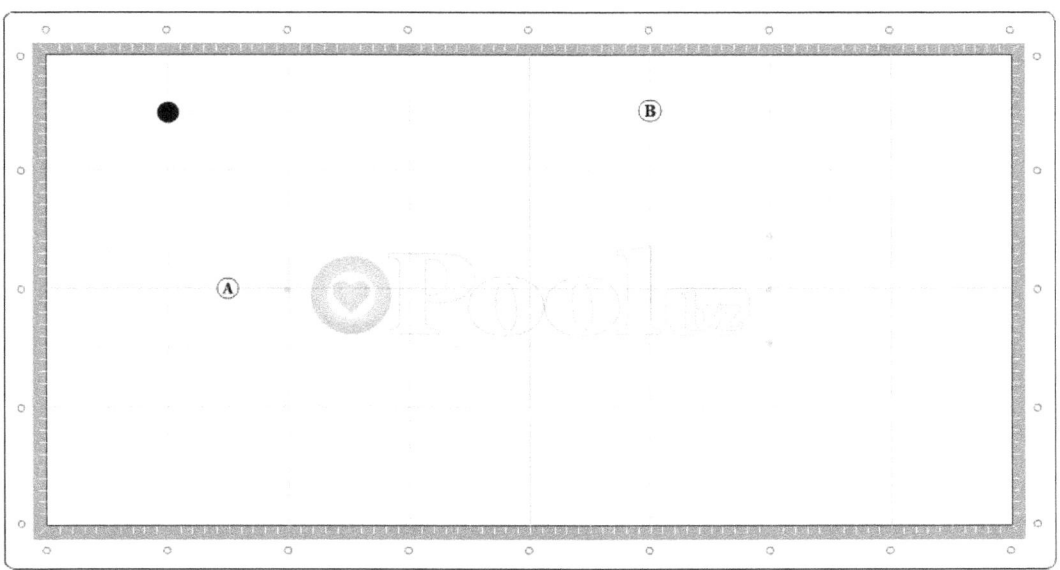

OPMERKINGEN:

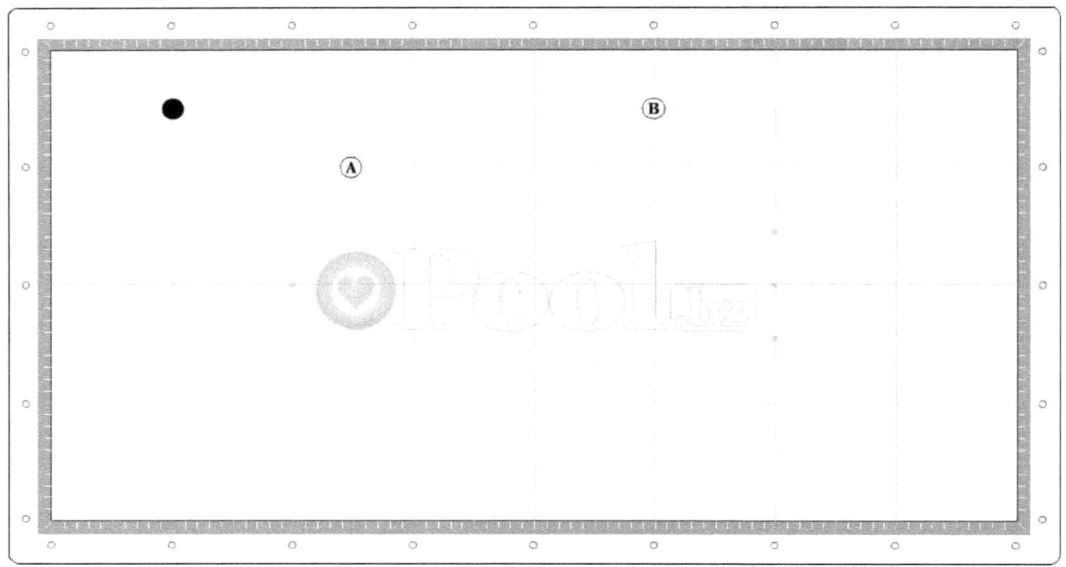

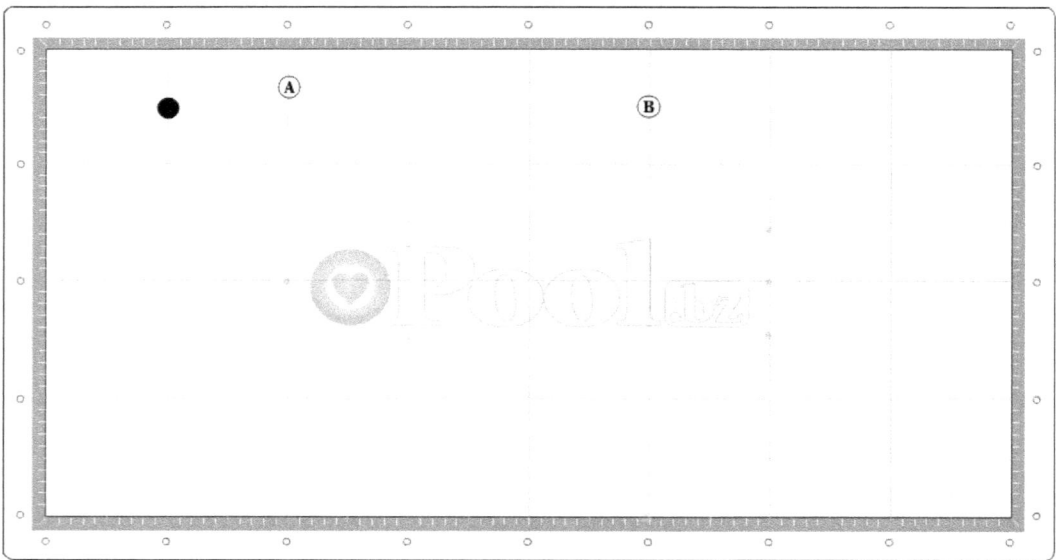

OPMERKINGEN:

Groep 4, set 5

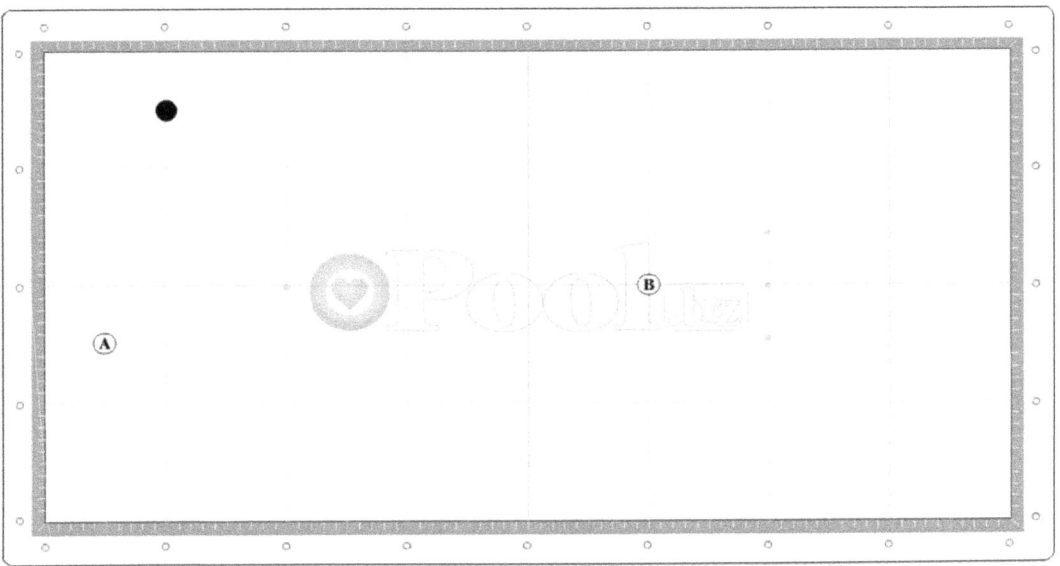

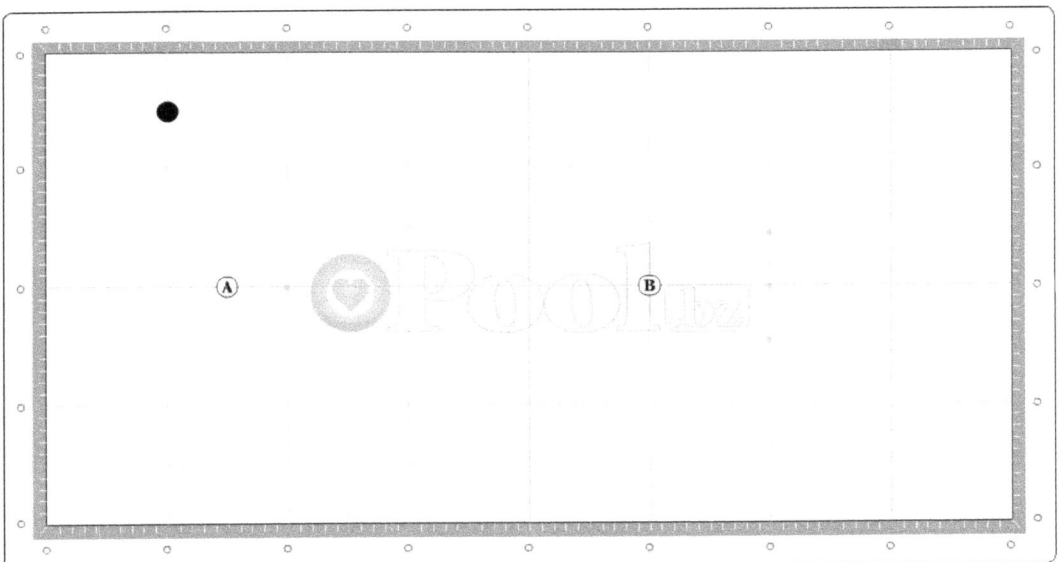

OPMERKINGEN:

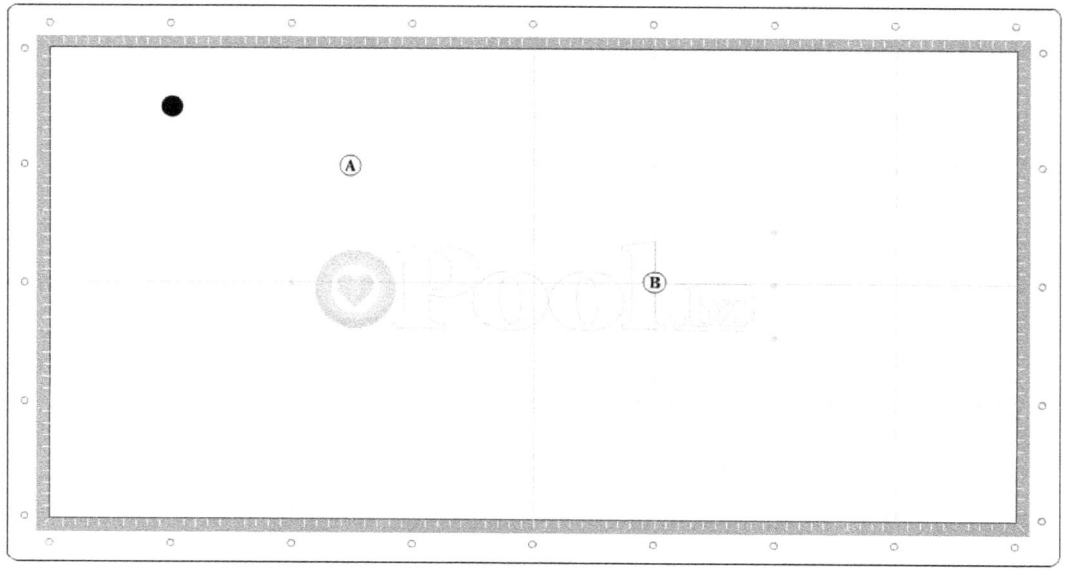

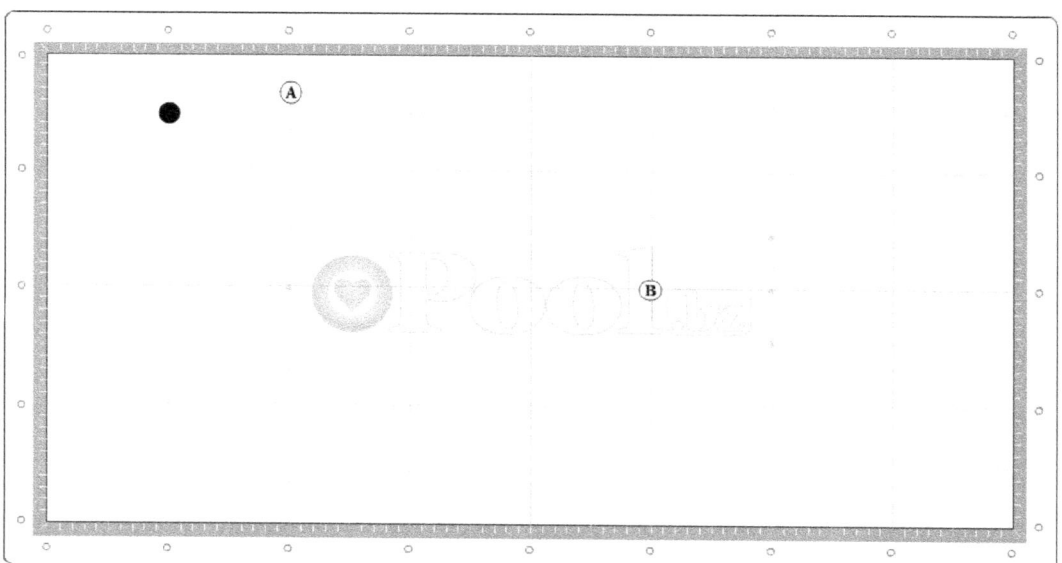

OPMERKINGEN:

Groep 4, set 6

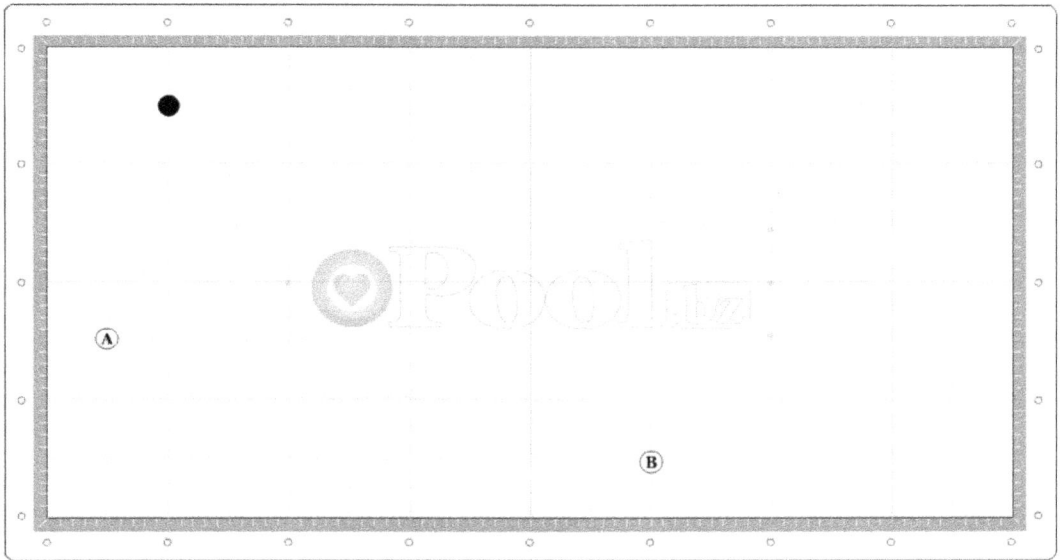

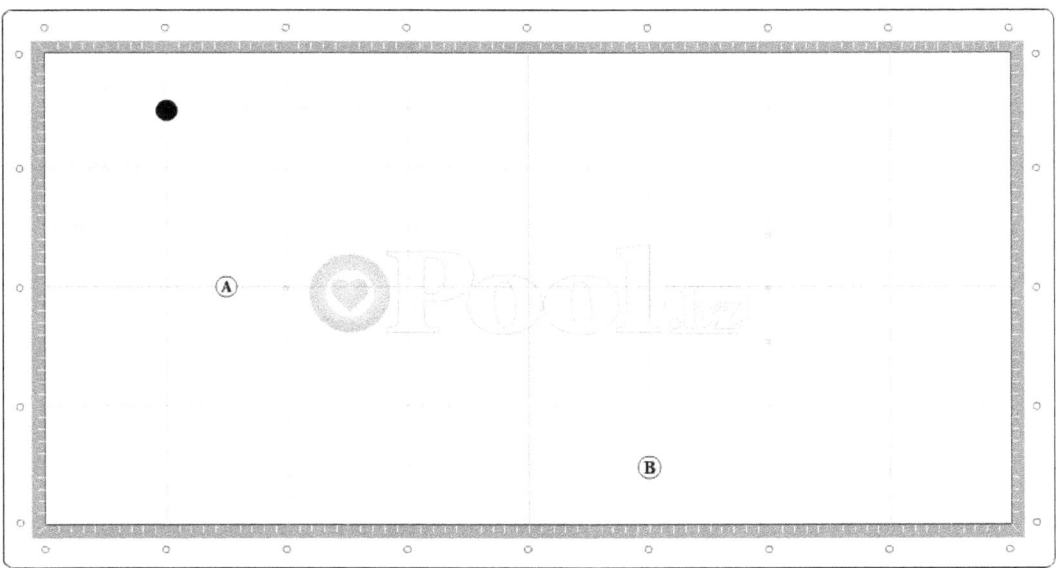

OPMERKINGEN:

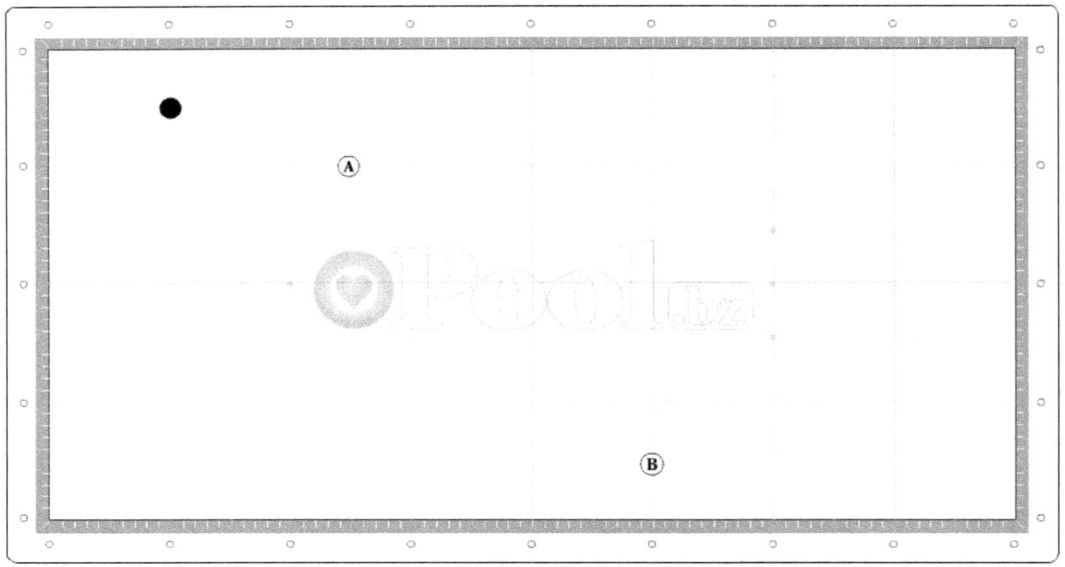

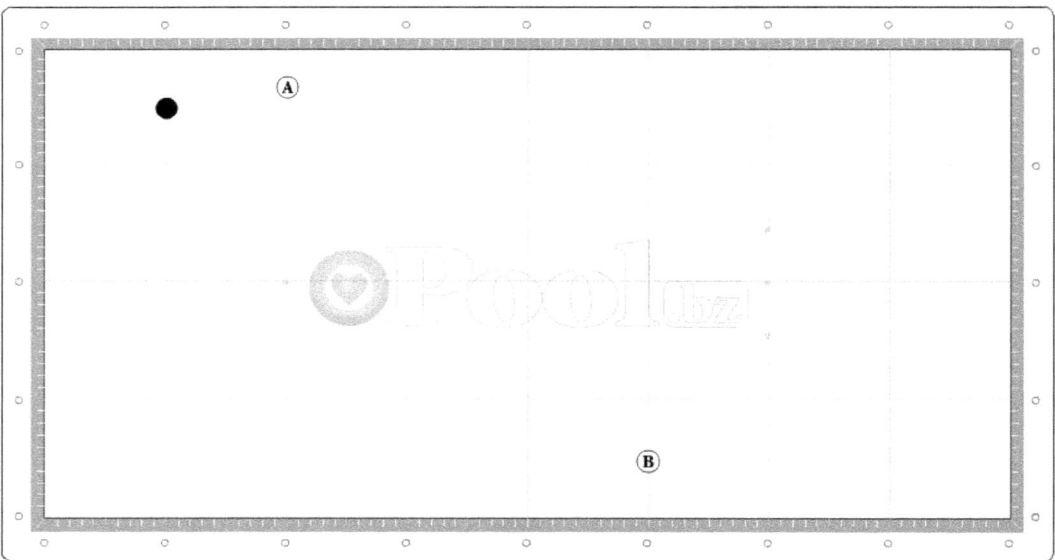

OPMERKINGEN:

Groep 4, set 7

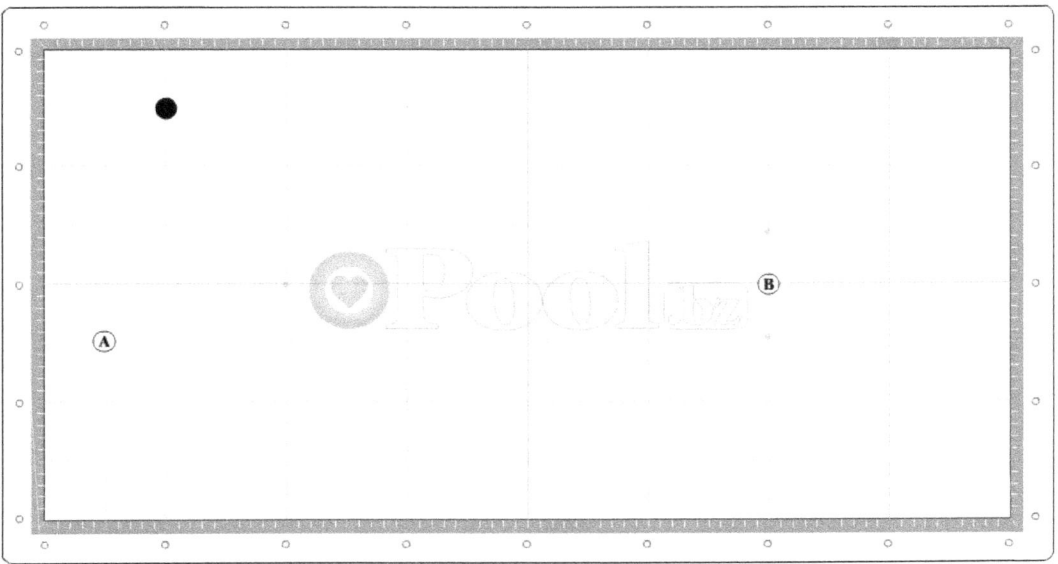

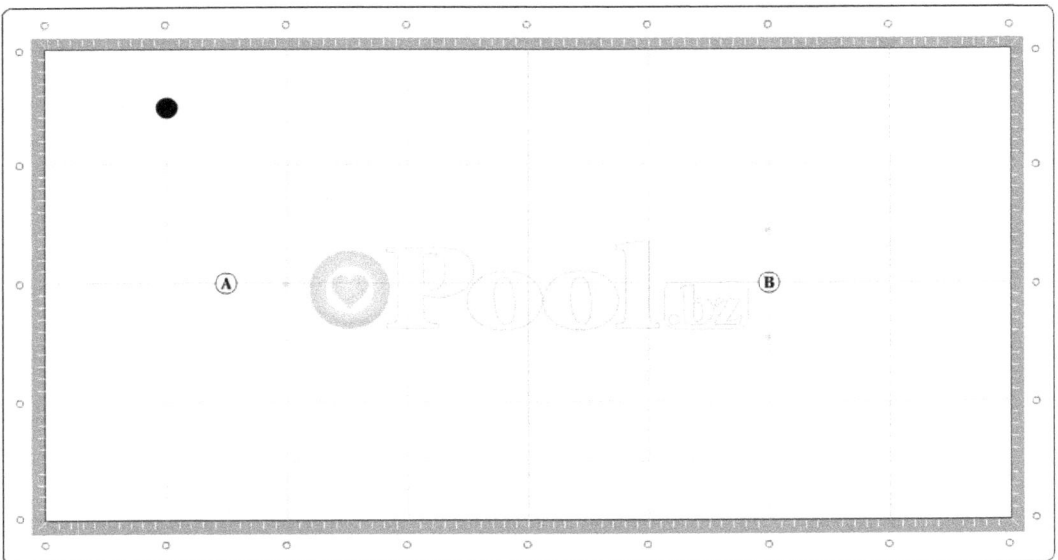

OPMERKINGEN:

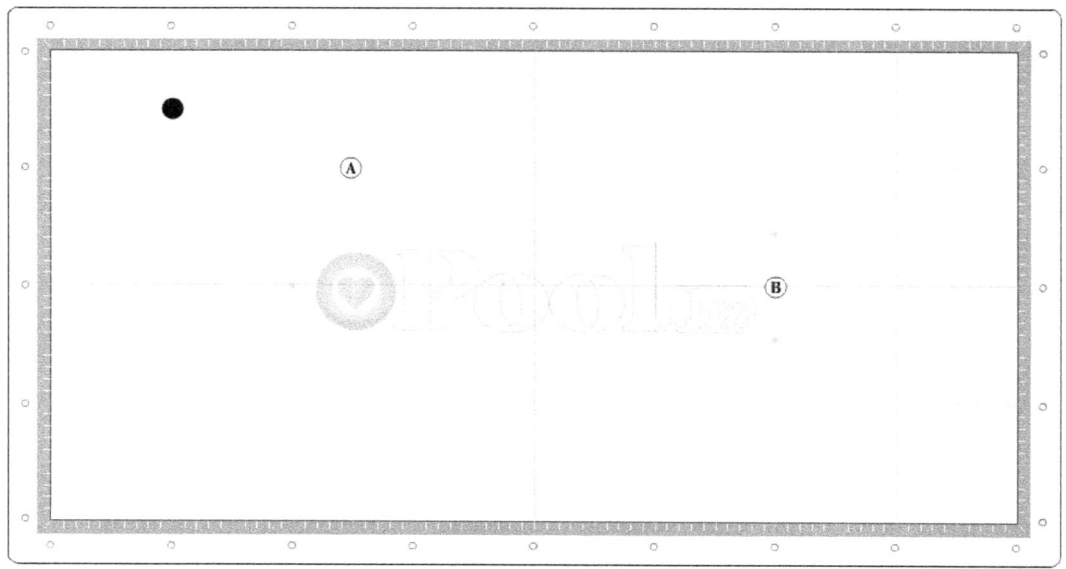

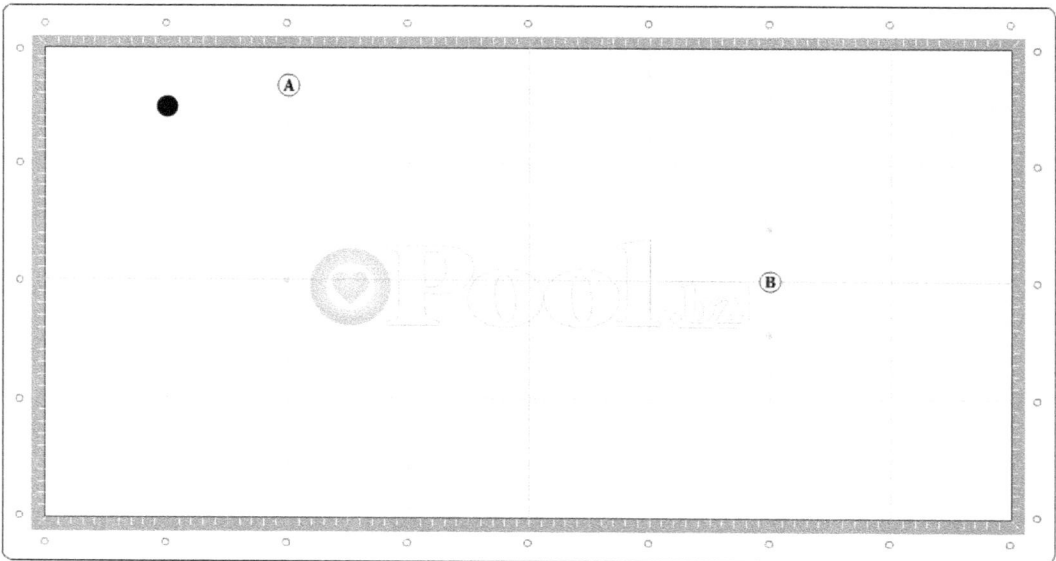

OPMERKINGEN:

Groep 4, set 8

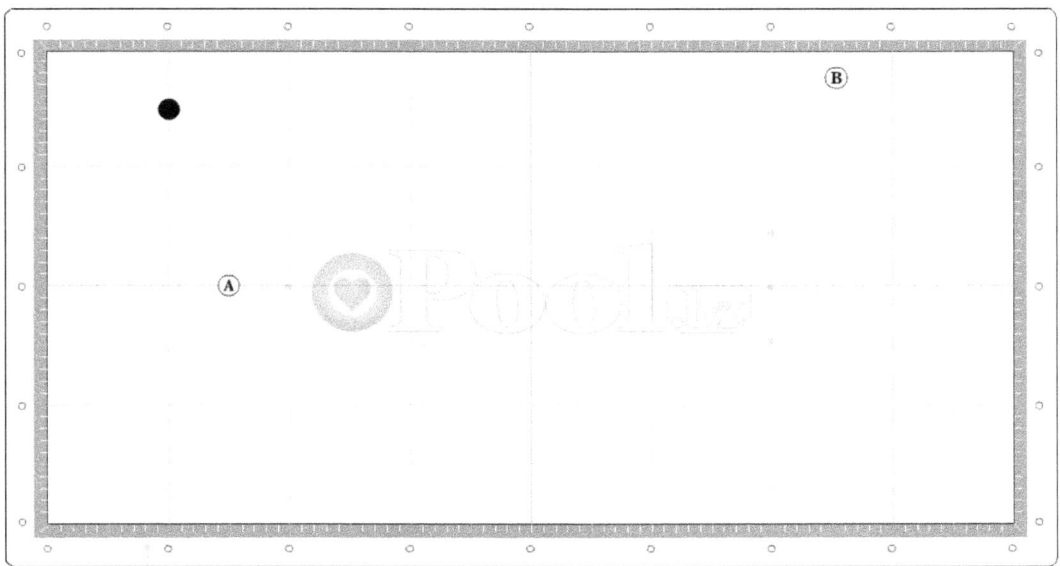

OPMERKINGEN:

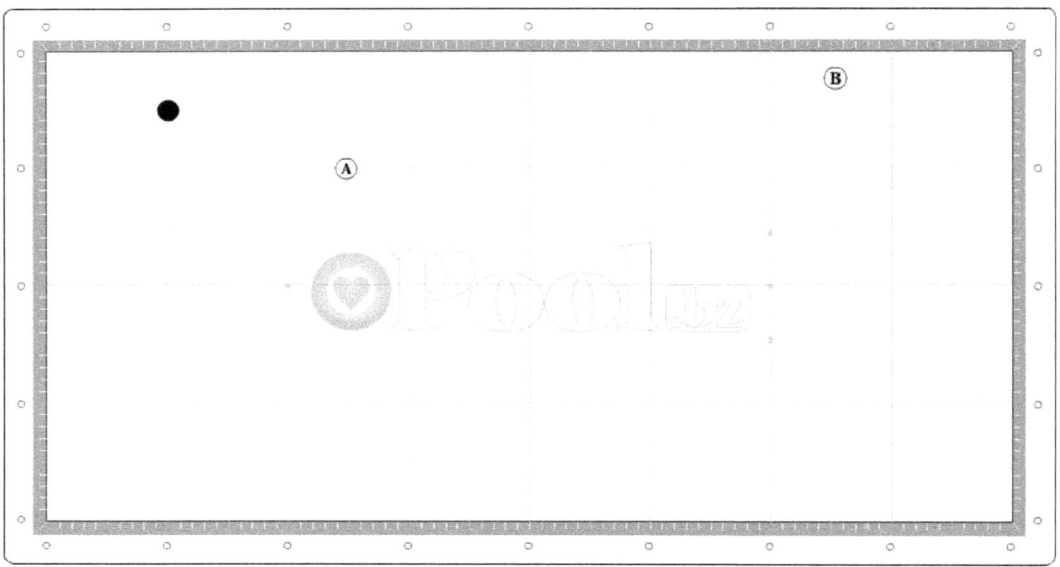

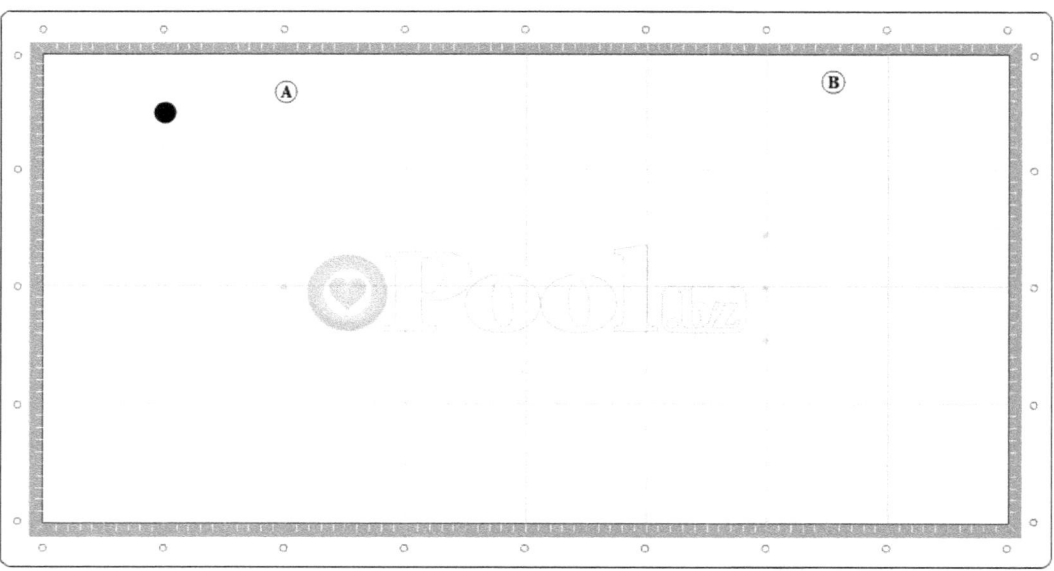

OPMERKINGEN:

Groep 4, set 9

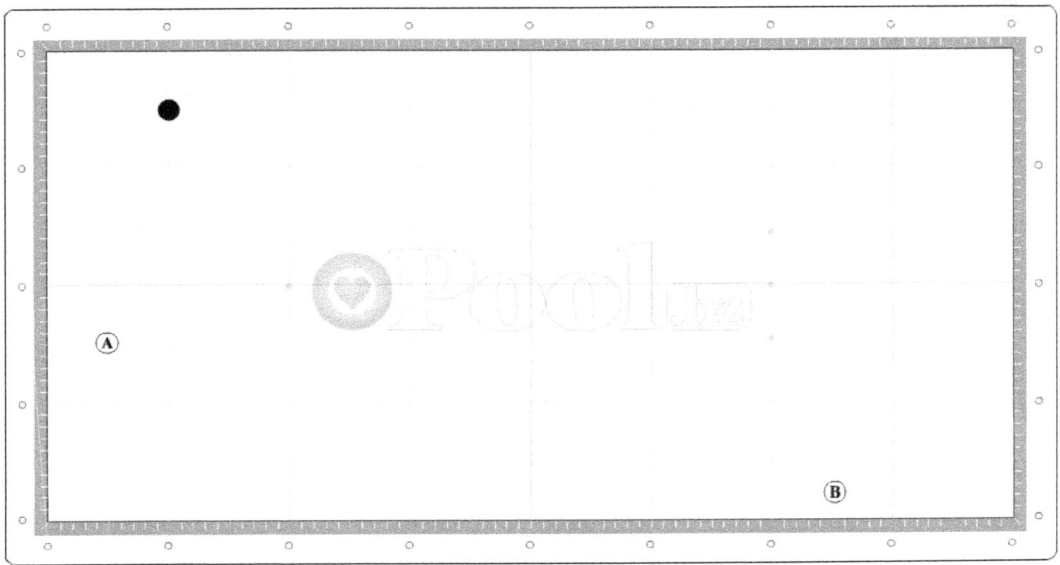

OPMERKINGEN:

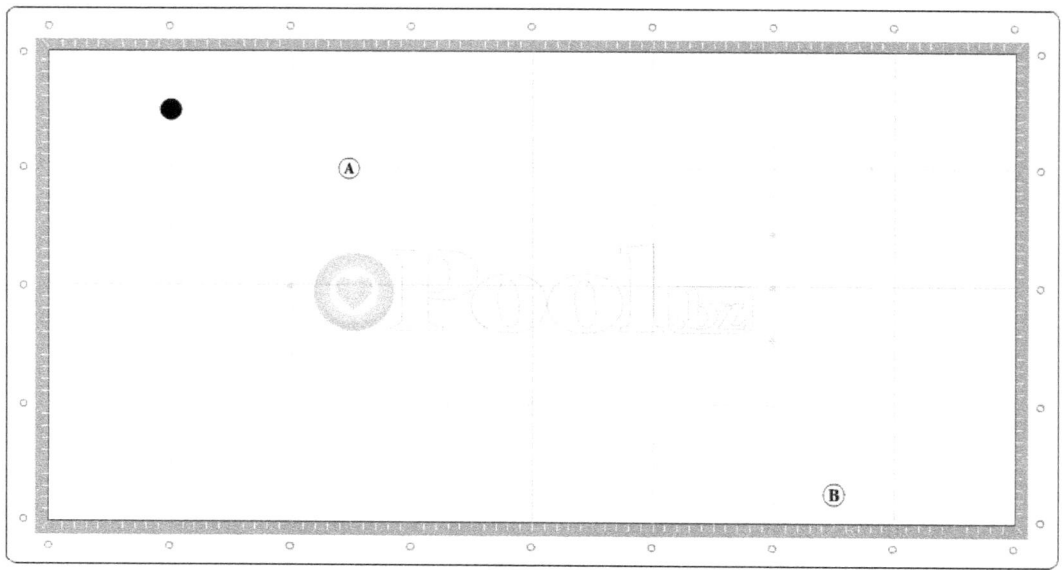

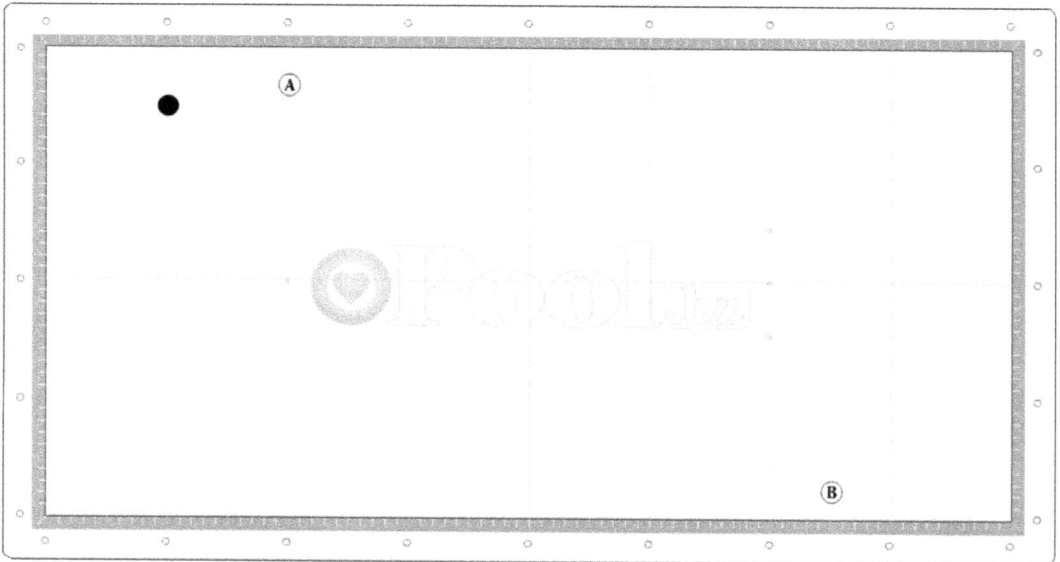

OPMERKINGEN:

Groep 4, set 10

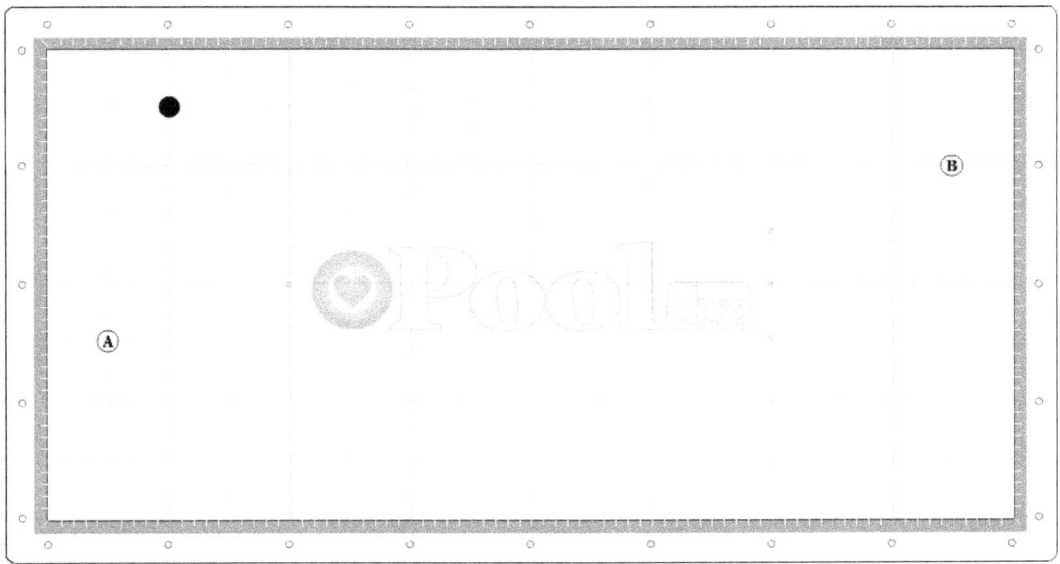

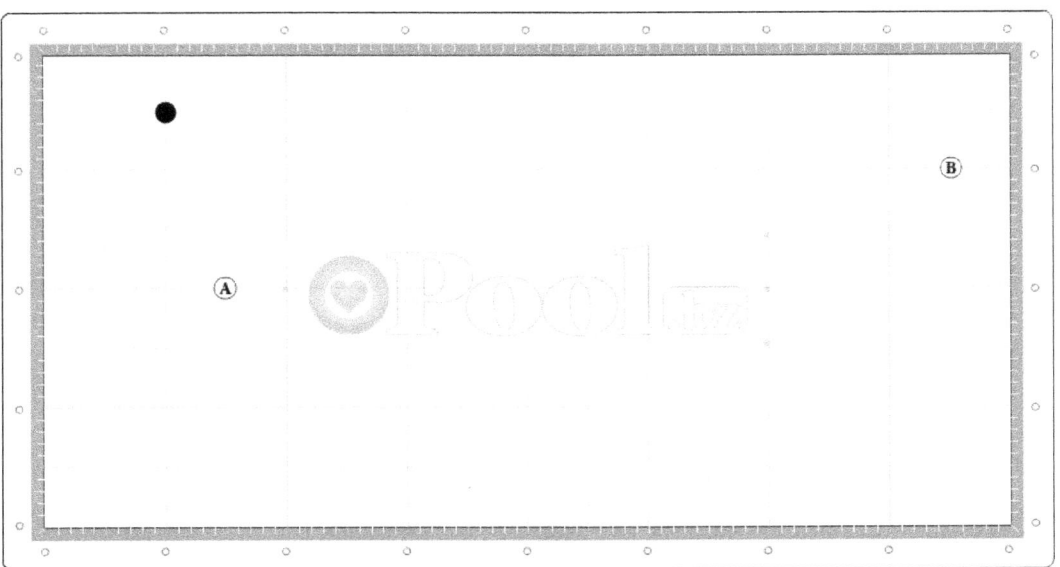

OPMERKINGEN:

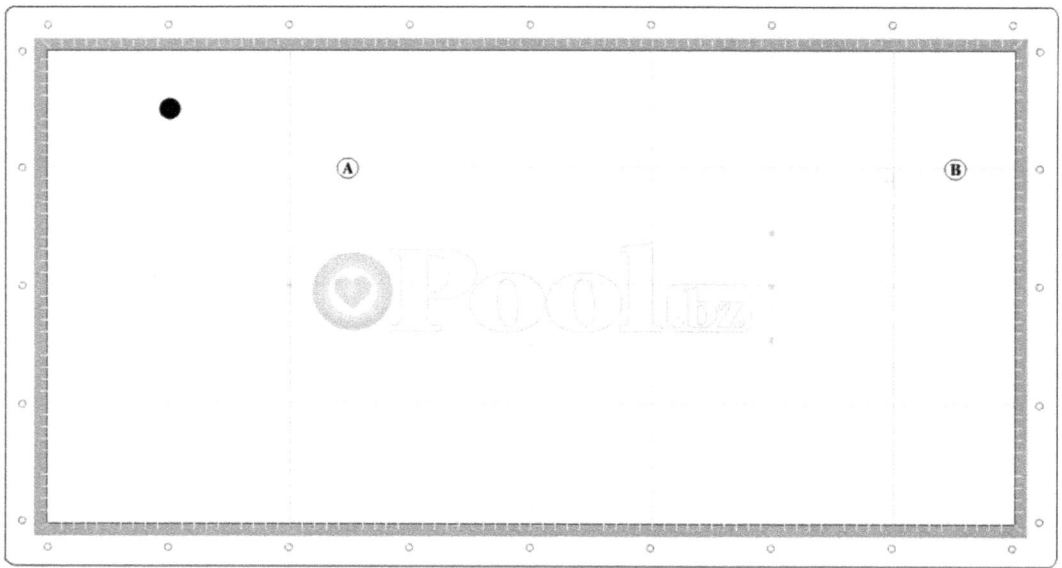

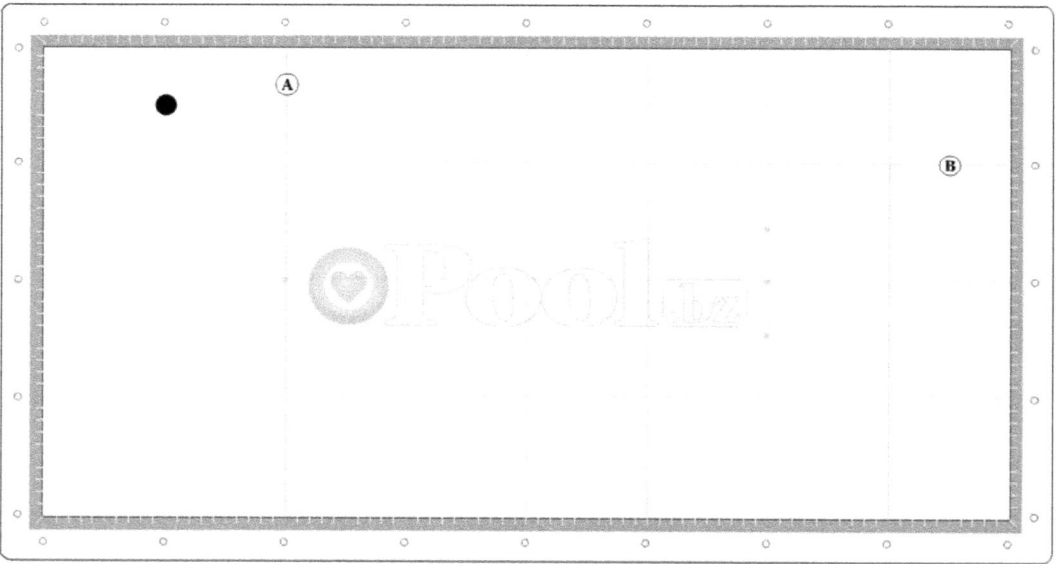

OPMERKINGEN:

Groep 4, set 11

OPMERKINGEN:

Carambole Biljart: Meer raadsels en puzzels

OPMERKINGEN:

Groep 4, set 12

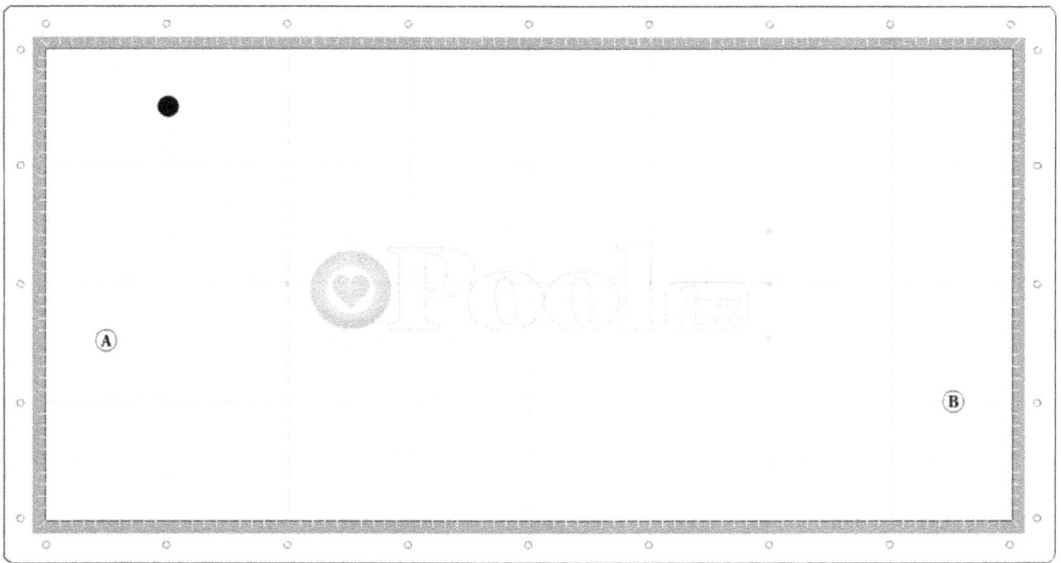

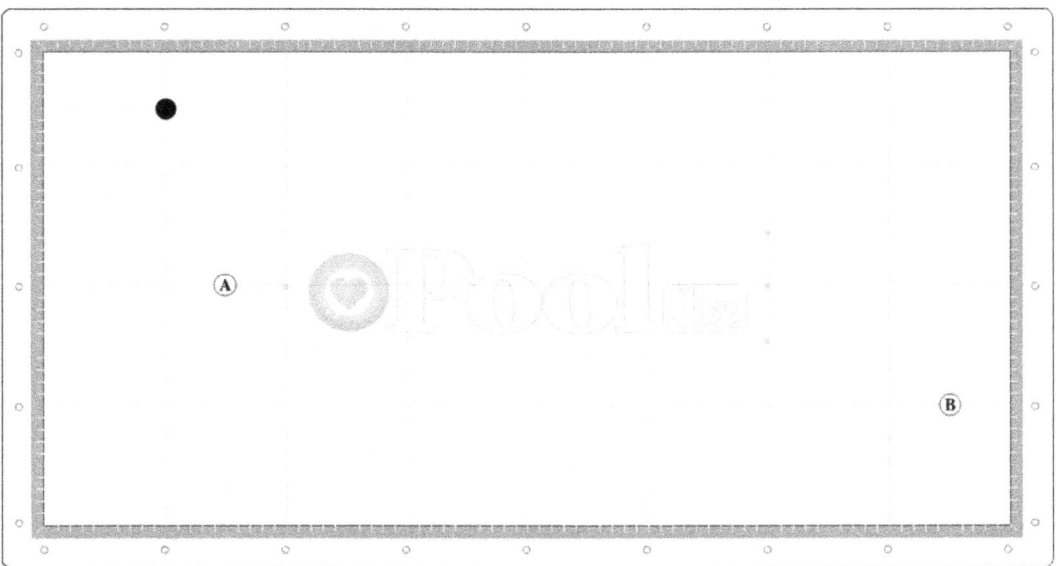

OPMERKINGEN:

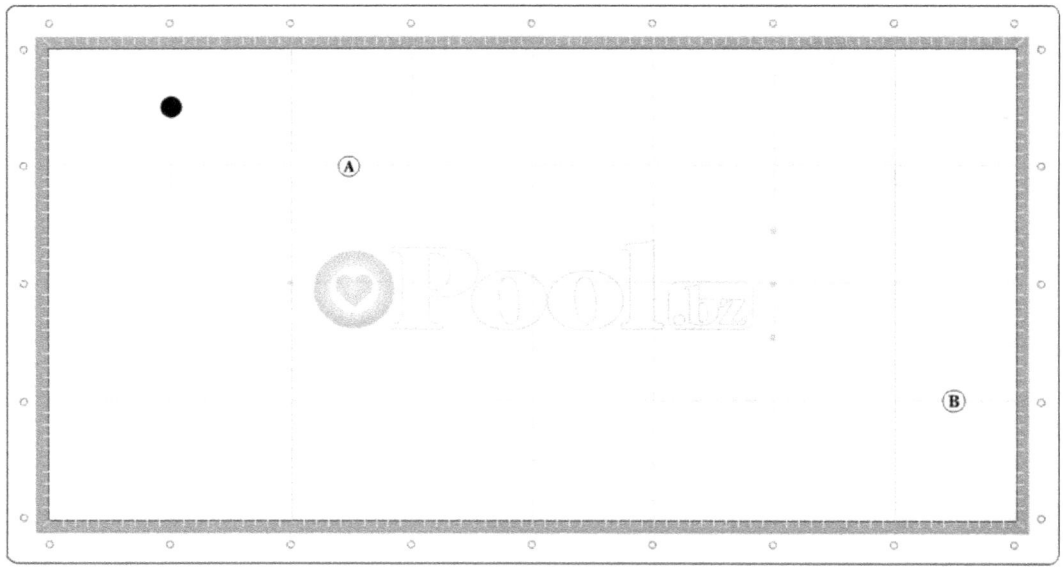

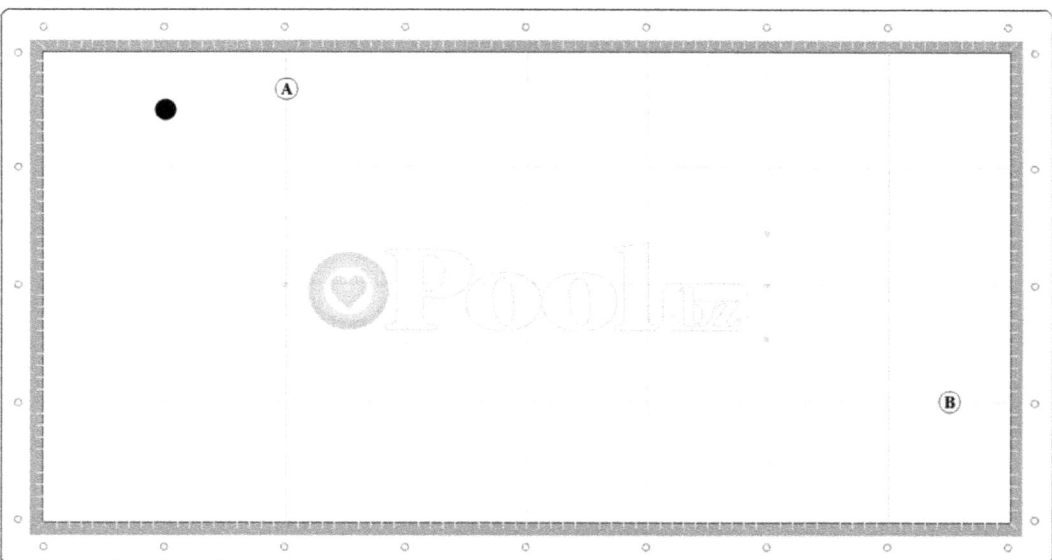

OPMERKINGEN:

GROEP 5

Groep 5, set 1

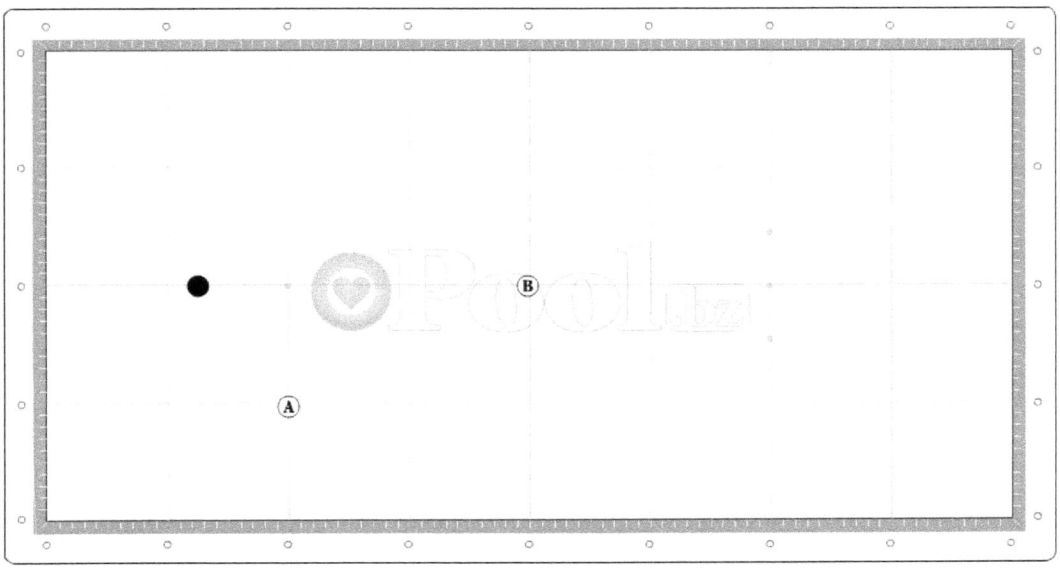

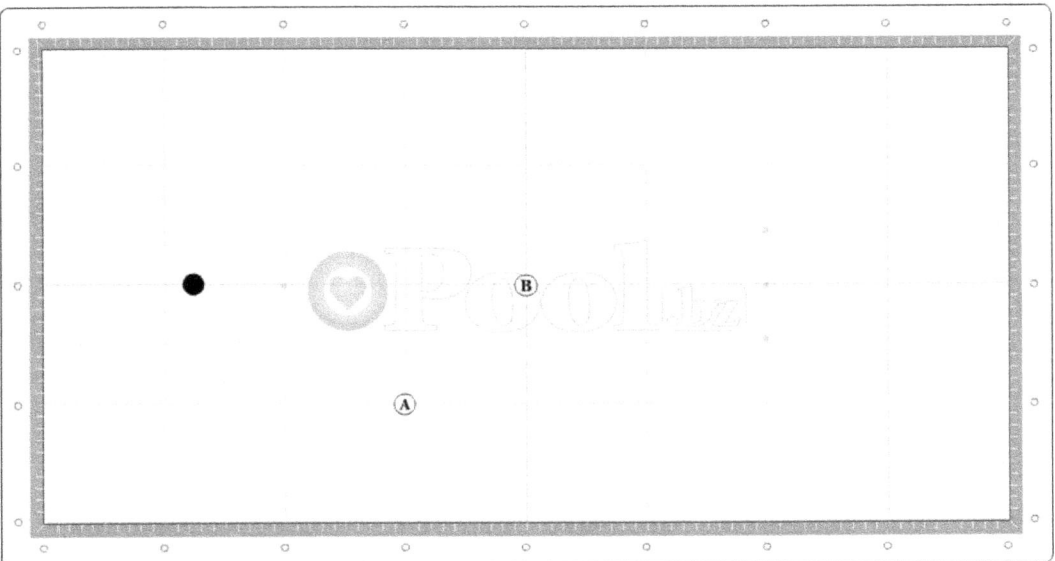

OPMERKINGEN:

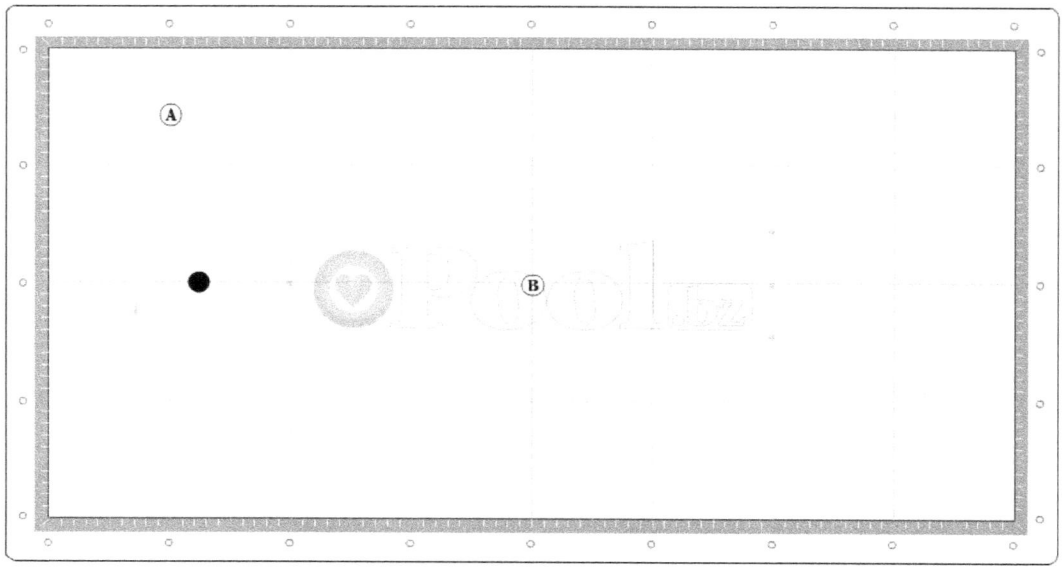

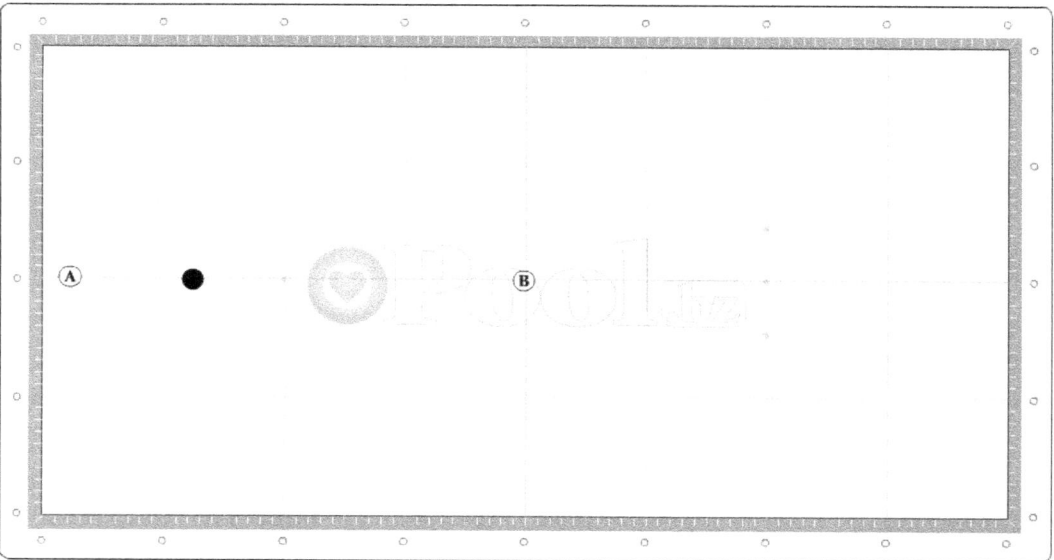

OPMERKINGEN:

Groep 5, set 2

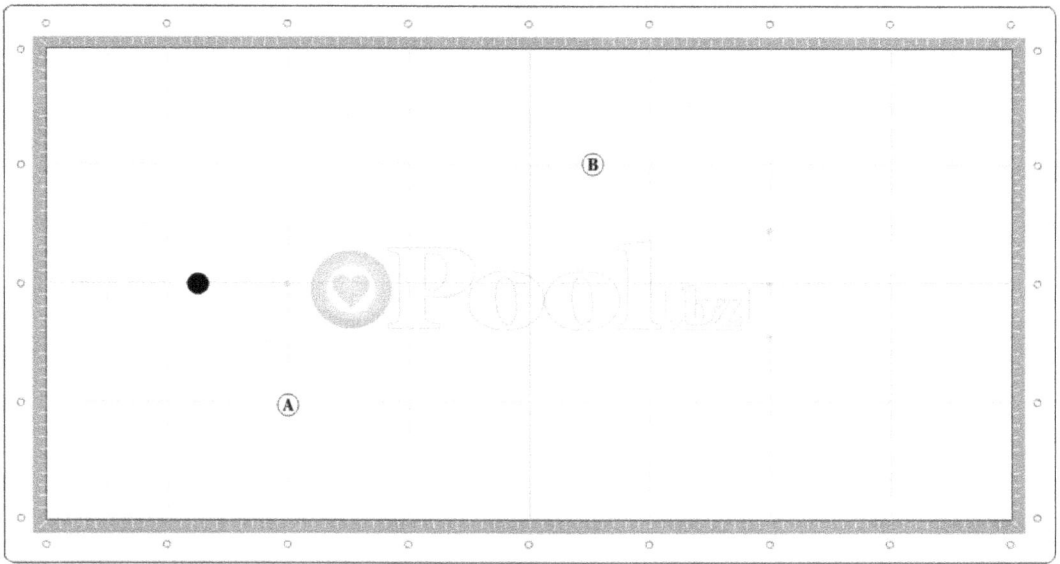

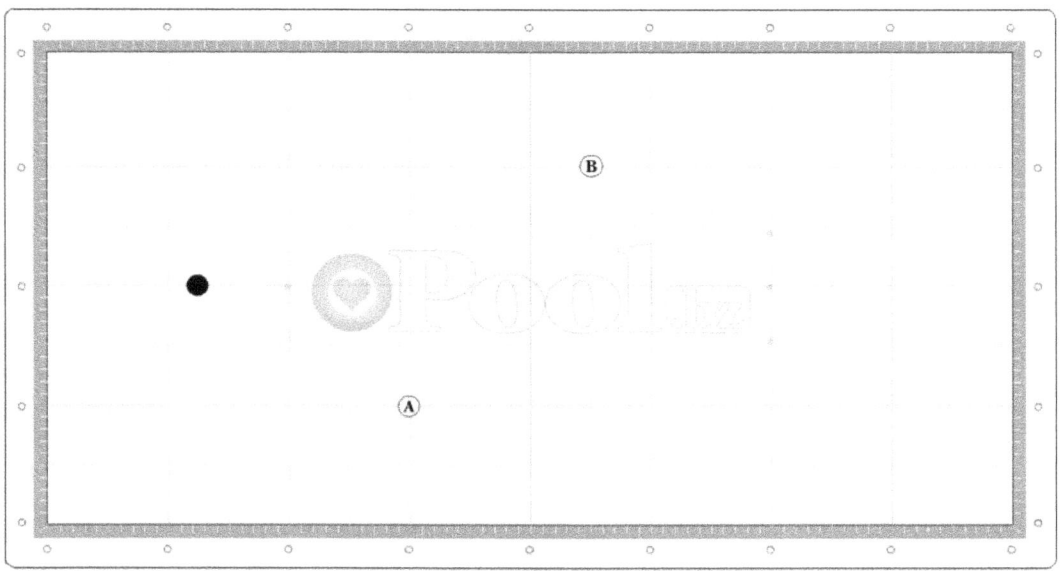

OPMERKINGEN:

Carambole Biljart: Meer raadsels en puzzels

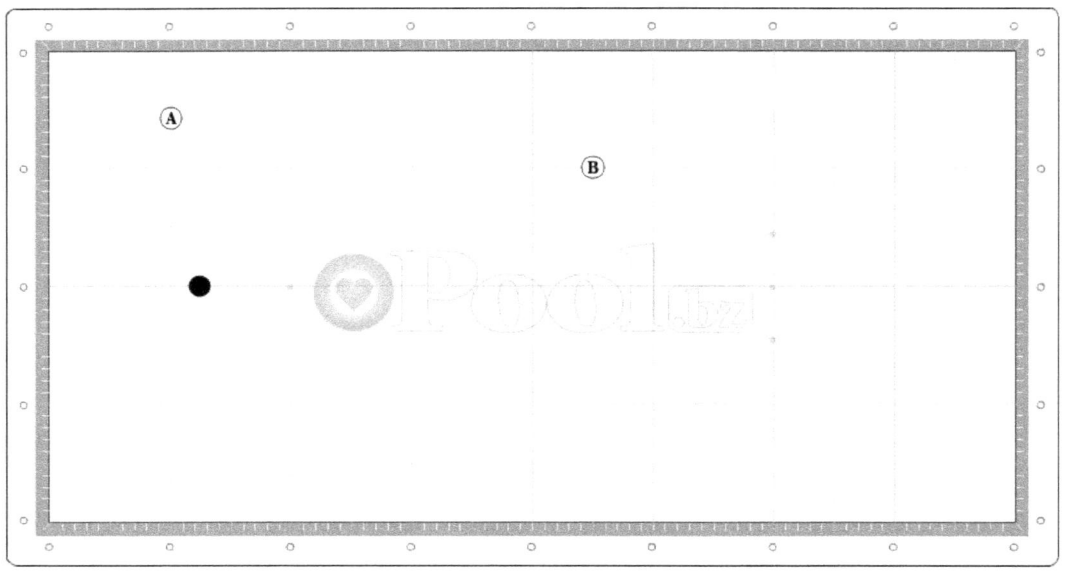

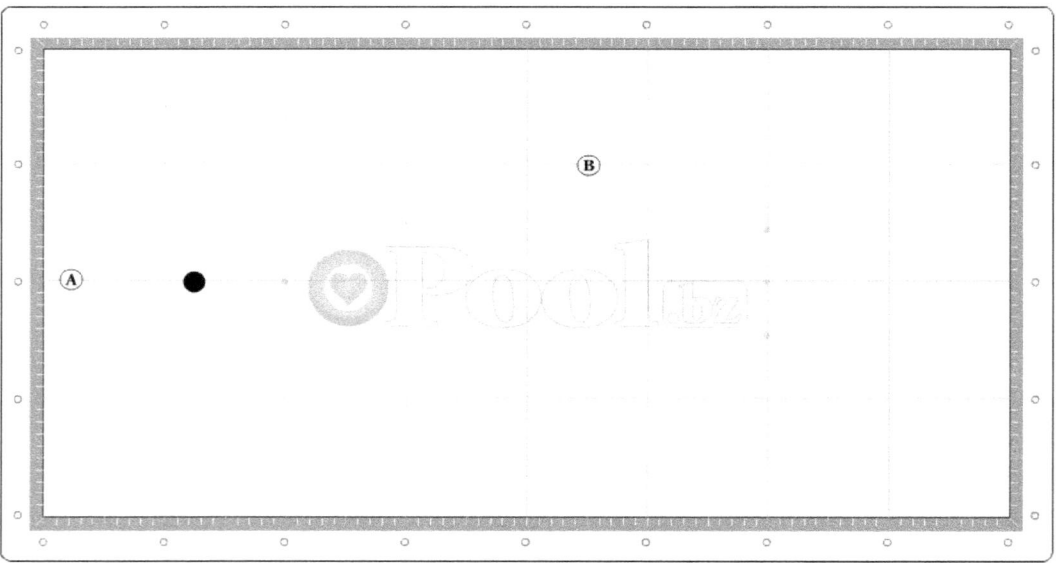

OPMERKINGEN:

Groep 5, set 3

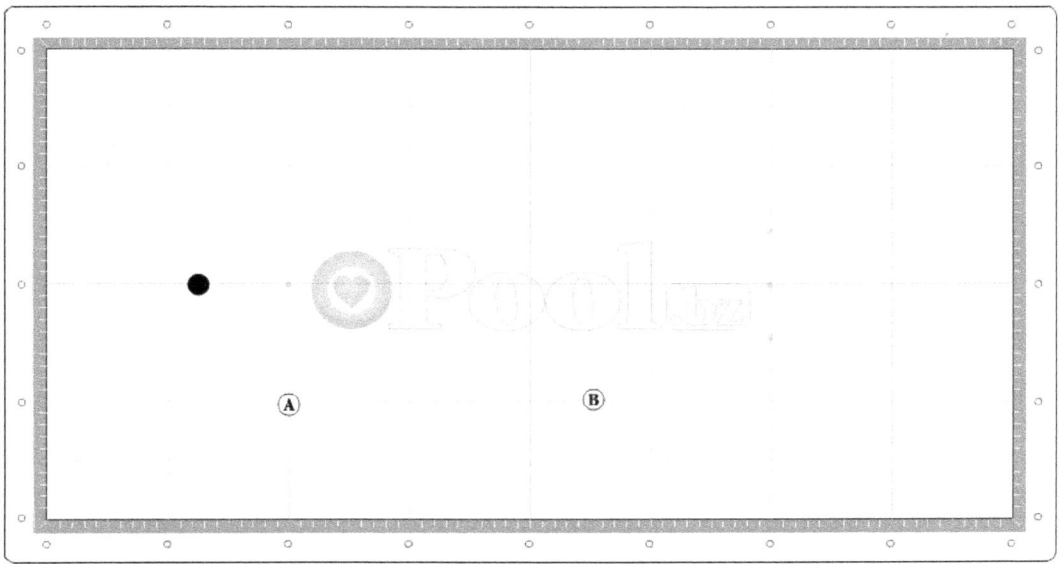

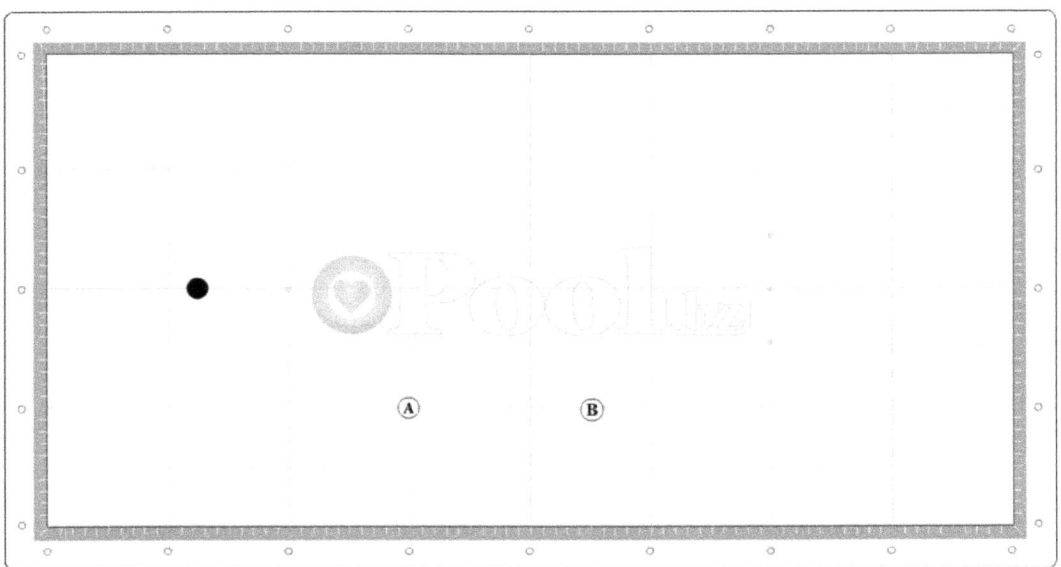

OPMERKINGEN:

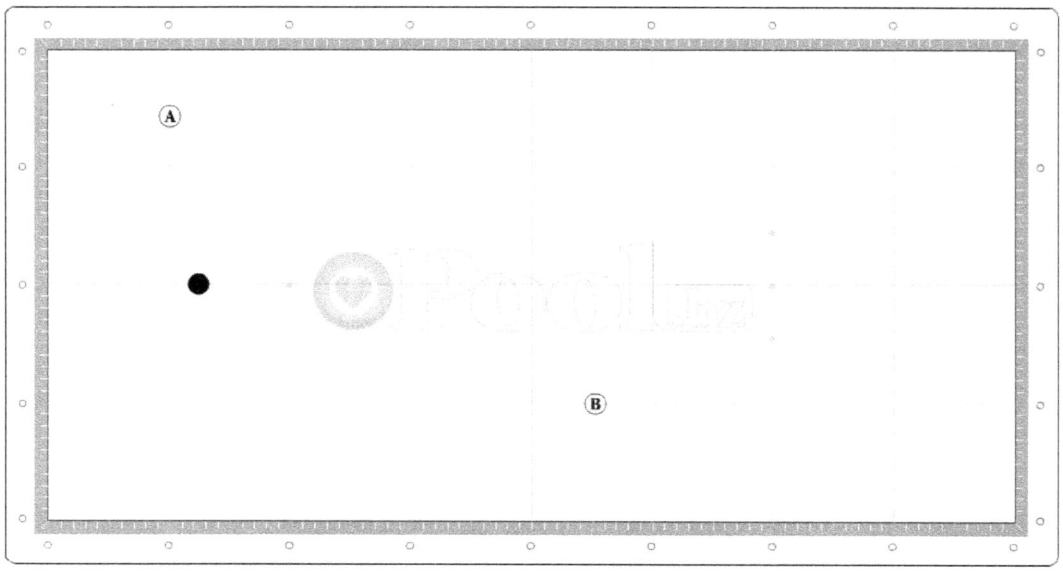

OPMERKINGEN:

Groep 5, set 4

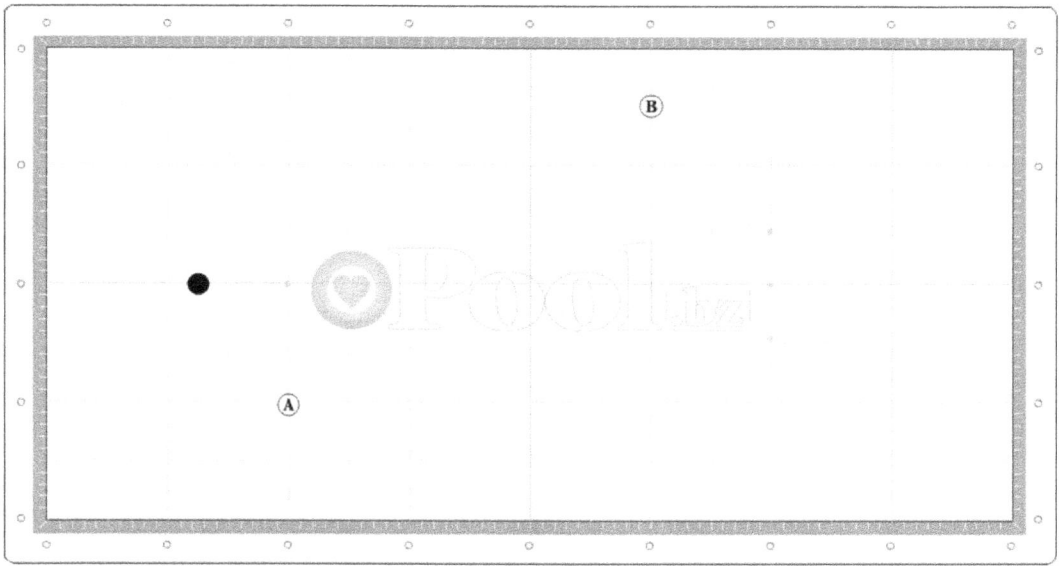

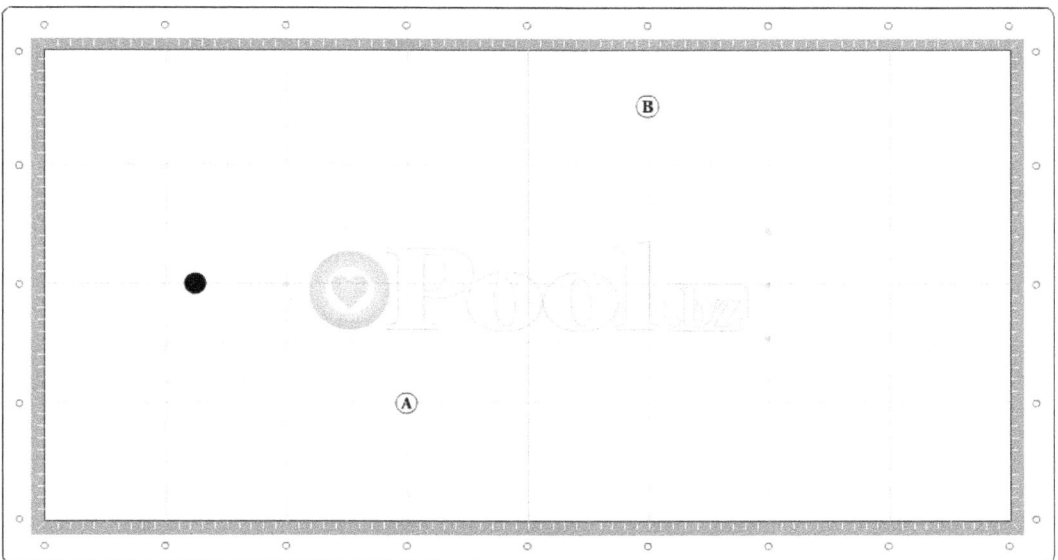

OPMERKINGEN:

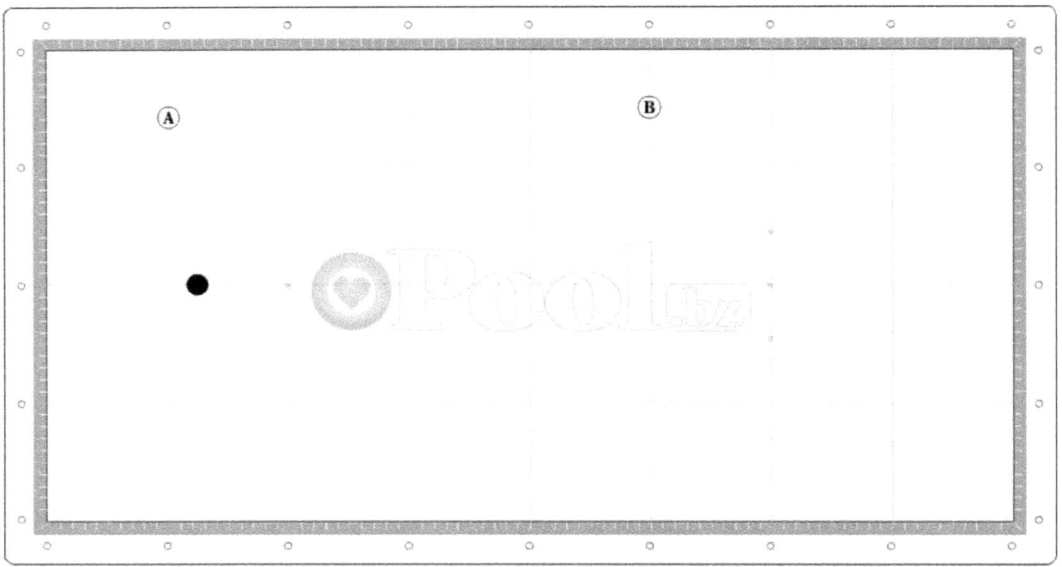

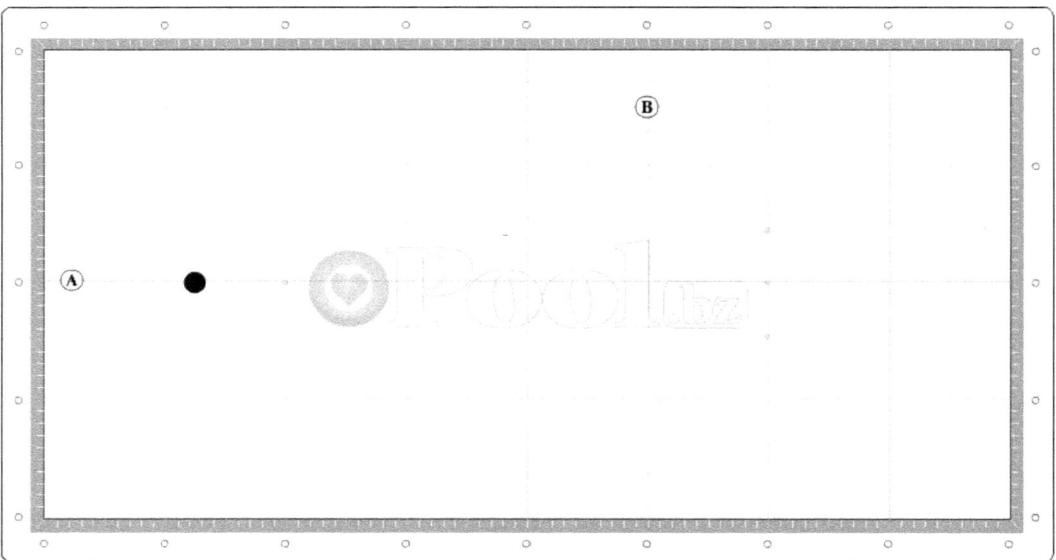

OPMERKINGEN:

Groep 5, set 5

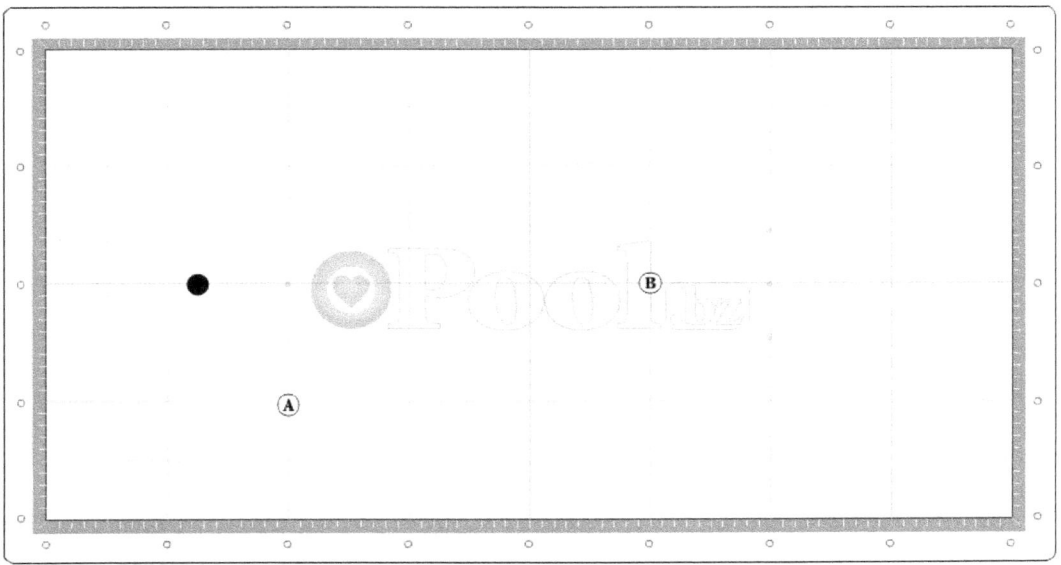

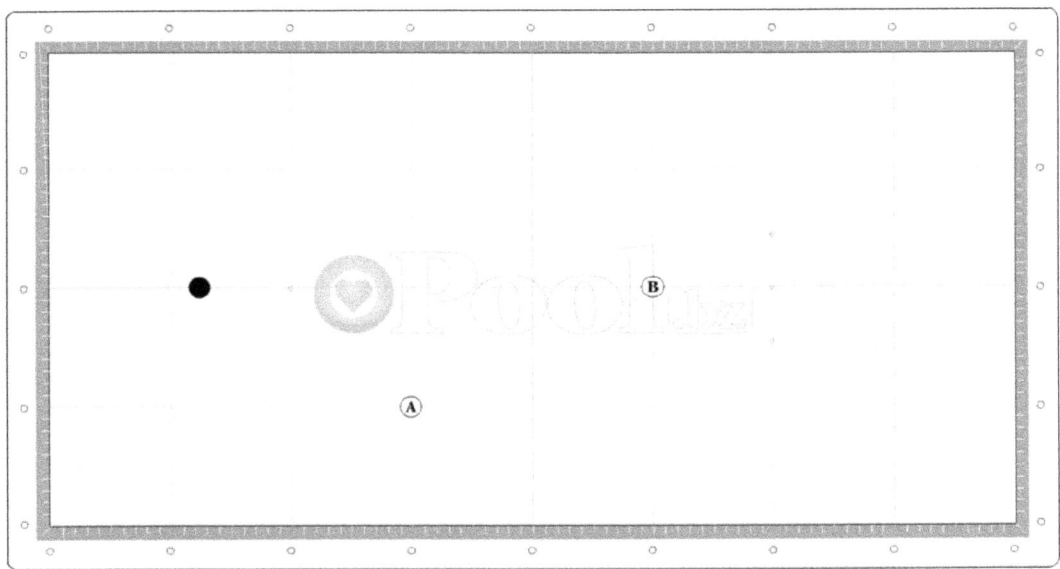

OPMERKINGEN:

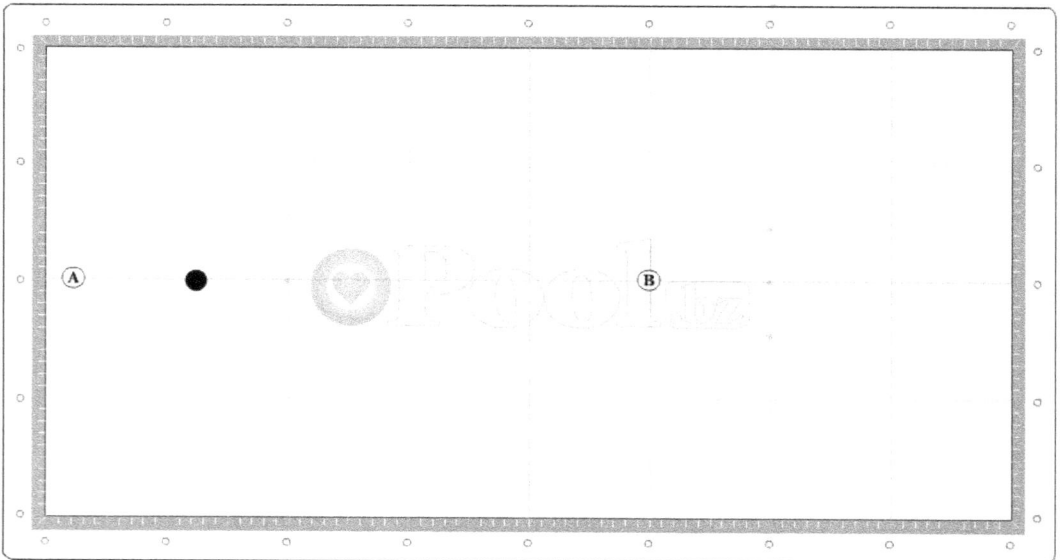

OPMERKINGEN:

Groep 5, set 6

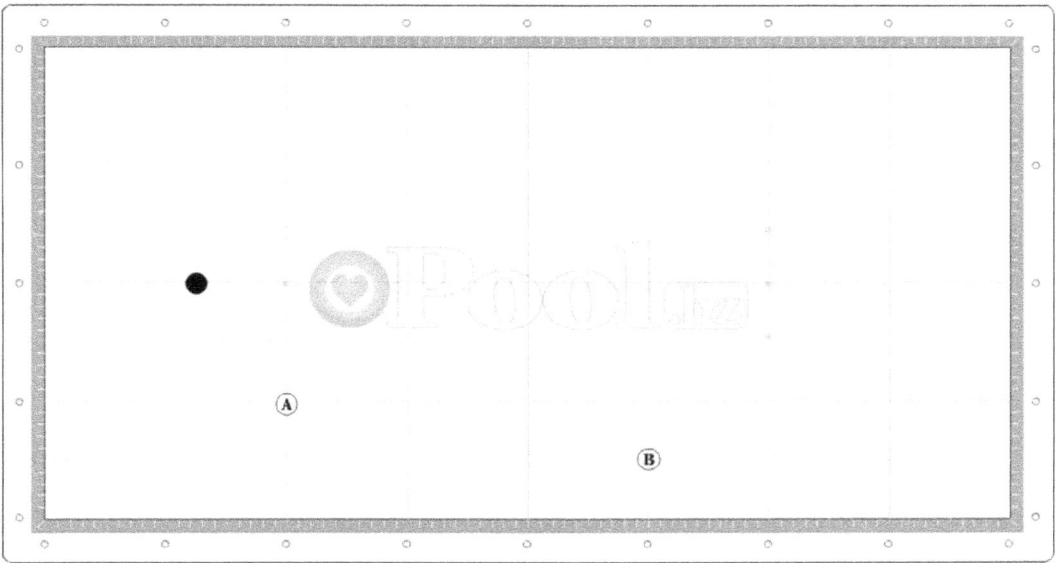

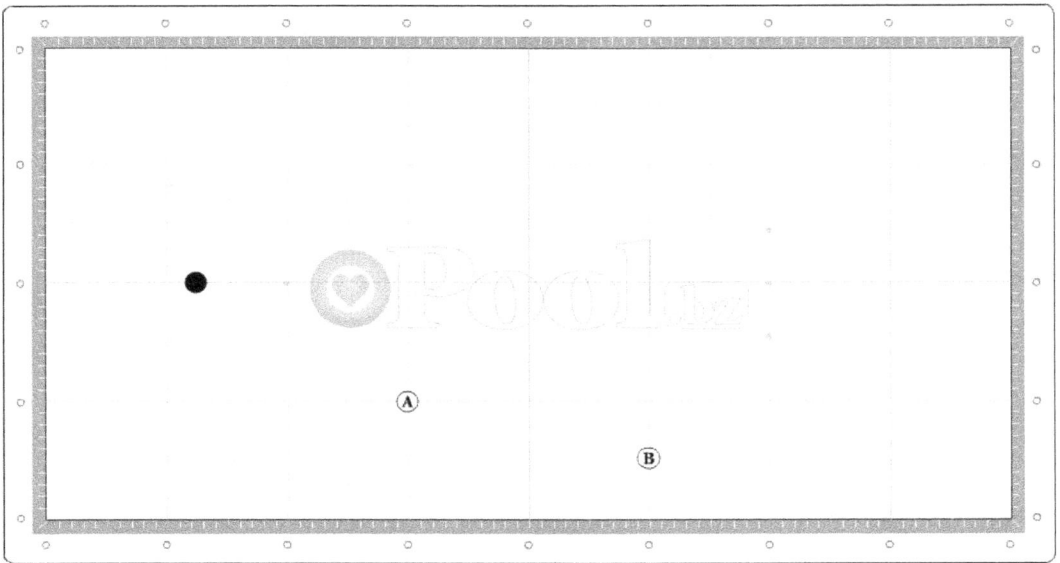

OPMERKINGEN:

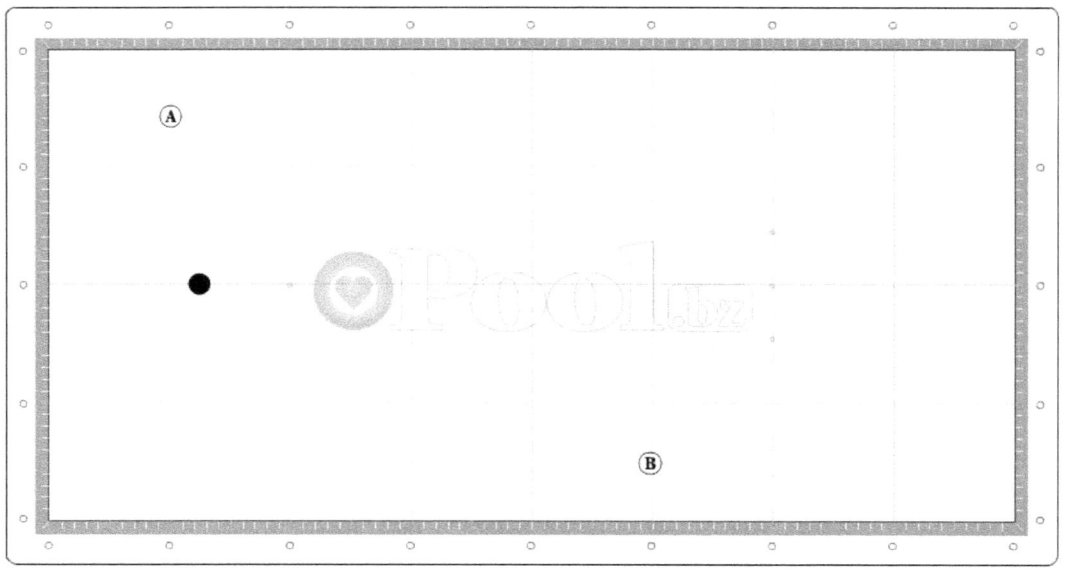

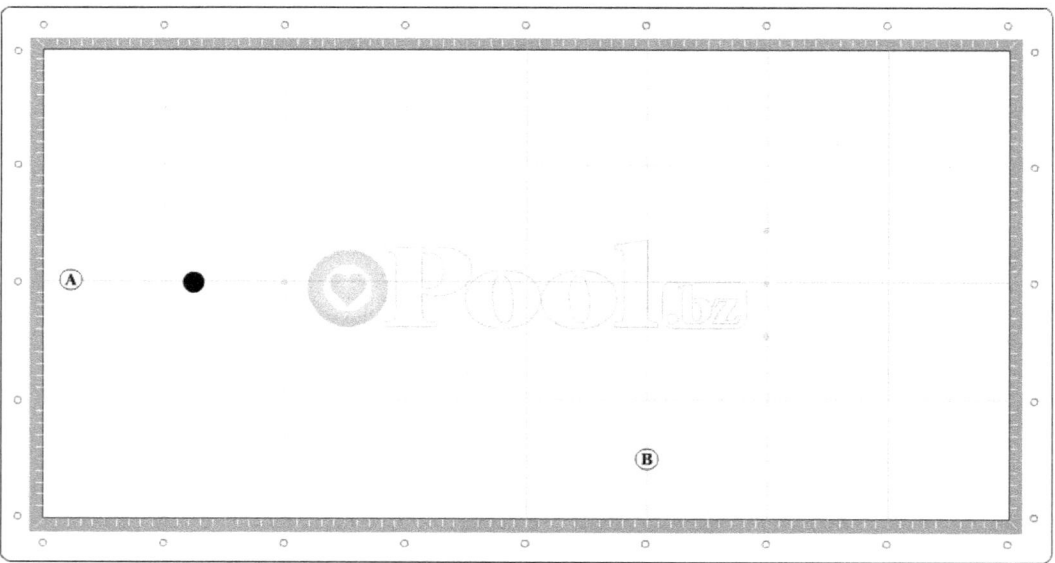

OPMERKINGEN:

Groep 5, set 7

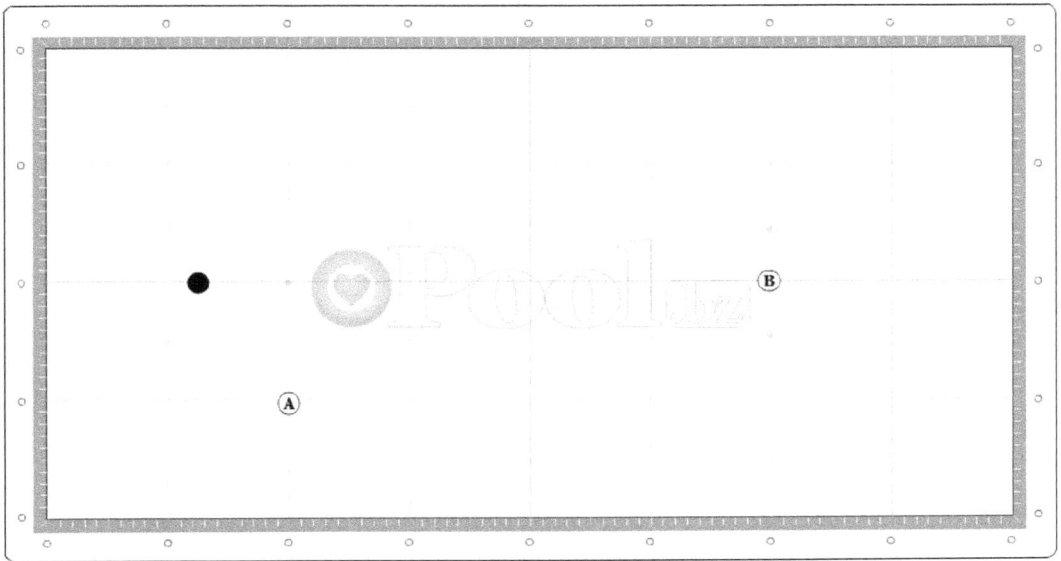

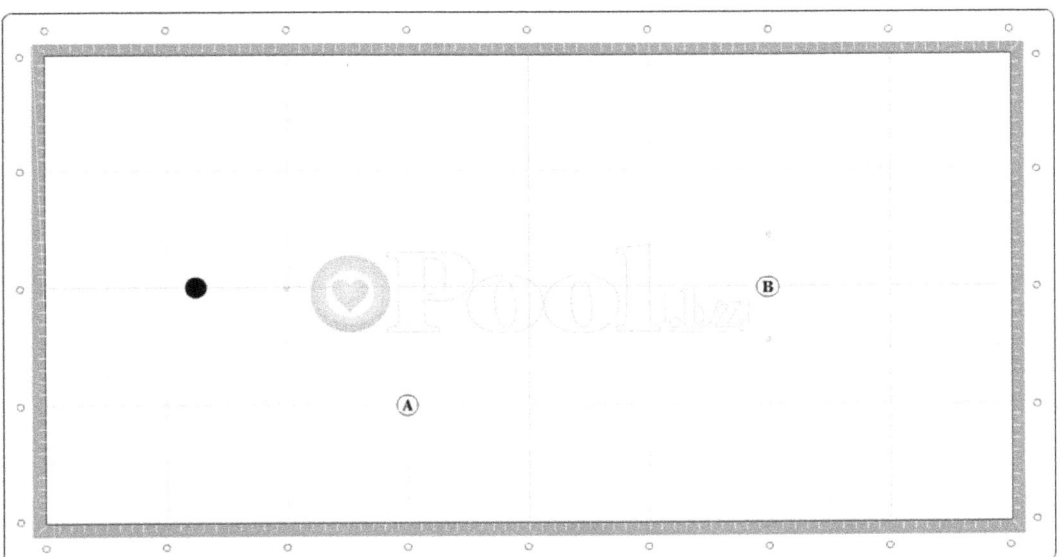

OPMERKINGEN:

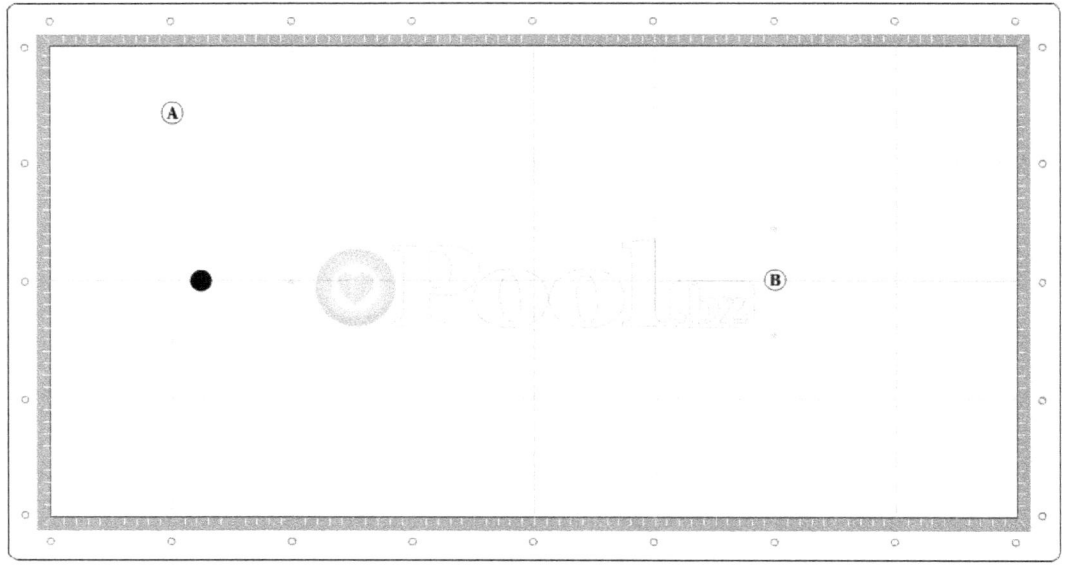

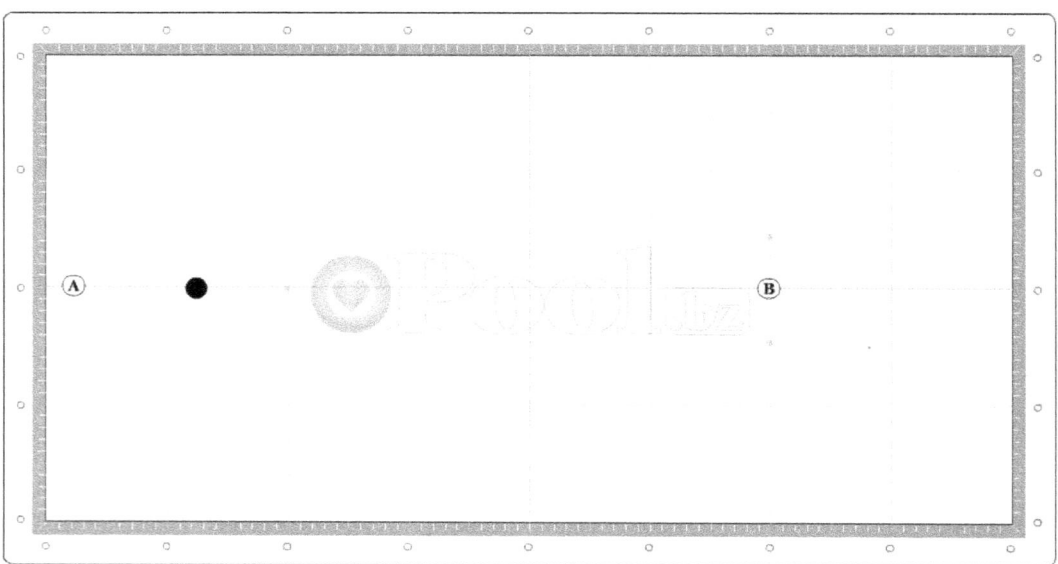

OPMERKINGEN:

Groep 5, set 8

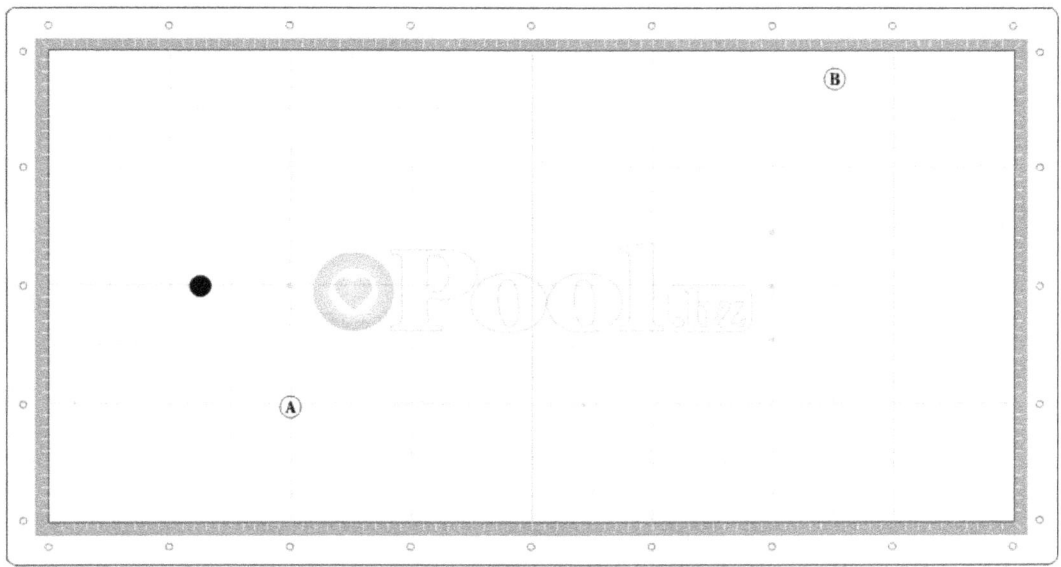

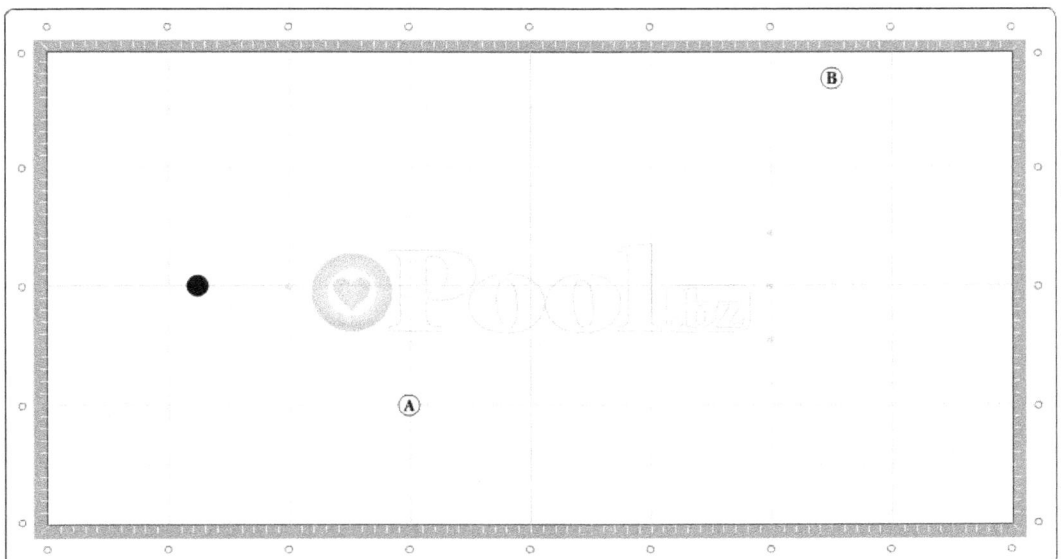

OPMERKINGEN:

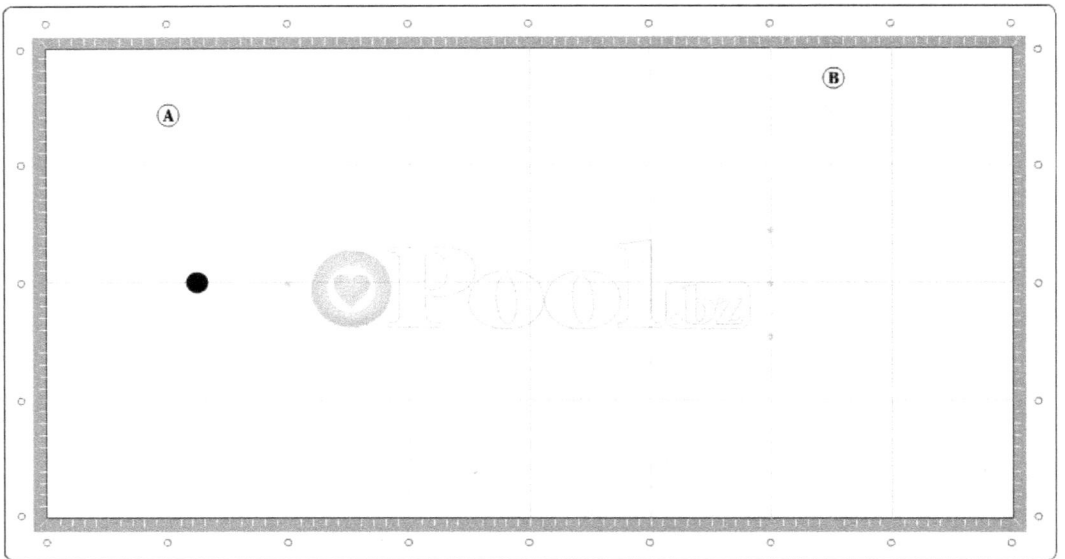

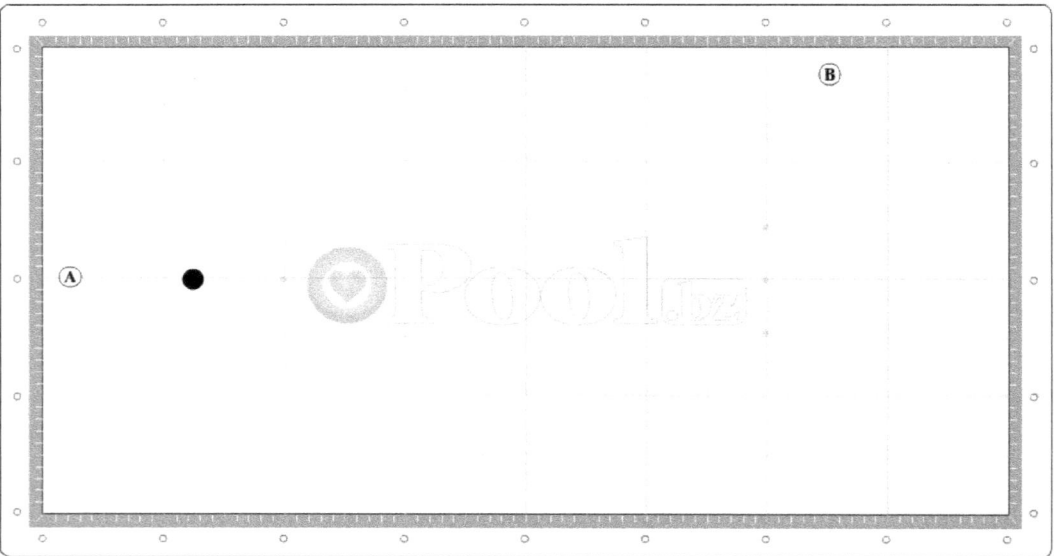

OPMERKINGEN:

Groep 5, set 9

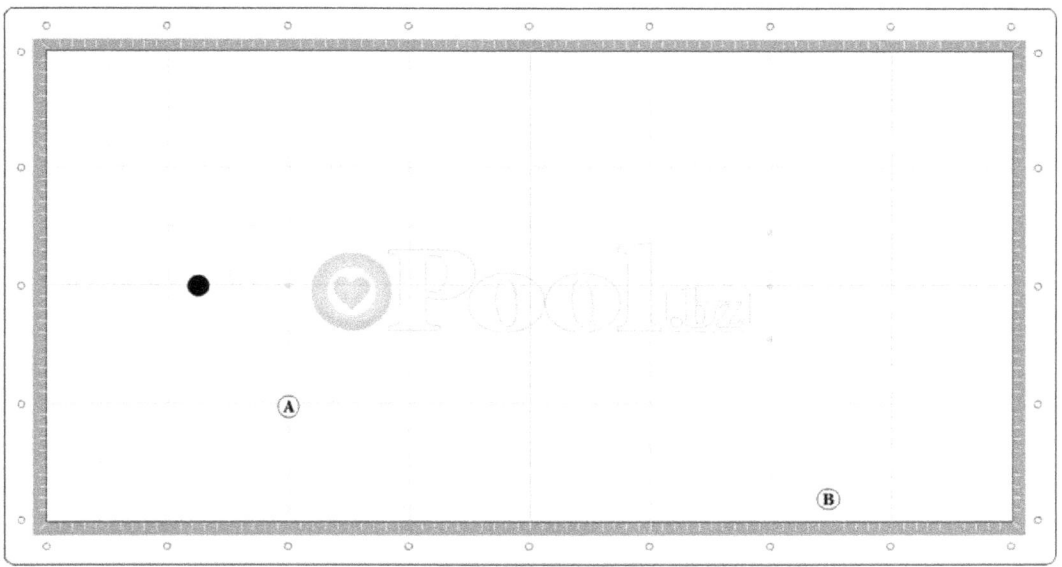

OPMERKINGEN:

Carambole Biljart: Meer raadsels en puzzels

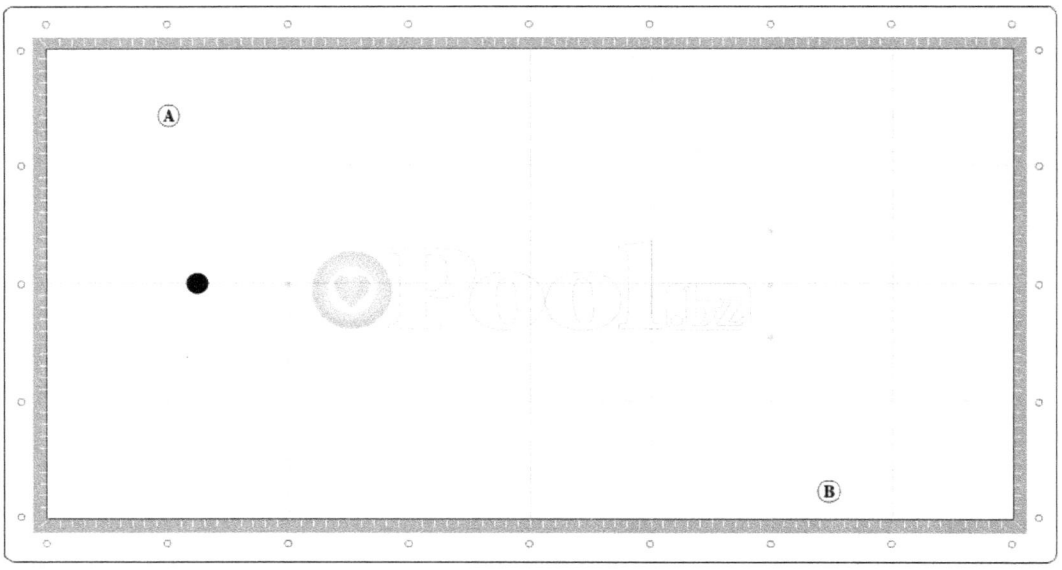

OPMERKINGEN:

Groep 5, set 10

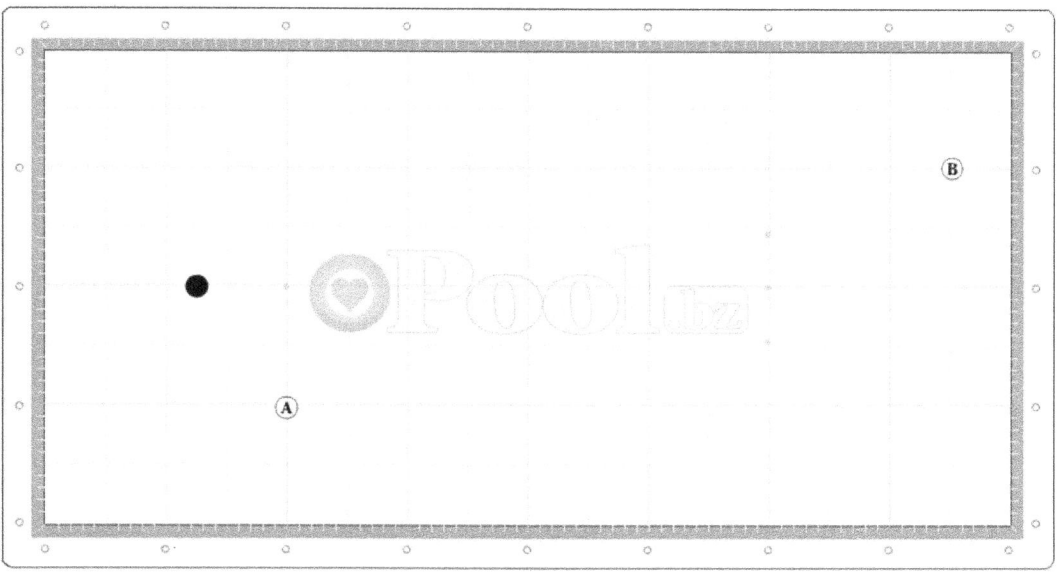

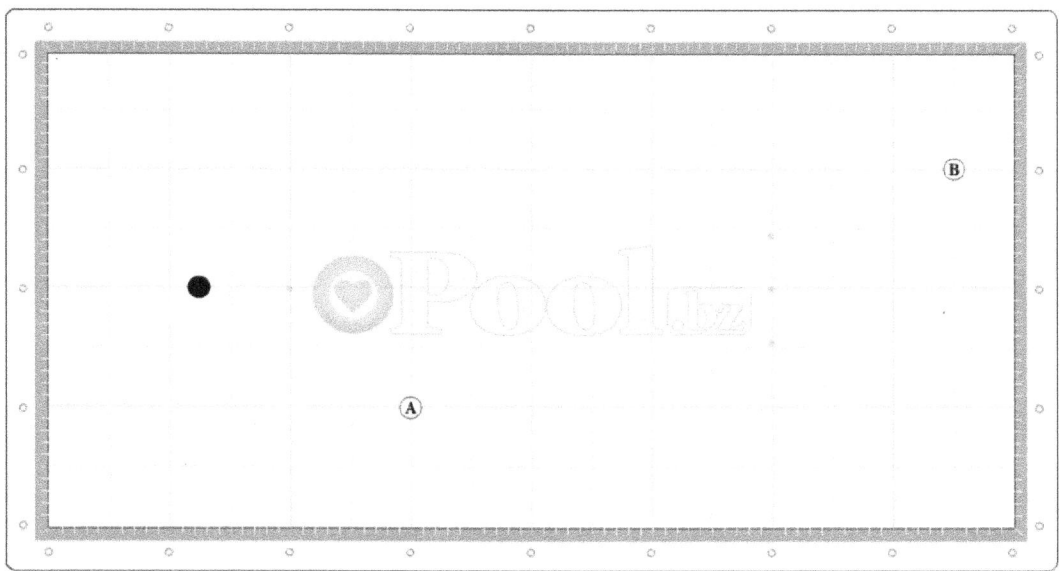

OPMERKINGEN:

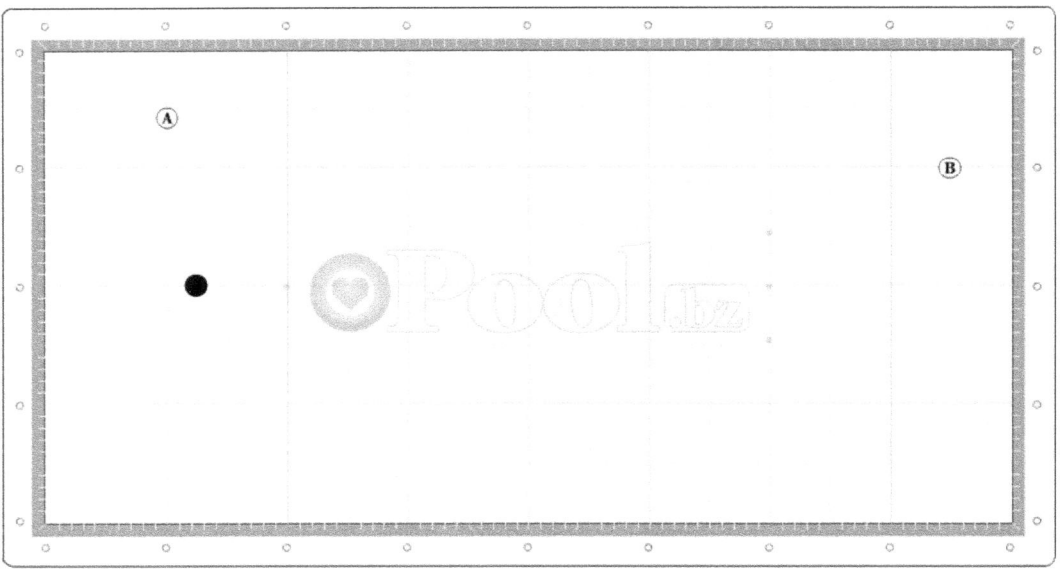

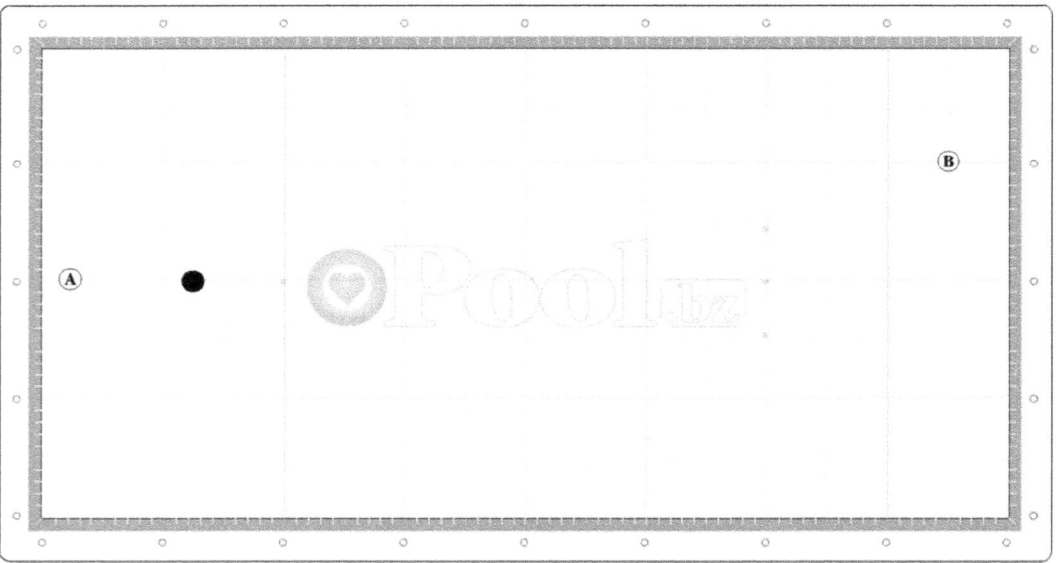

OPMERKINGEN:

Groep 5, set 11

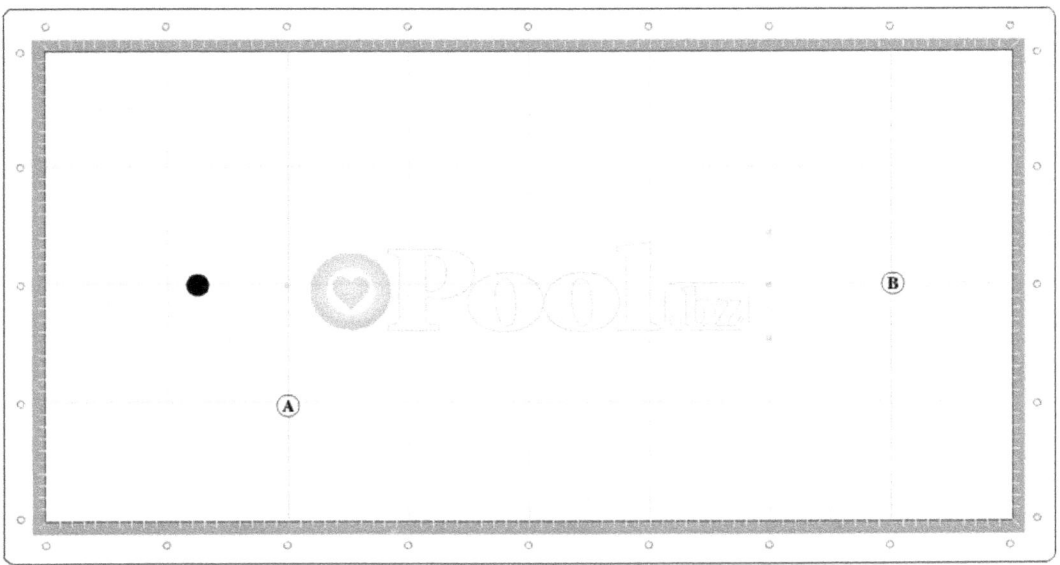

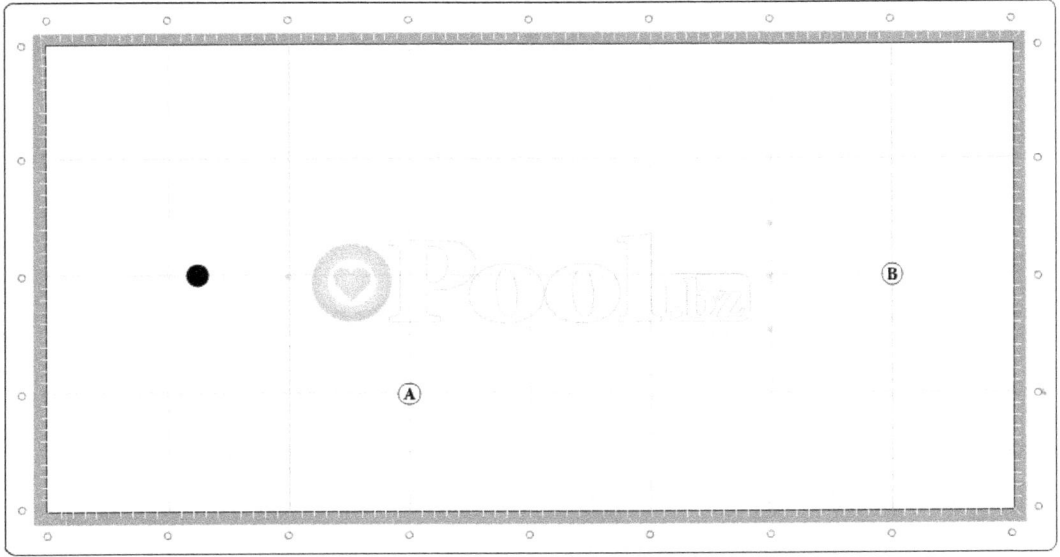

OPMERKINGEN:

(At the front of this book, there are 4 sample 3-cushion patterns of this layout.)

OPMERKINGEN:

Groep 5, set 12

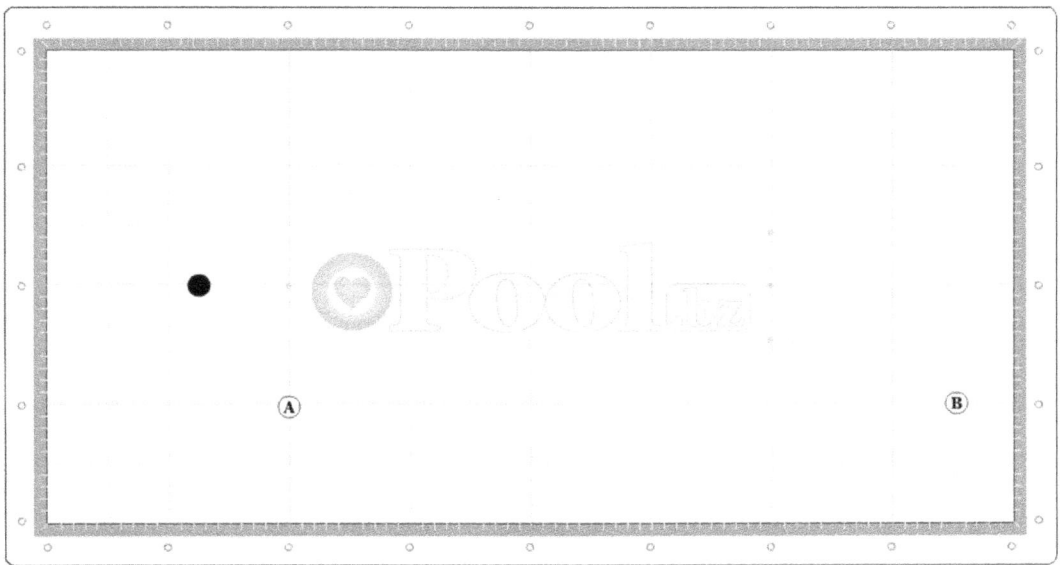

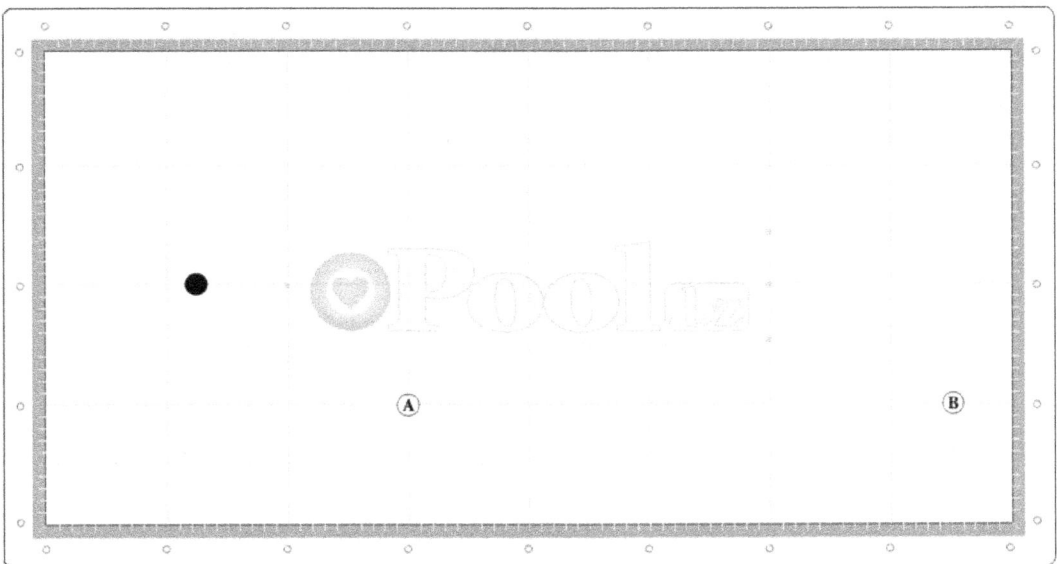

OPMERKINGEN:

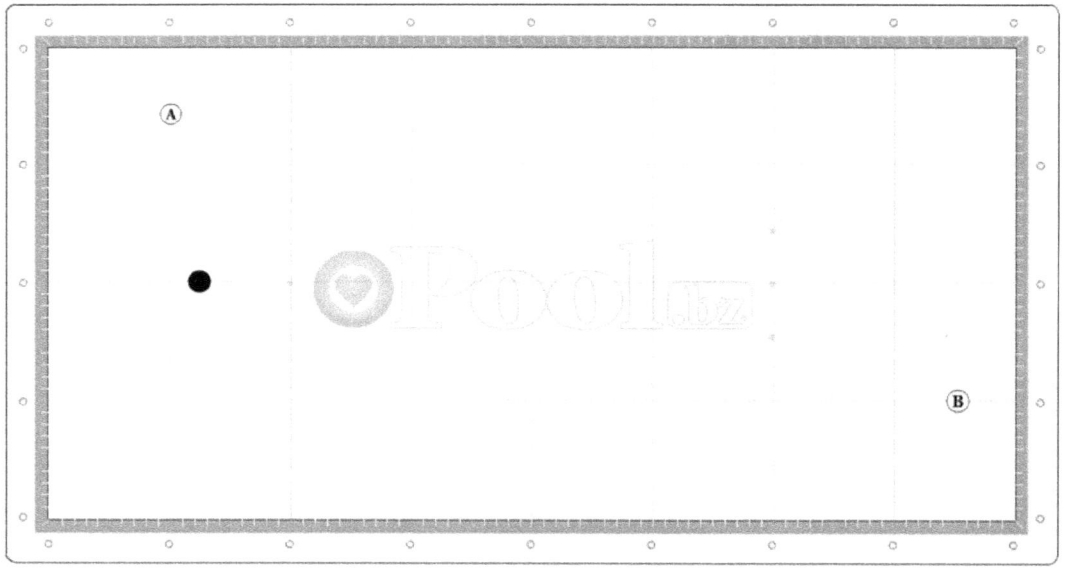

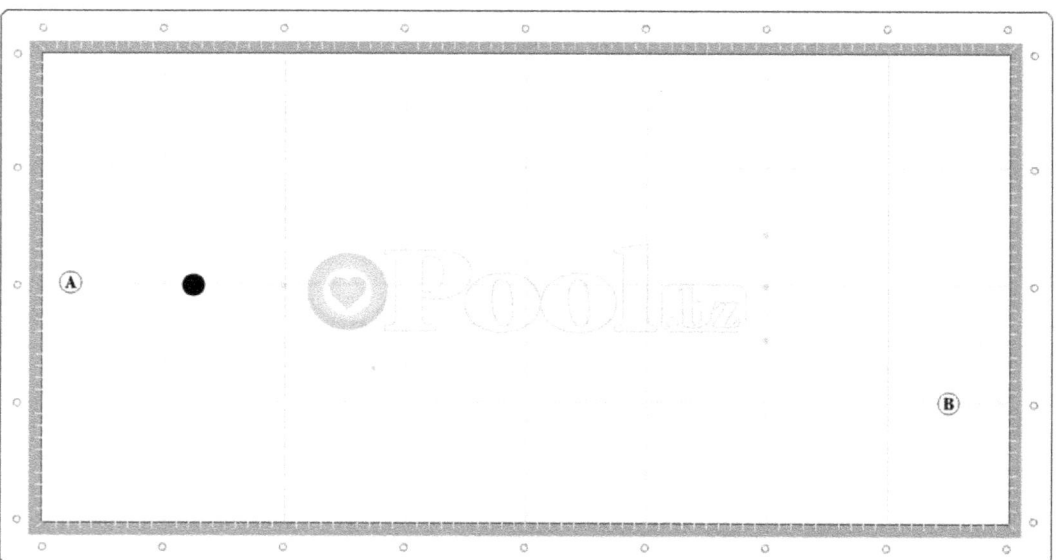

OPMERKINGEN:

GROEP 6

Groep 6, set 1

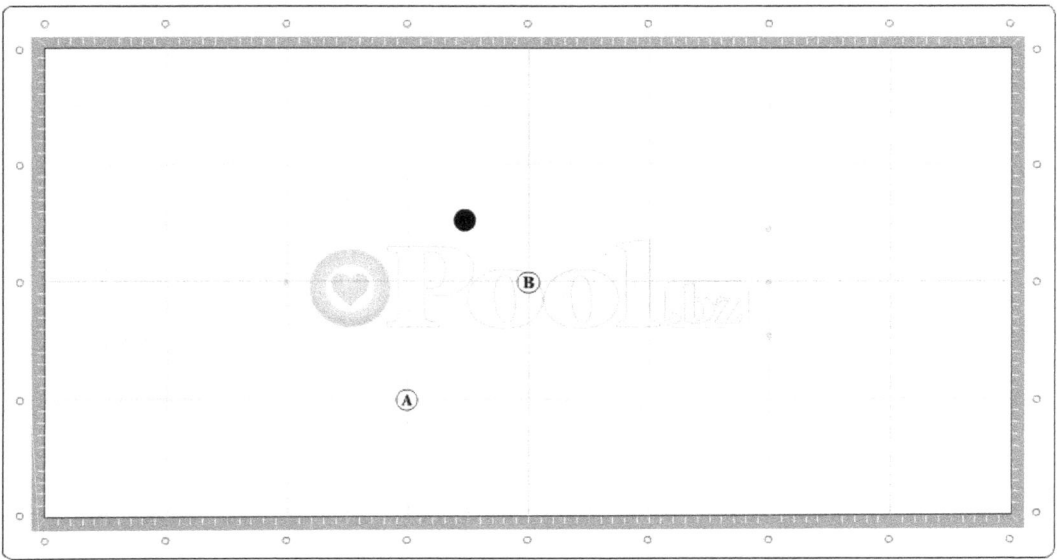

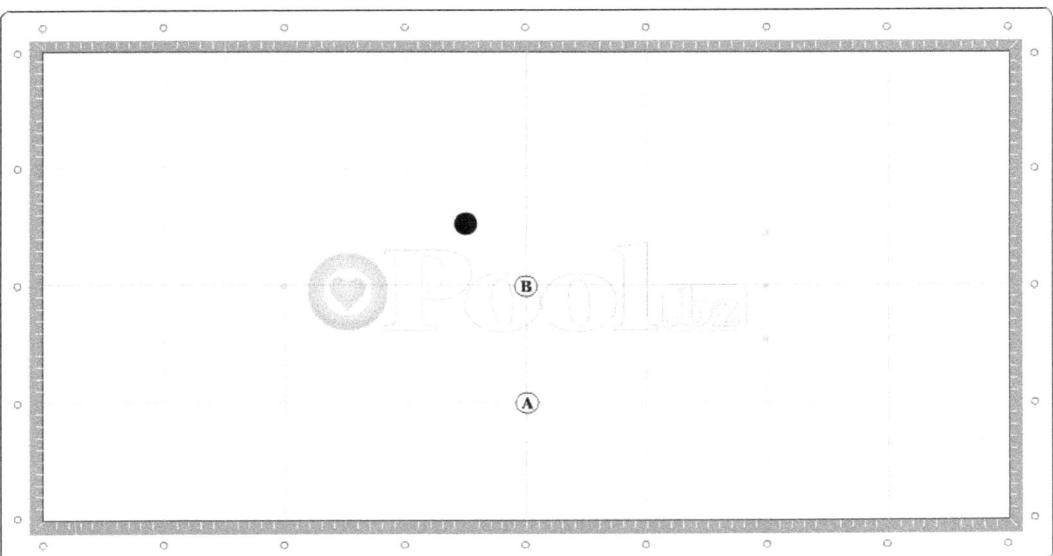

OPMERKINGEN:

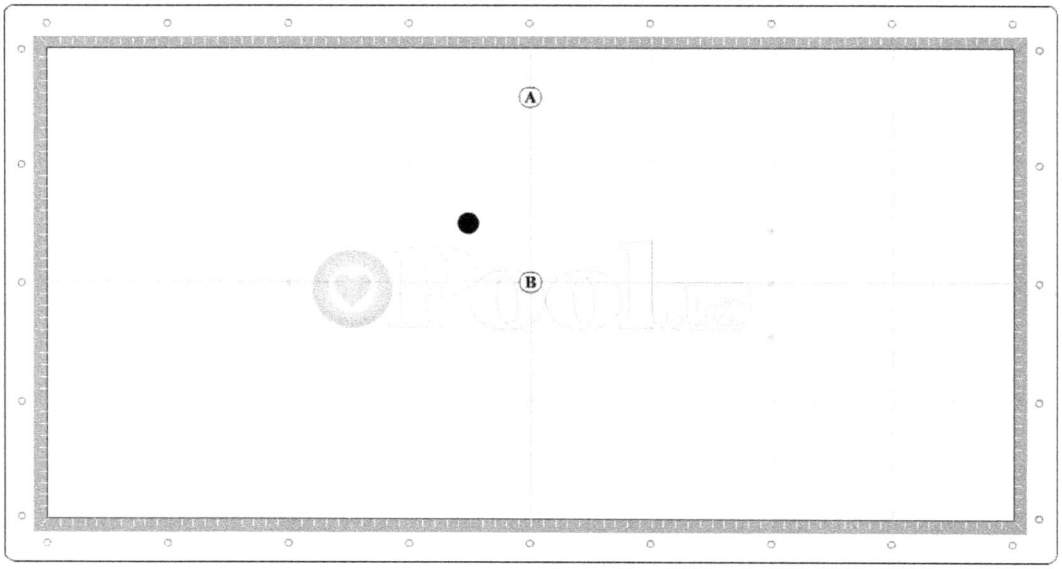

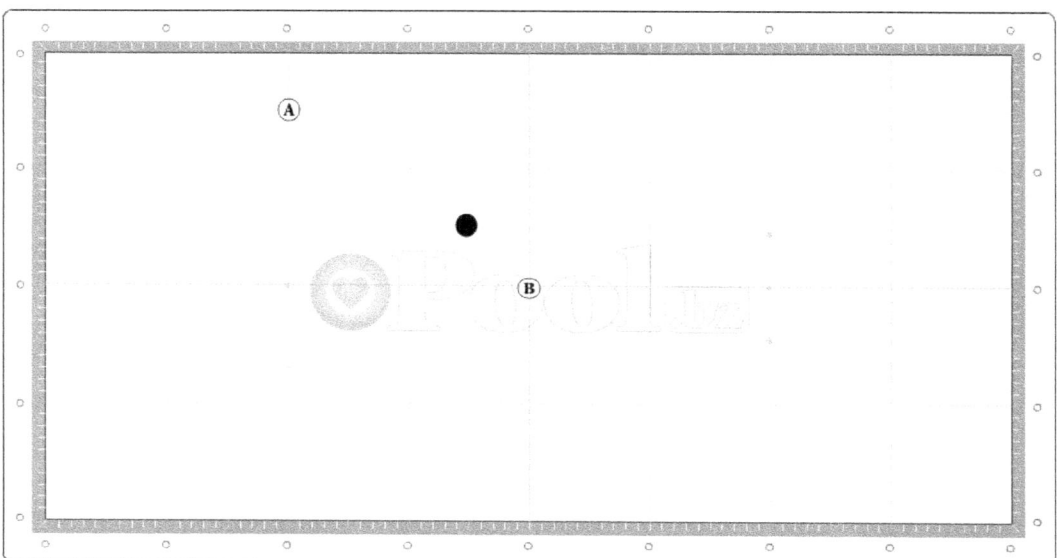

OPMERKINGEN:

Groep 6, set 2

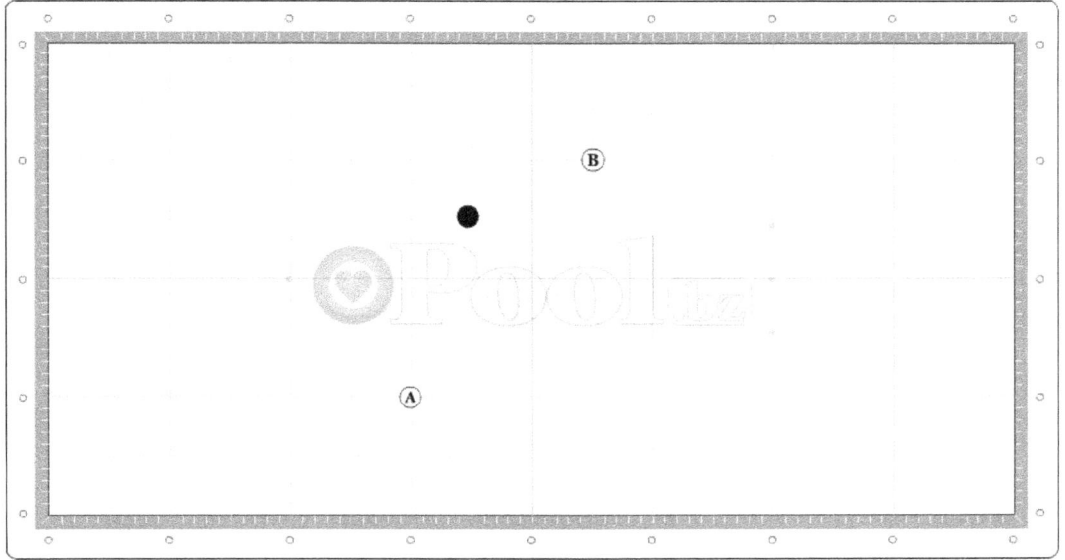

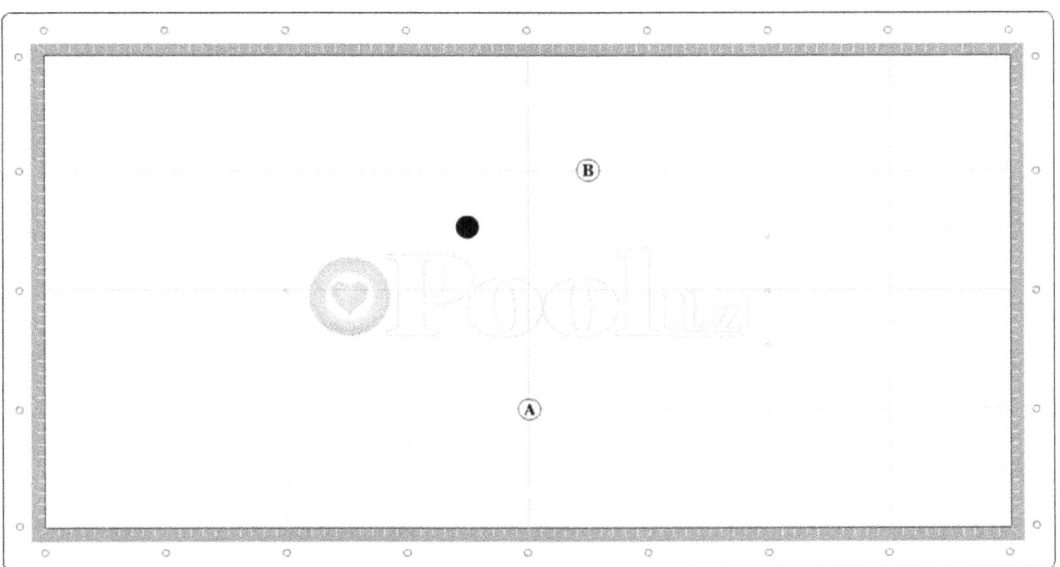

OPMERKINGEN:

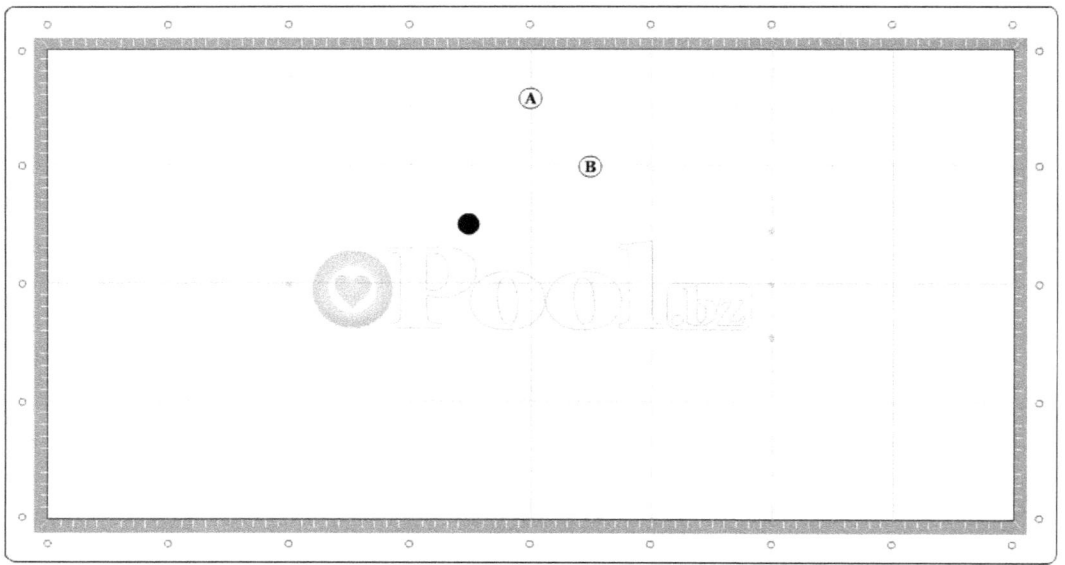

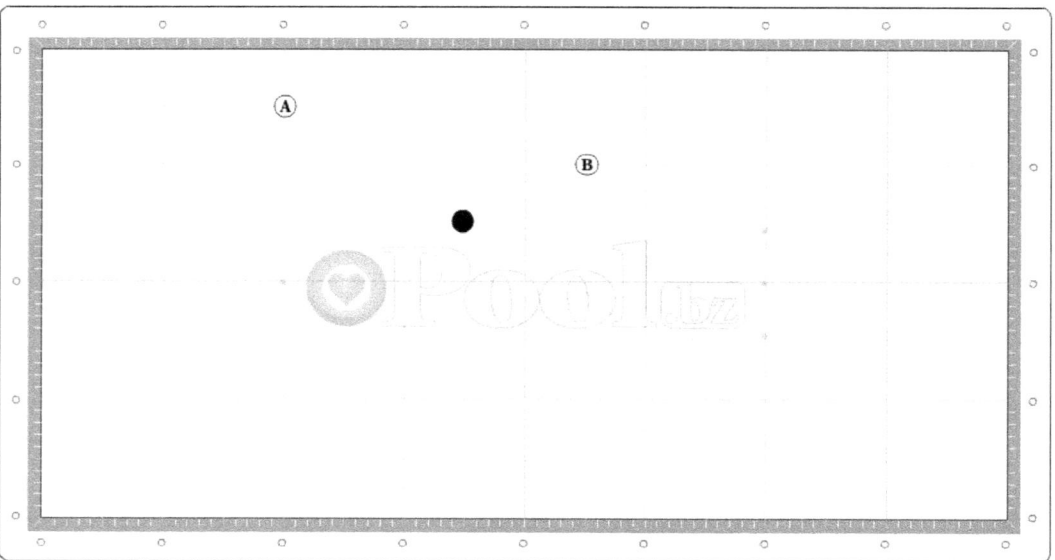

OPMERKINGEN:

Groep 6, set 3

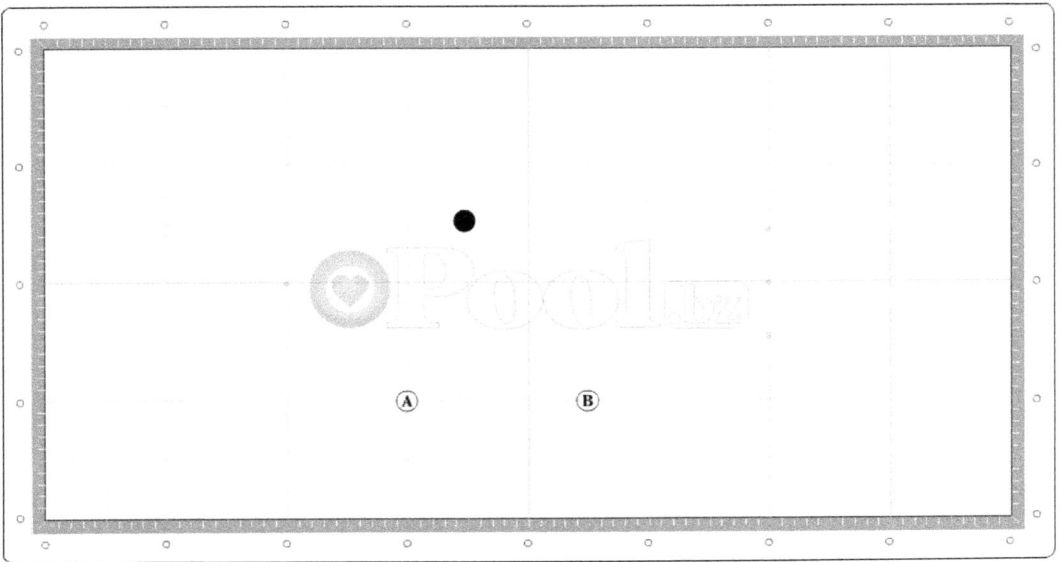

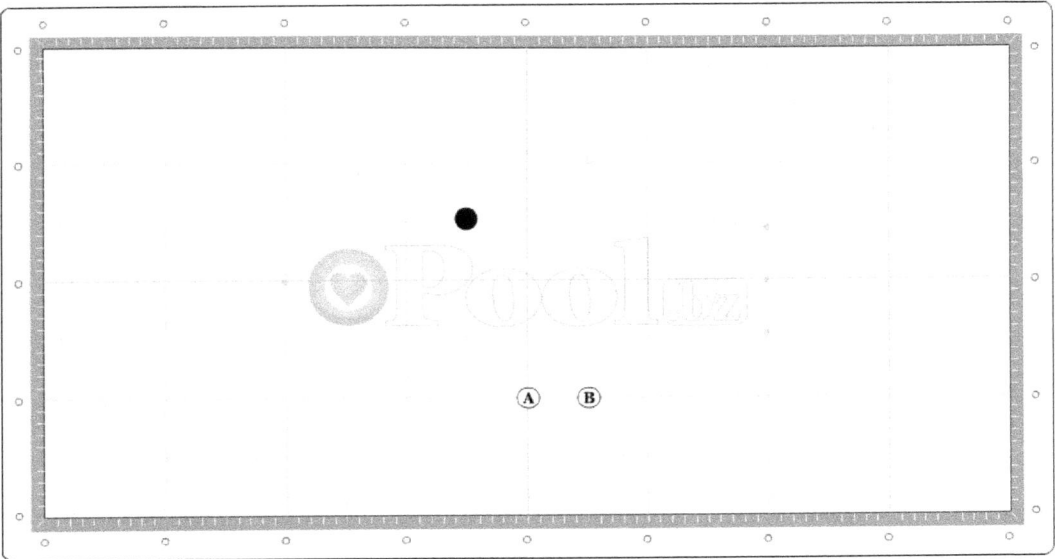

OPMERKINGEN:

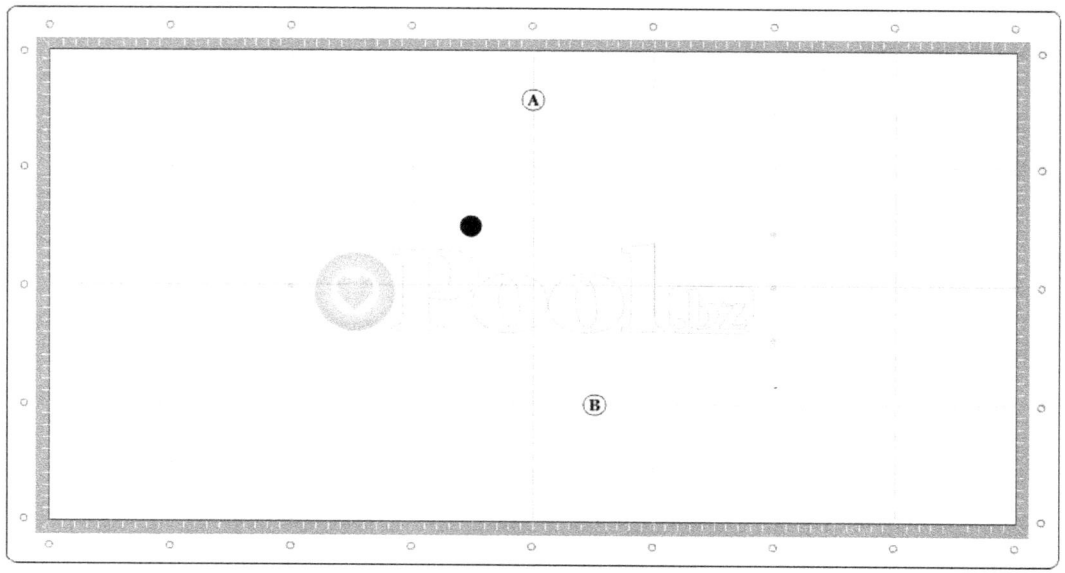

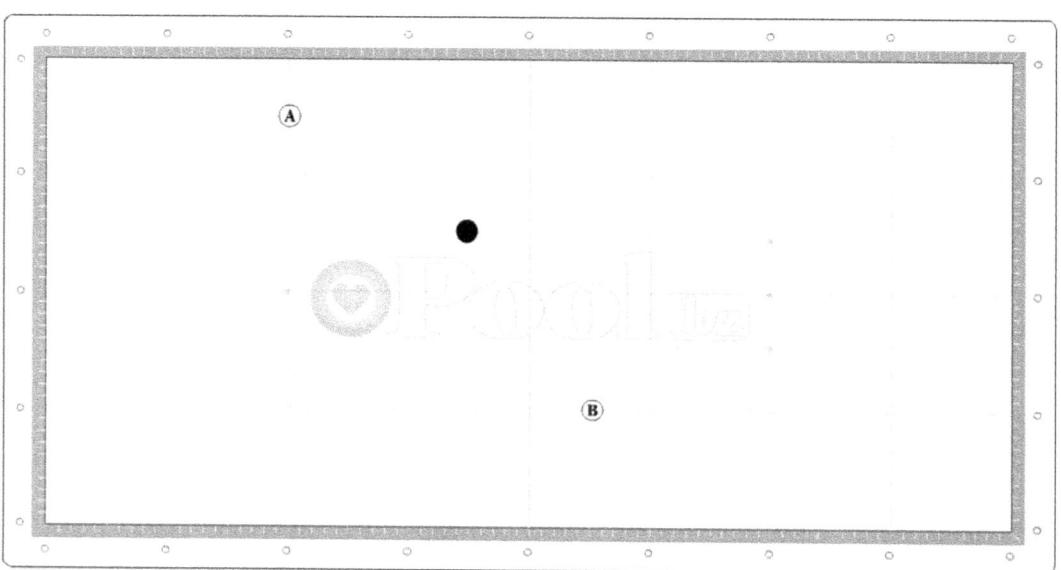

OPMERKINGEN:

Groep 6, set 4

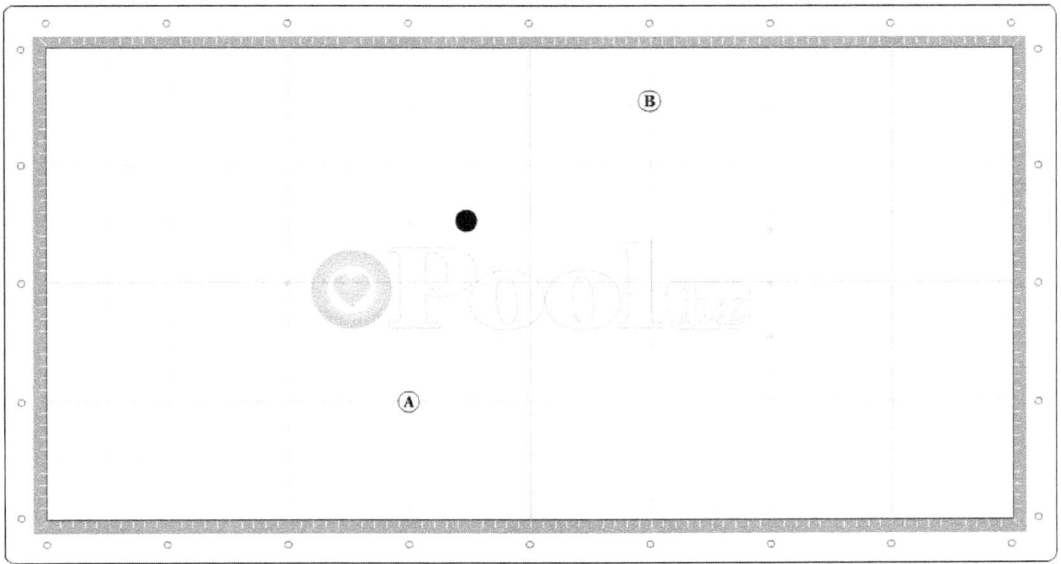

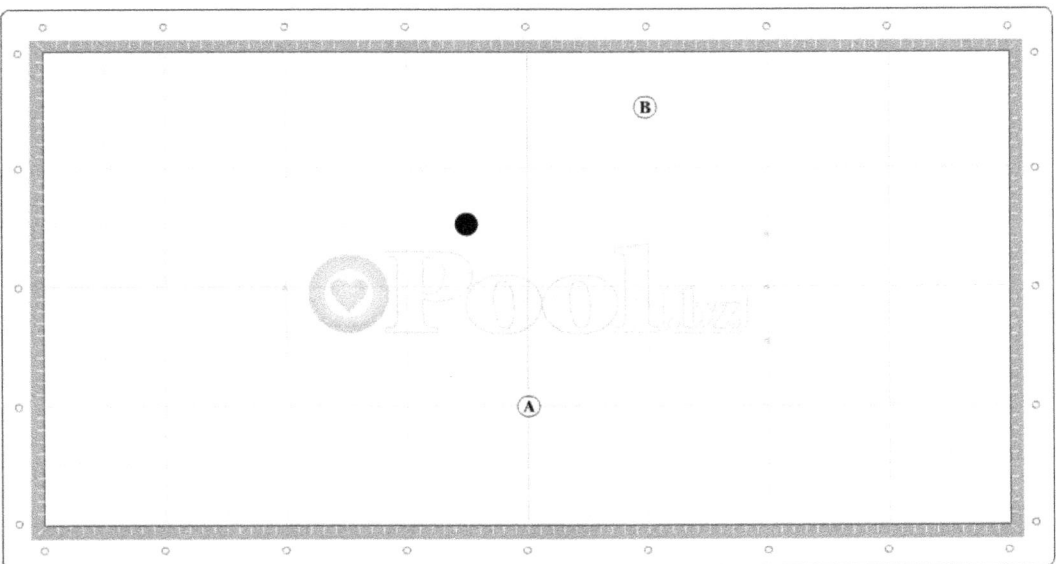

OPMERKINGEN:

Carambole Biljart: Meer raadsels en puzzels

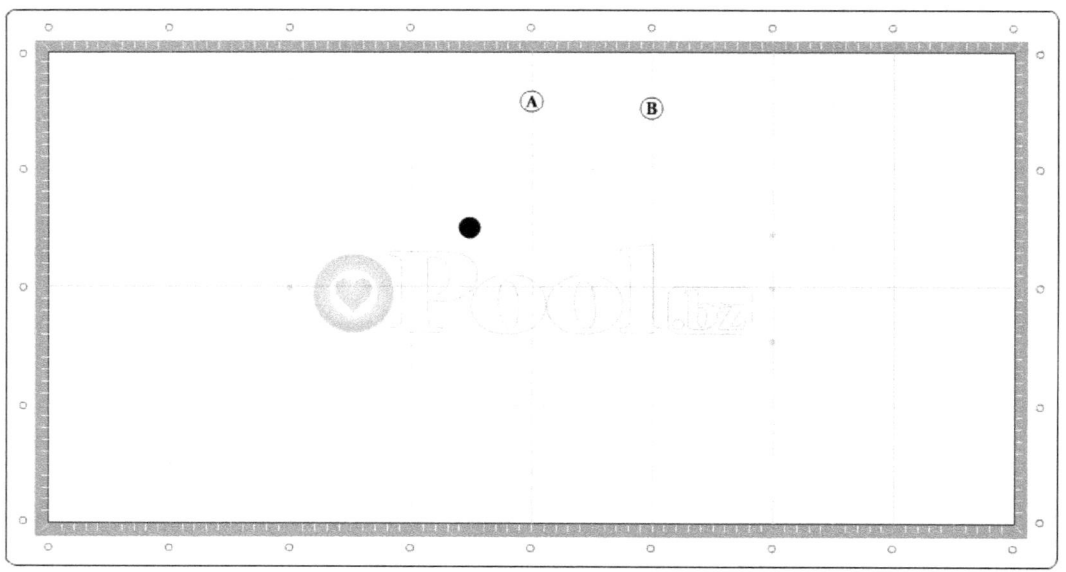

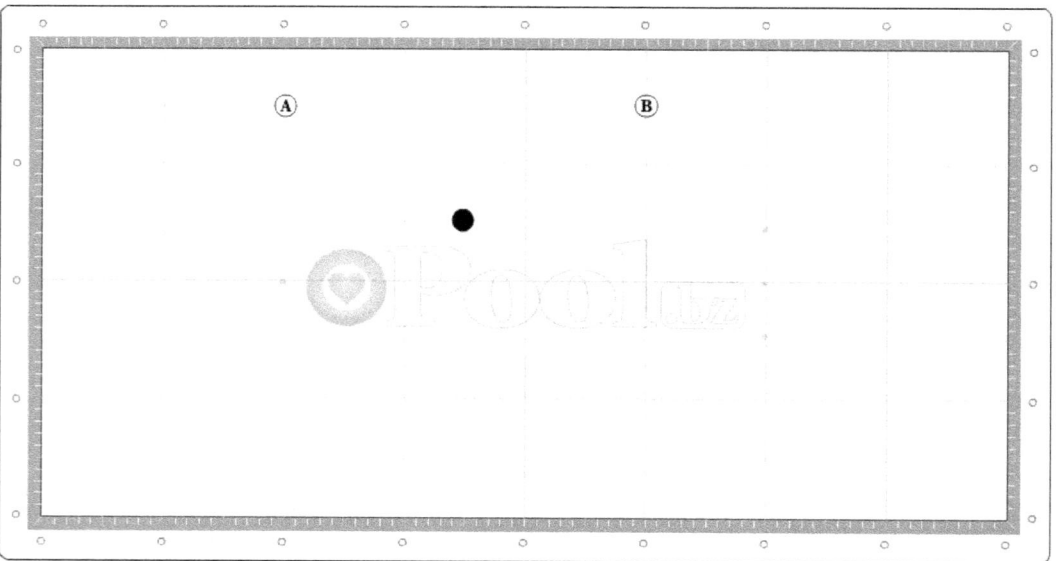

OPMERKINGEN:

Groep 6, set 5

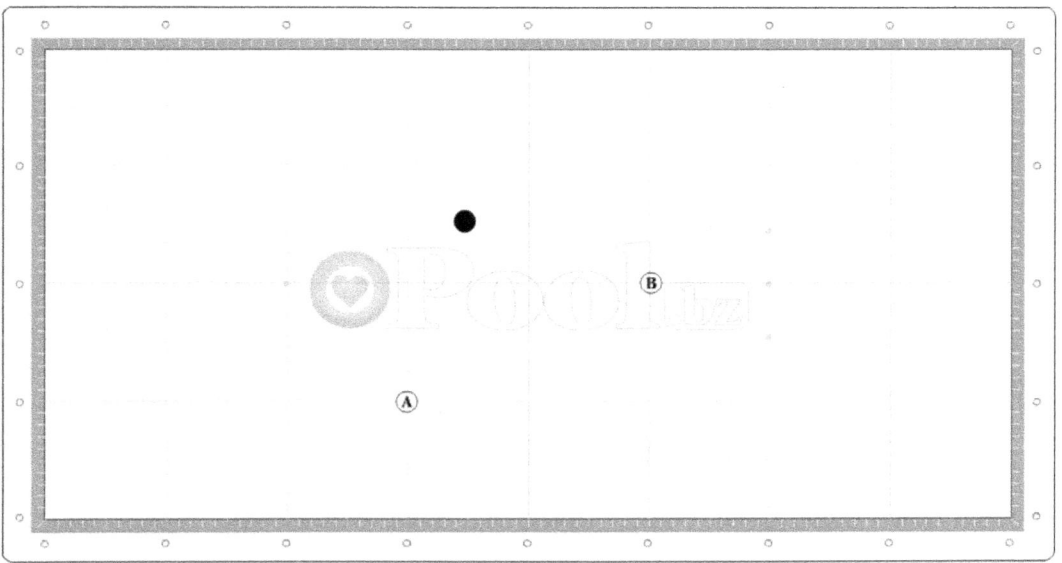

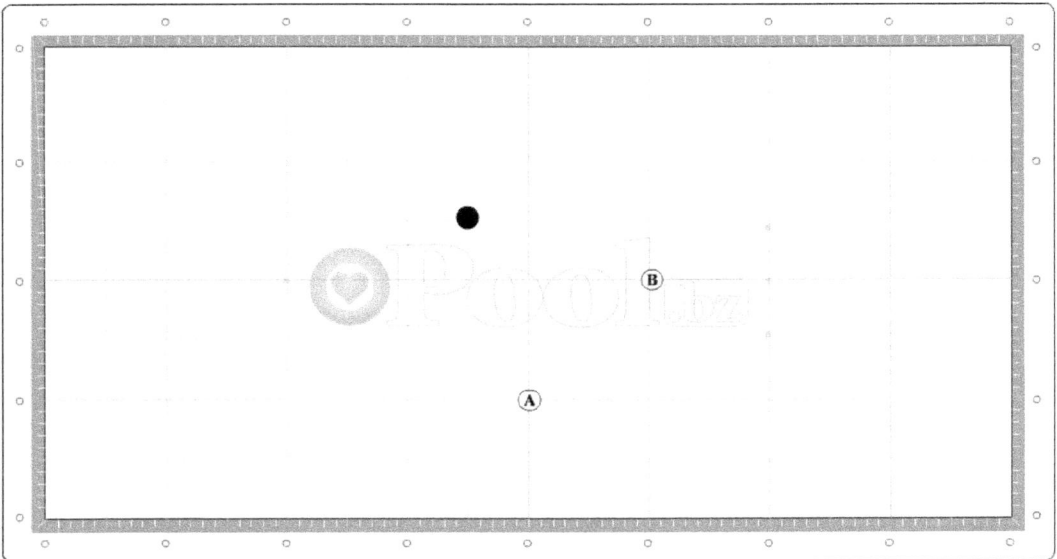

OPMERKINGEN:

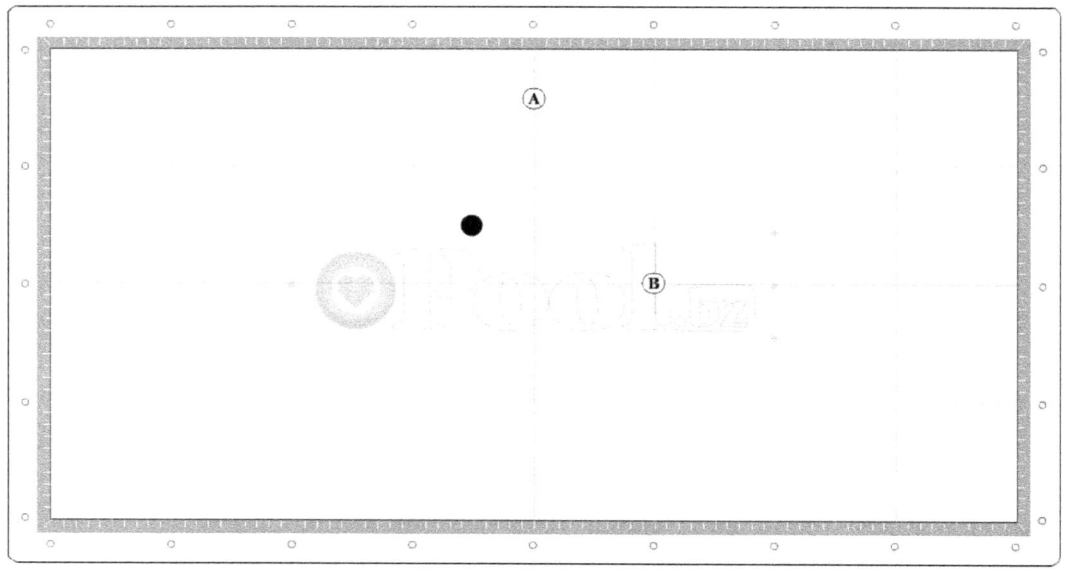

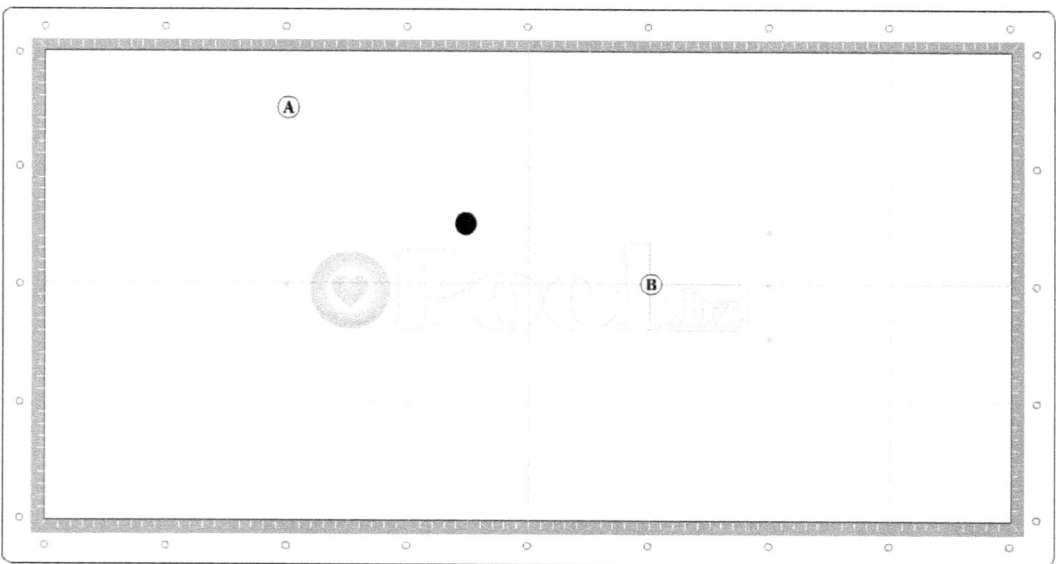

OPMERKINGEN:

Groep 6, set 6

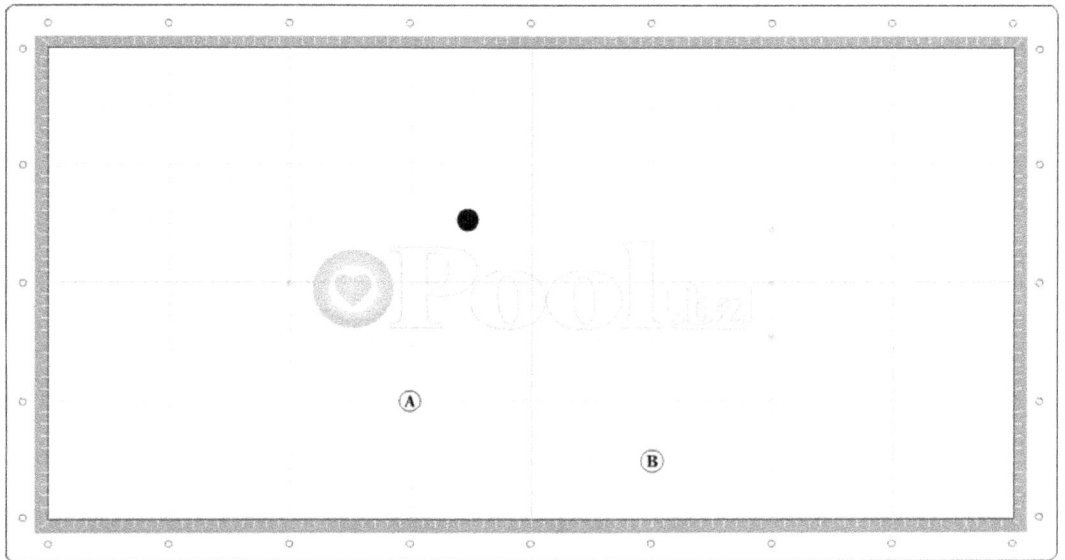

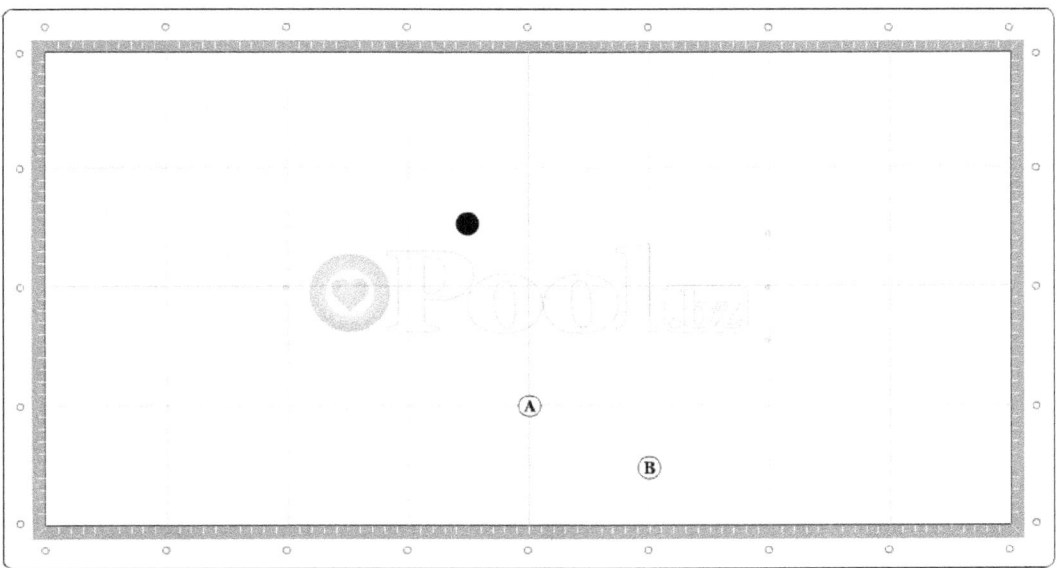

OPMERKINGEN:

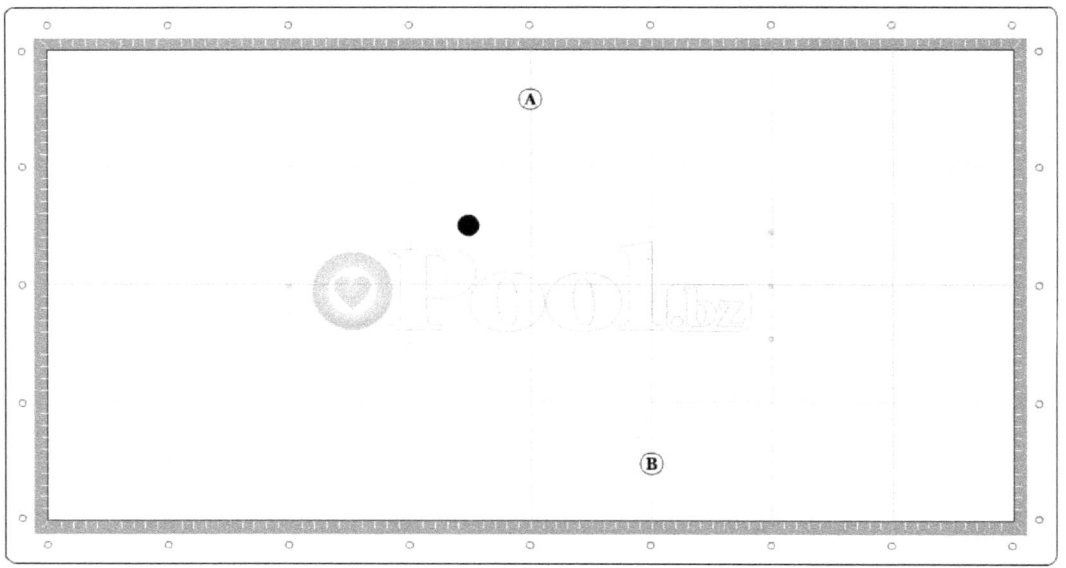

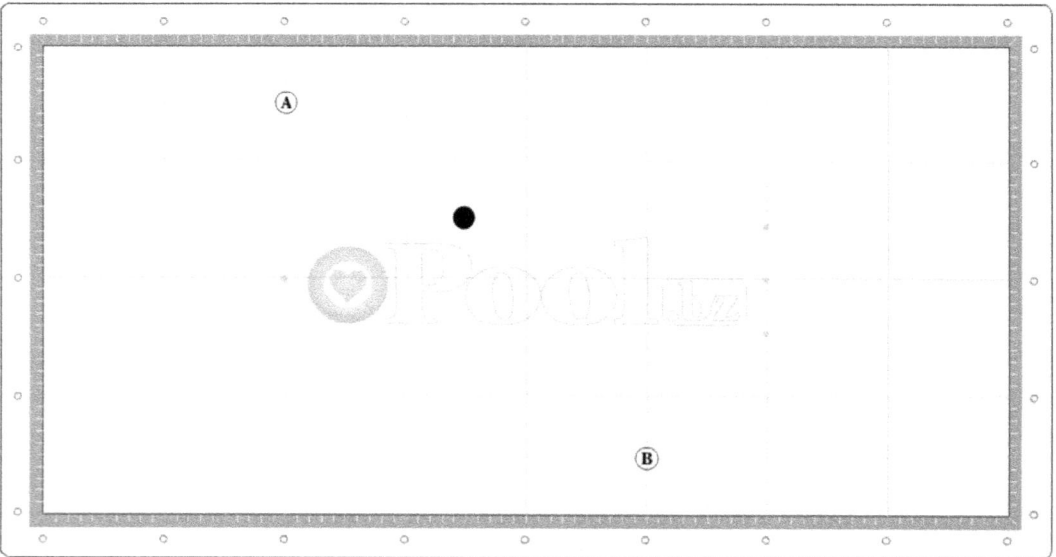

OPMERKINGEN:

Groep 6, set 7

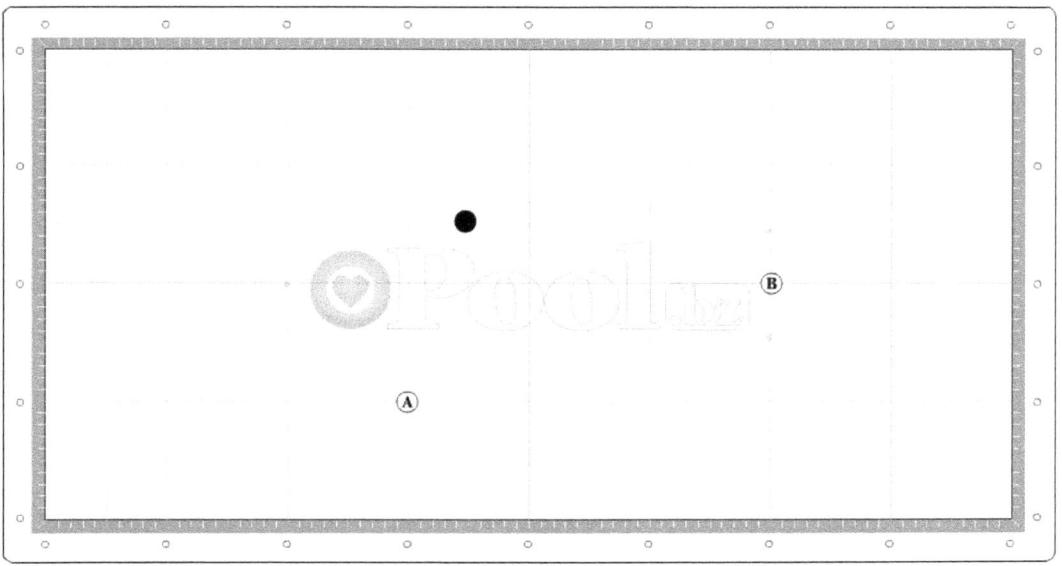

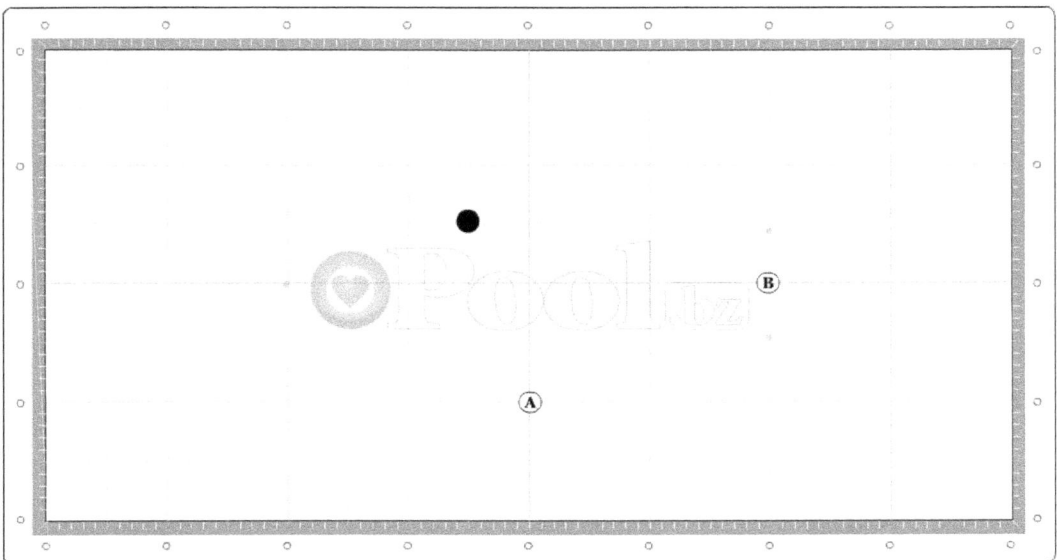

OPMERKINGEN:

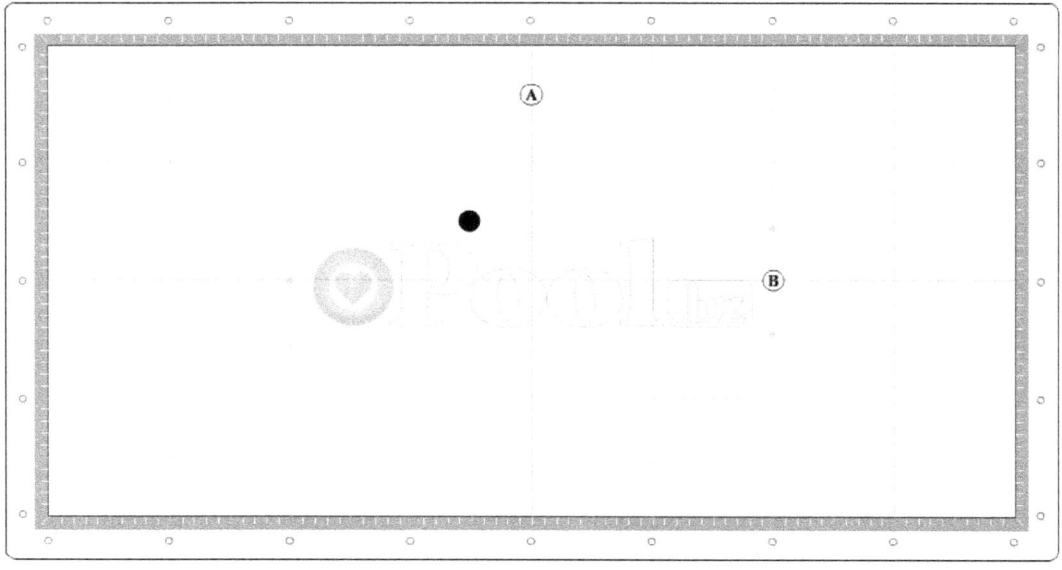

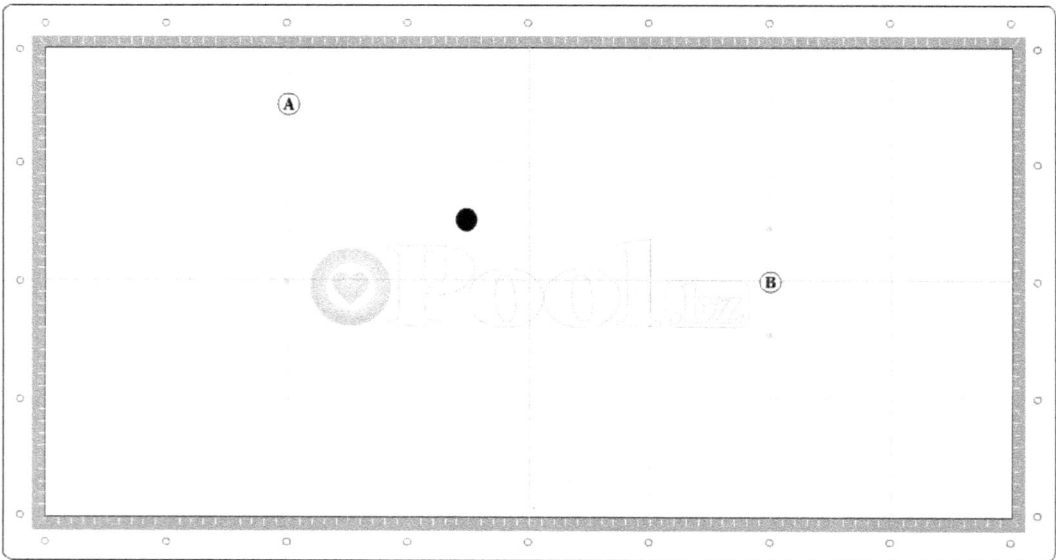

OPMERKINGEN:

Groep 6, set 8

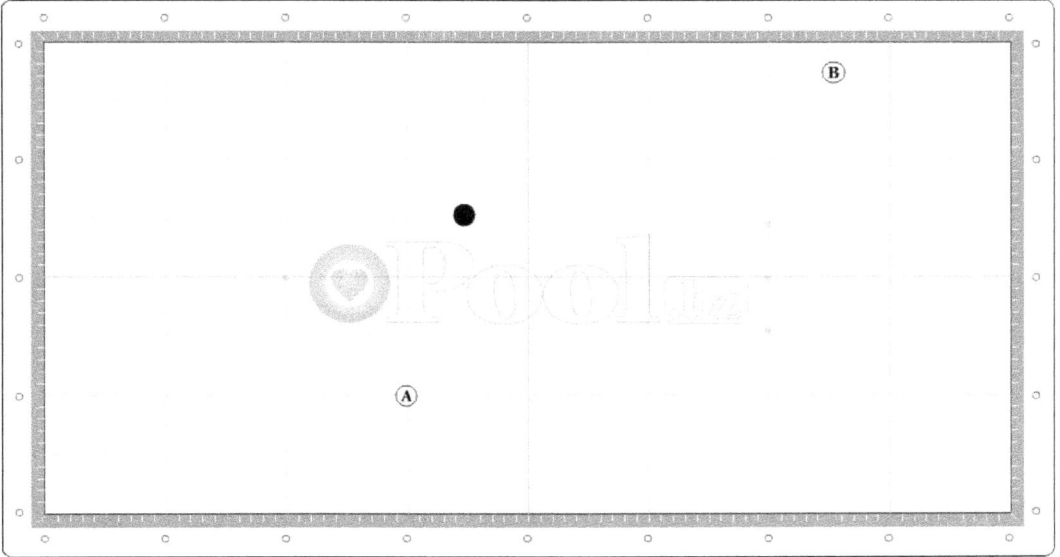

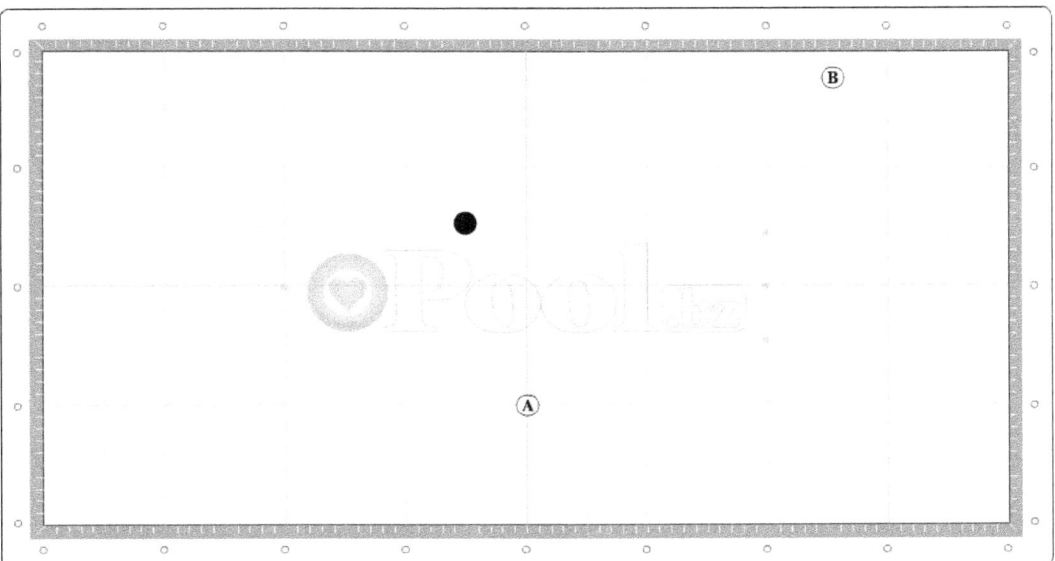

OPMERKINGEN:

Carambole Biljart: Meer raadsels en puzzels

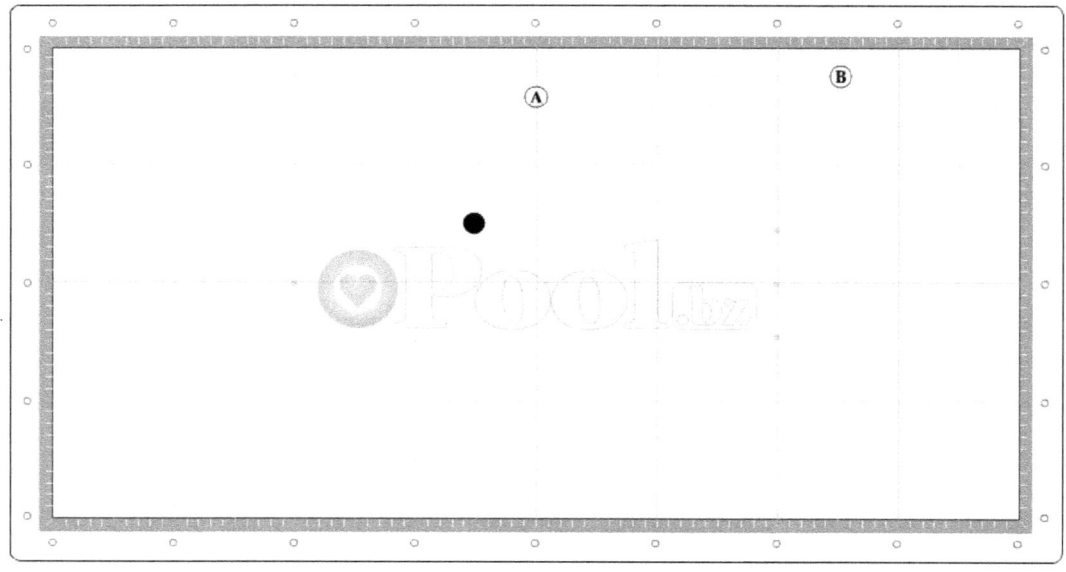

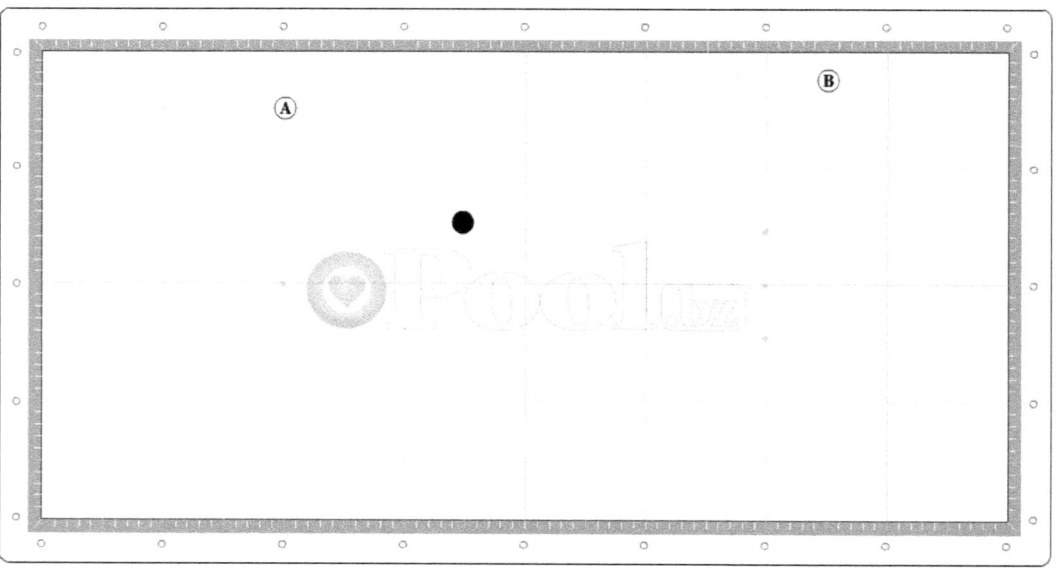

OPMERKINGEN:

Groep 6, set 9

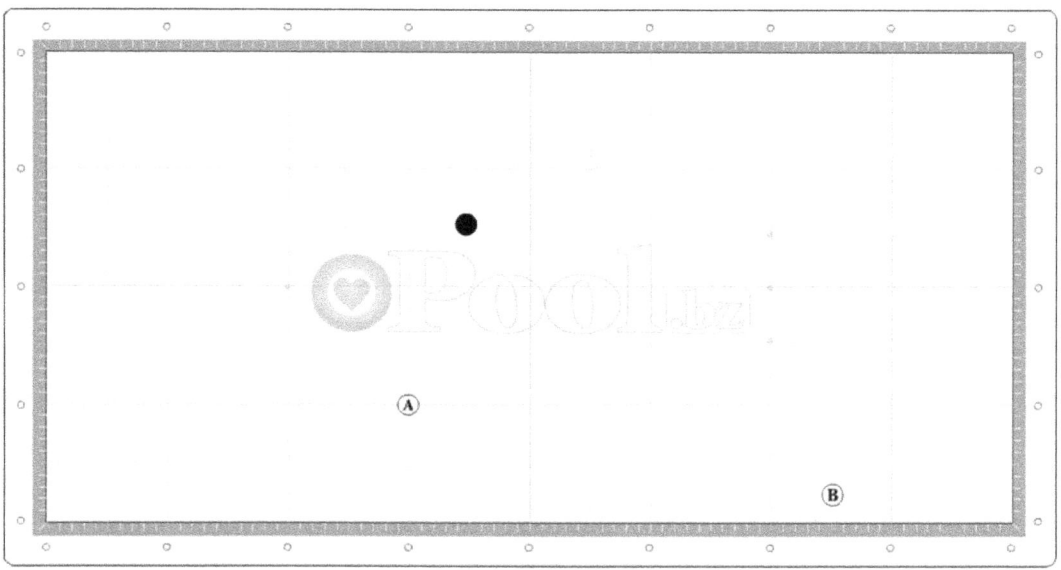

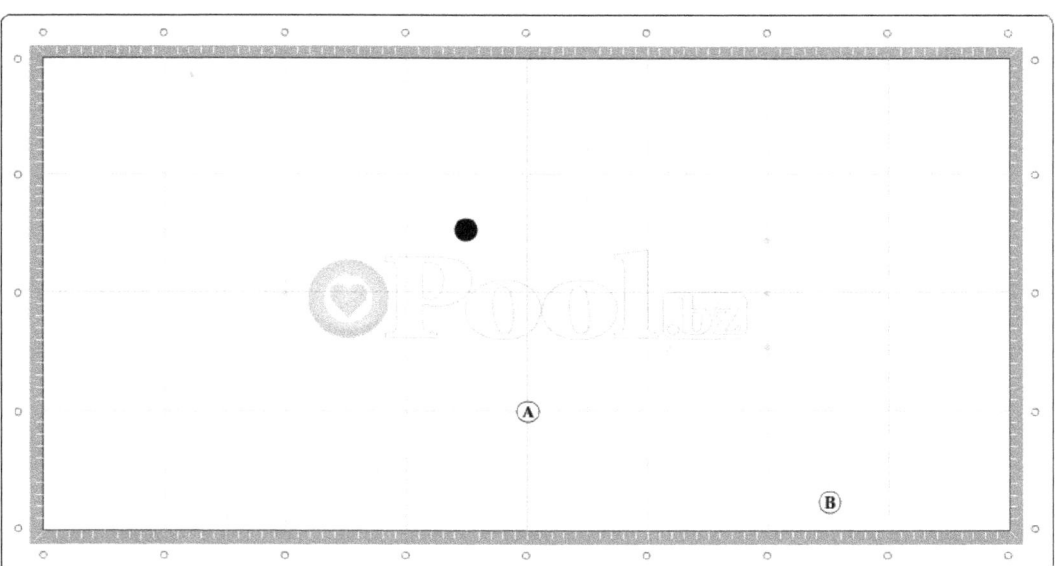

OPMERKINGEN:

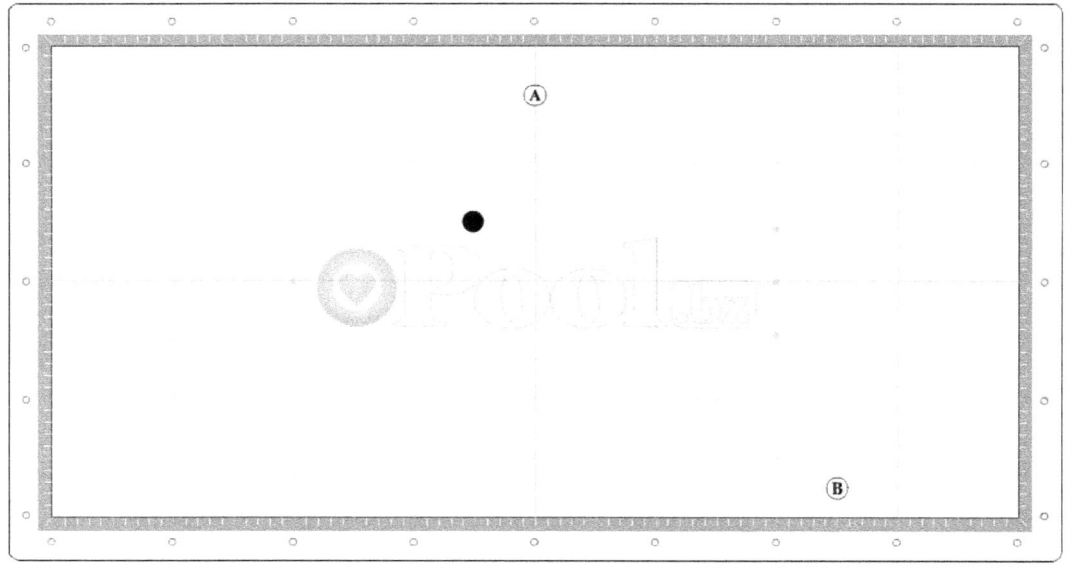

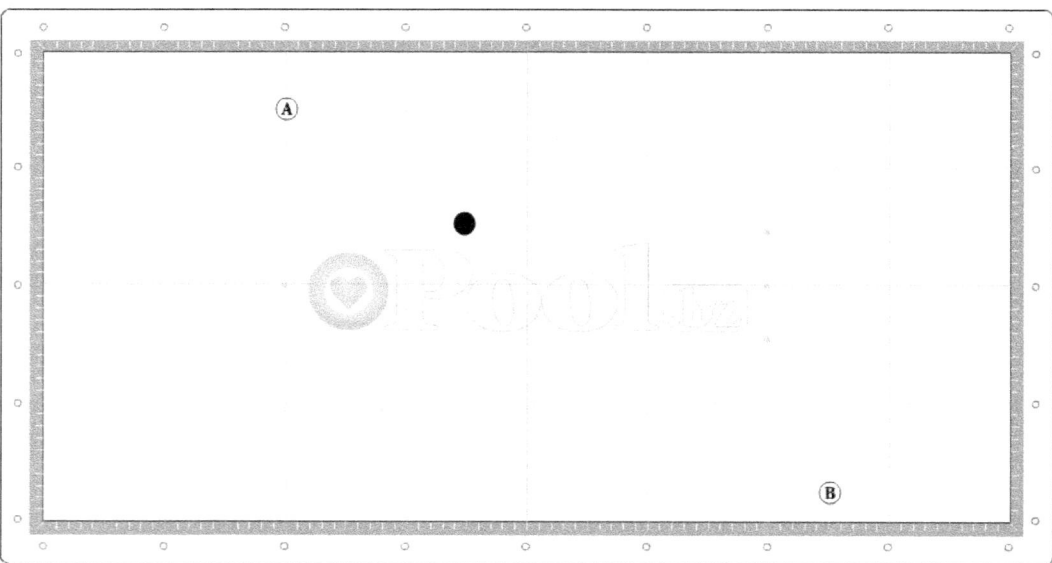

OPMERKINGEN:

Groep 6, set 10

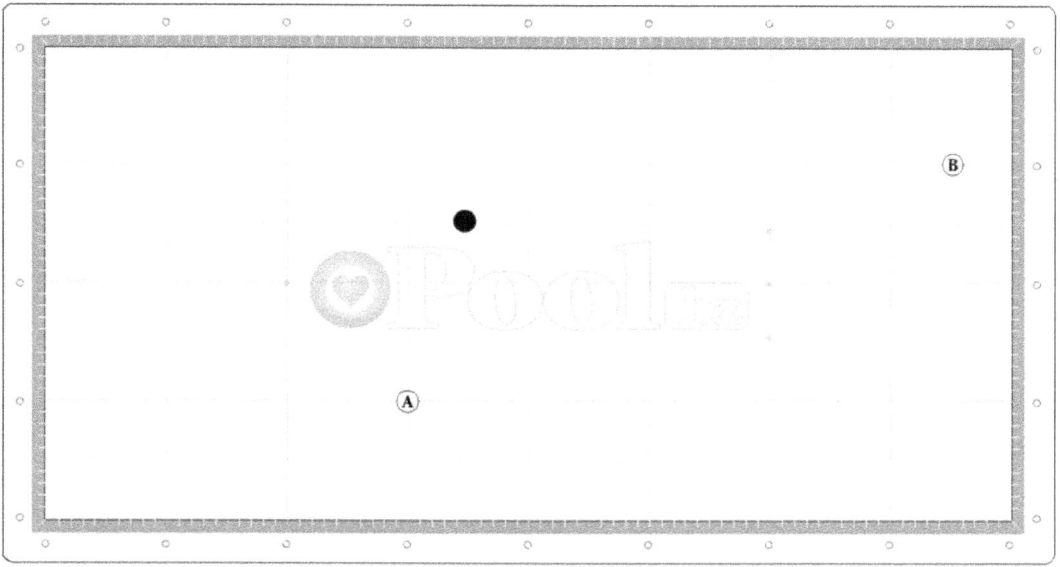

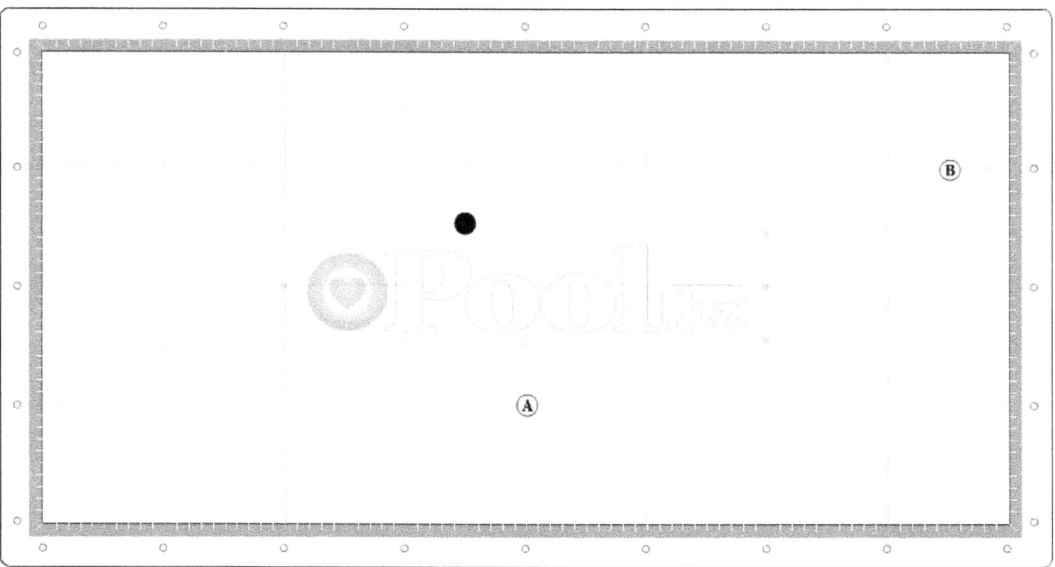

OPMERKINGEN:

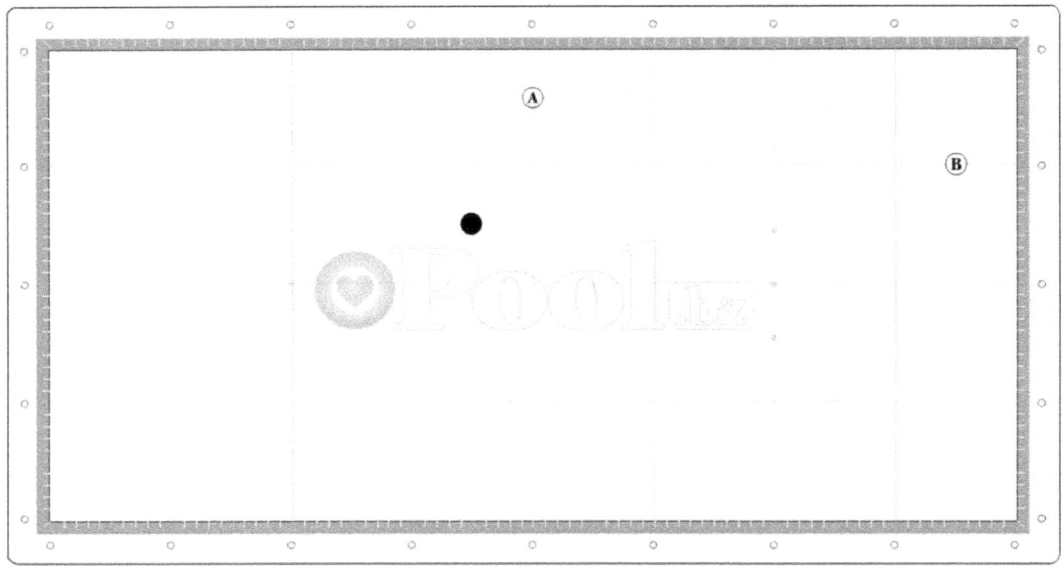

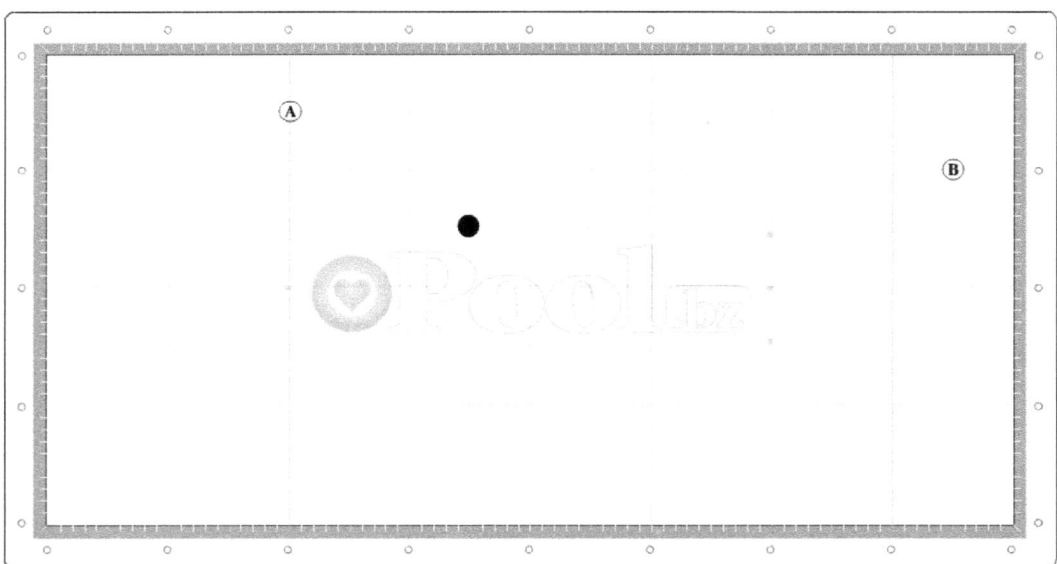

OPMERKINGEN:

Groep 6, set 11

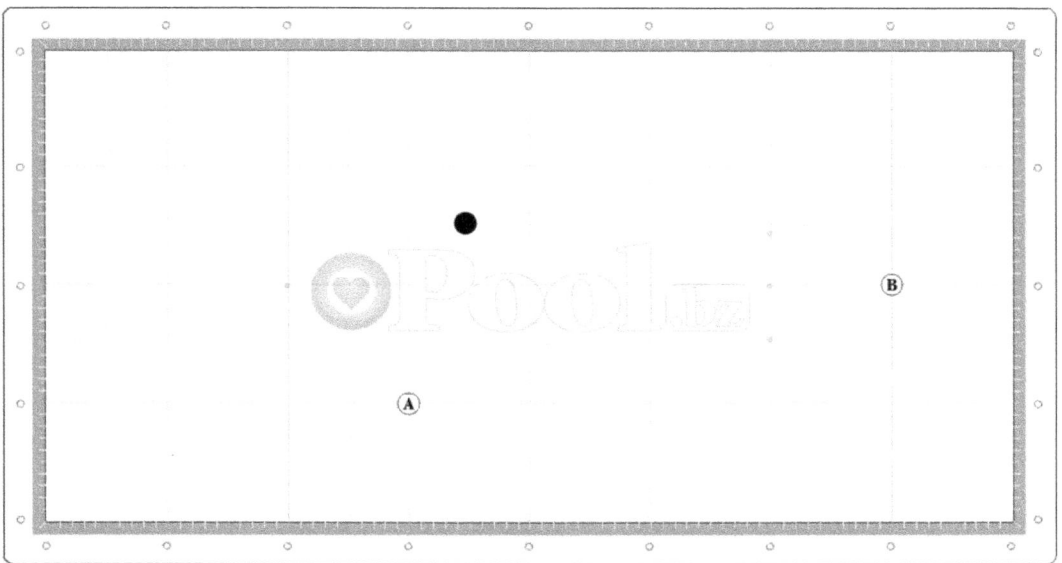

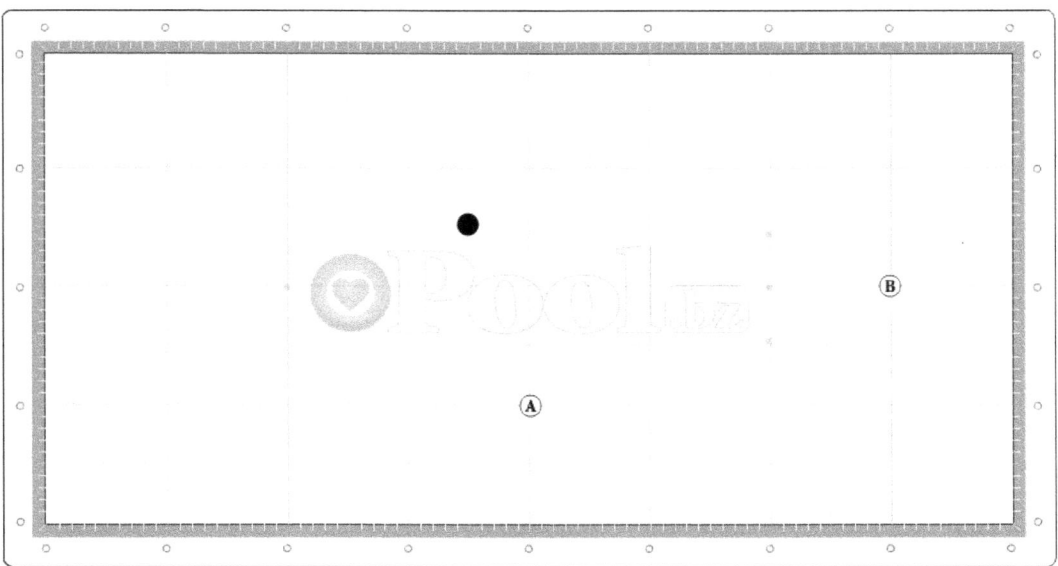

OPMERKINGEN:

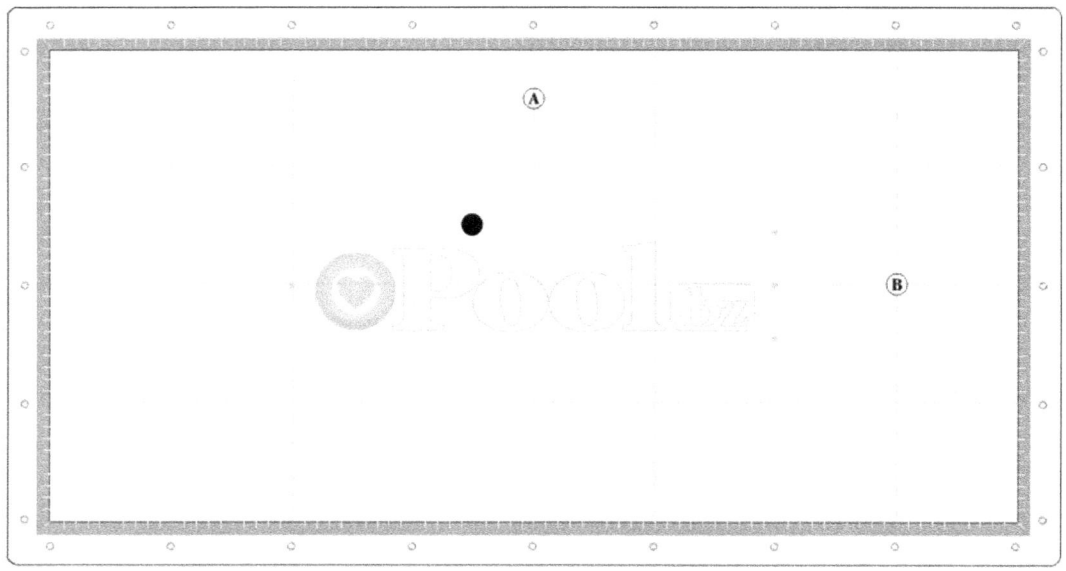

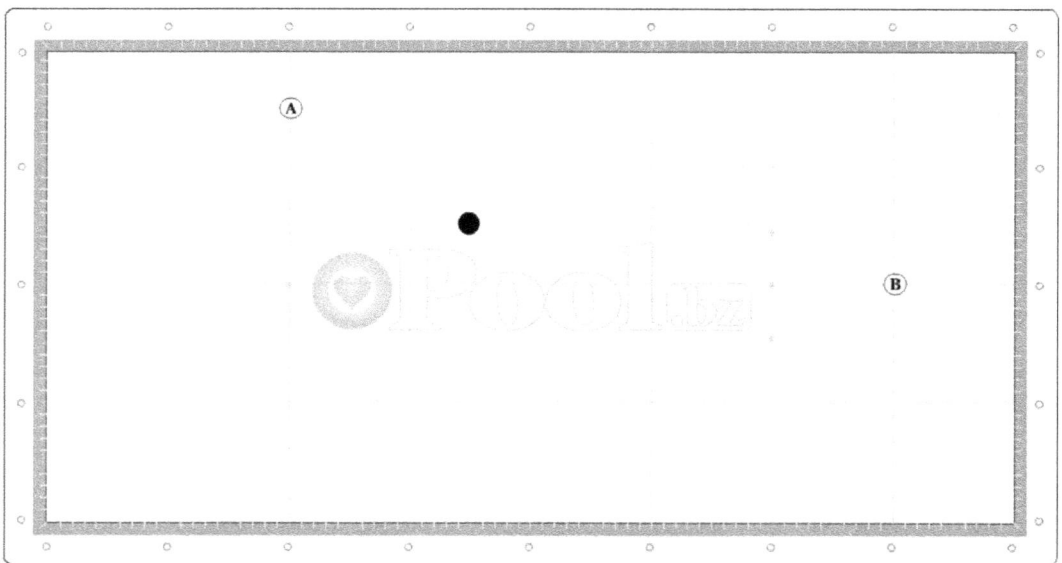

OPMERKINGEN:

Groep 6, set 12

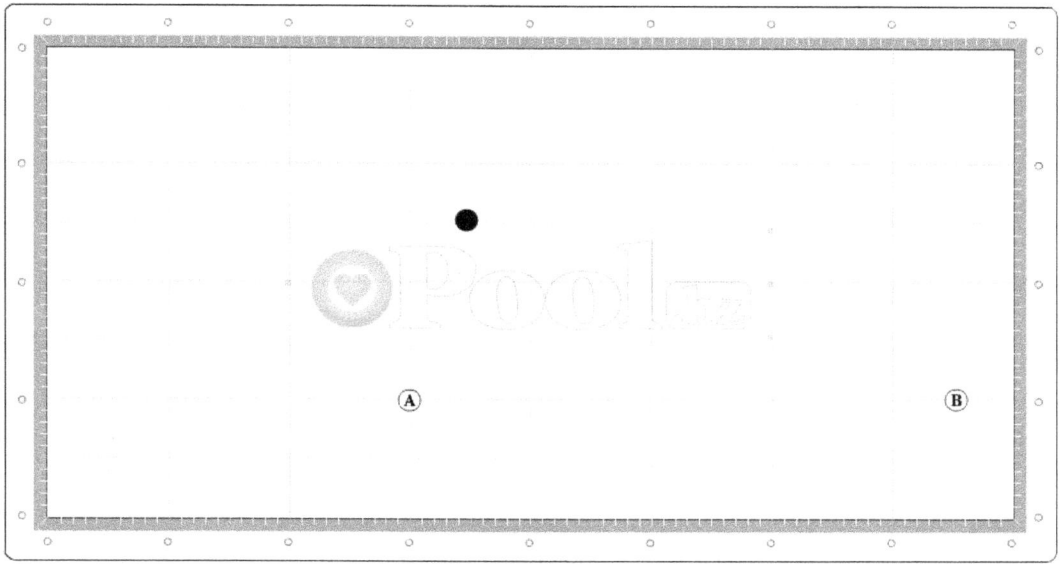

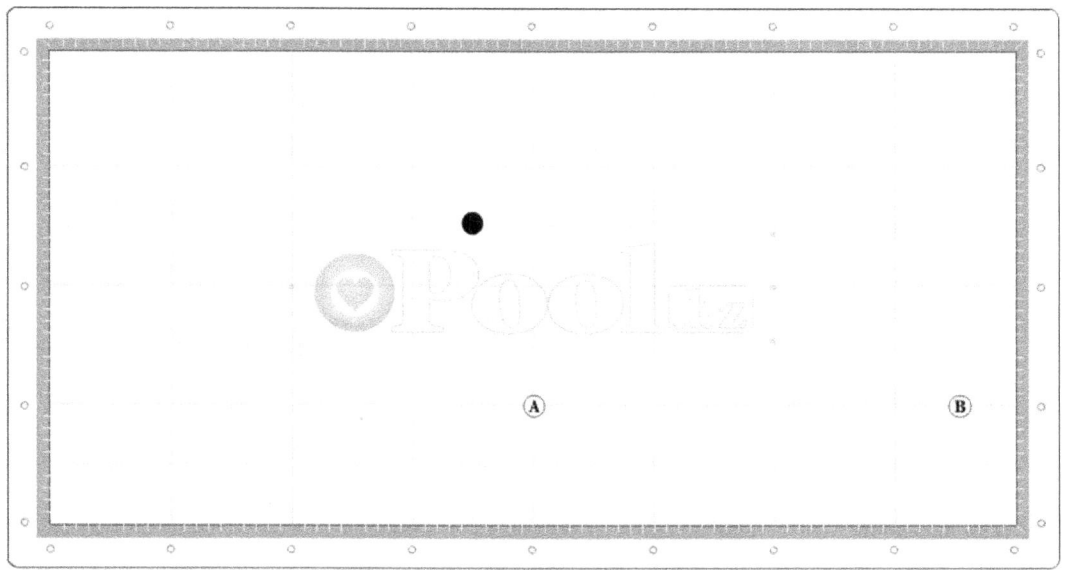

OPMERKINGEN:

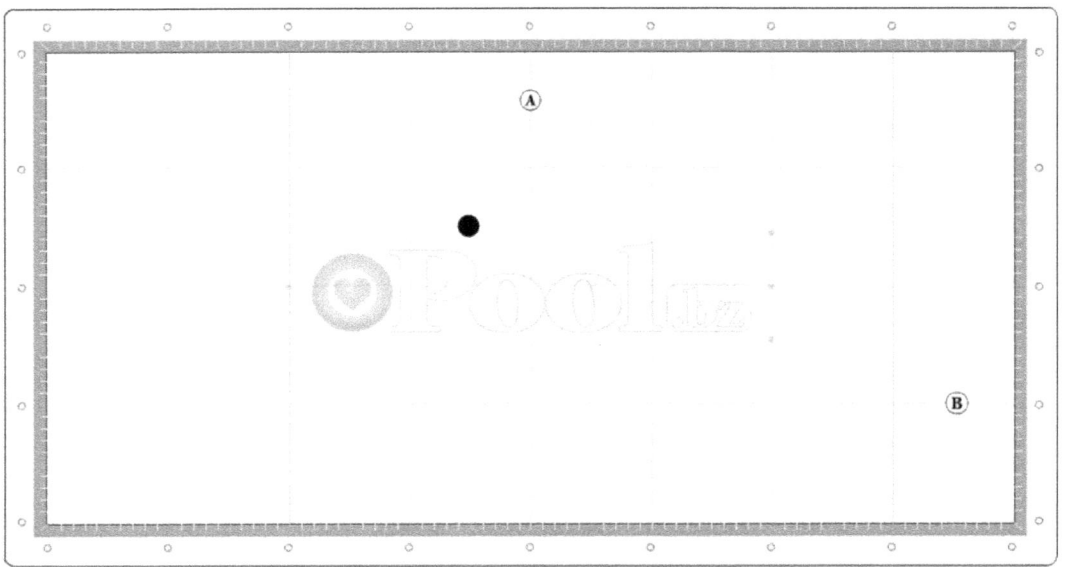

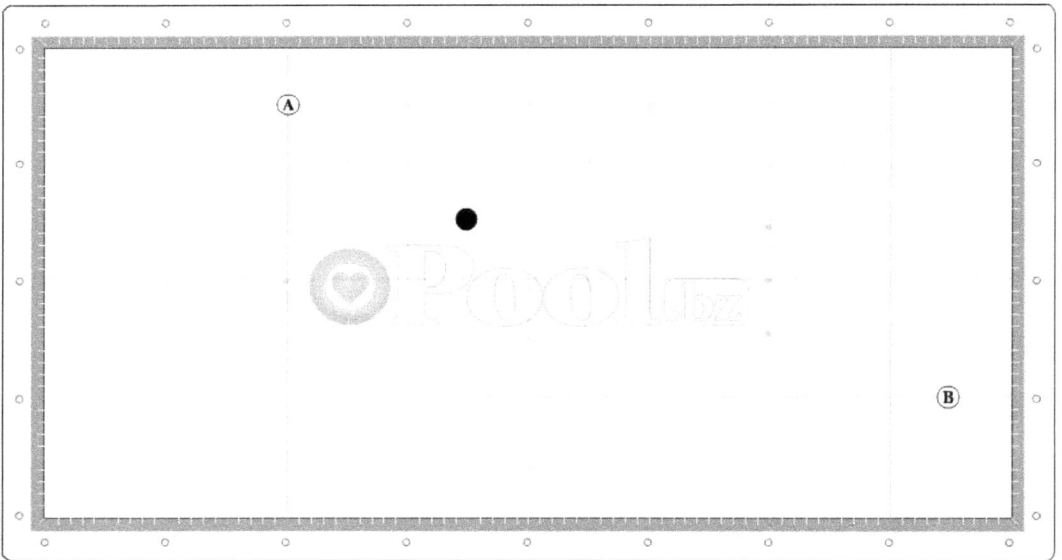

OPMERKINGEN:

Voorbeeldtabellen

(Druk deze af om interessante tabelafbeeldingen vast te leggen en te oefenen.

  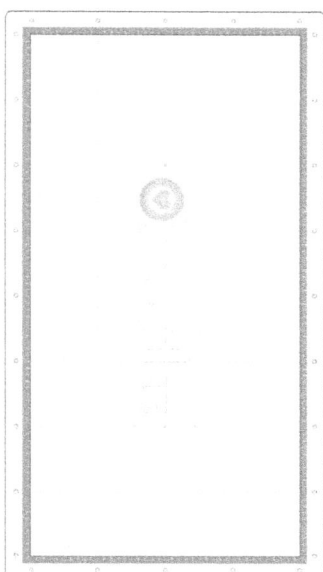

(Druk deze af om interessante tabelafbeeldingen vast te leggen en te oefenen.

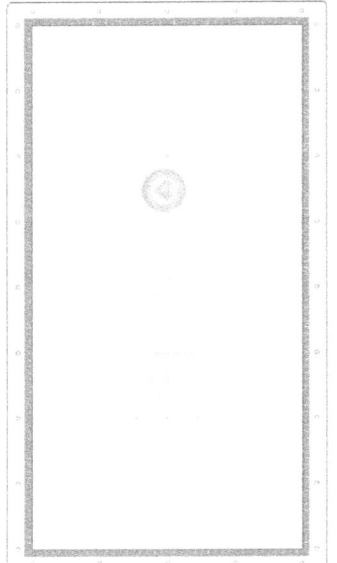  

www.ingramcontent.com/pod-product-compliance
Lightning Source LLC
Chambersburg PA
CBHW081921170426
43200CB00014B/2791